积极心理教育教材

(学龄前版)

王莹　彭凯平　主编

清华大学出版社
北京

本书封面贴有清华大学出版社防伪标签，无标签者不得销售。
版权所有，侵权必究。举报：010-62782989，beiqinquan@tup.tsinghua.edu.cn。

图书在版编目（CIP）数据

积极心理教育教材：学龄前版 / 王莹，彭凯平主编 . —北京：清华大学出版社，2023.5
ISBN 978-7-302-63419-5

Ⅰ.①积… Ⅱ.①王…②彭… Ⅲ.①学前儿童—心理健康—健康教育—教材 Ⅳ.① G444

中国国家版本馆 CIP 数据核字（2023）第 071132 号

责任编辑：孙　宇
封面设计：王晓旭
责任校对：李建庄
责任印制：丛怀宇

出版发行：清华大学出版社
　　　　　网　　址：http://www.tup.com.cn，http://www.wqbook.com
　　　　　地　　址：北京清华大学学研大厦 A 座　邮　　编：100084
　　　　　社 总 机：010-83470000　　　　　　　邮　　购：010-62786544
　　　　　投稿与读者服务：010-62776969，c-service@tup.tsinghua.edu.cn
　　　　　质量反馈：010-62772015，zhiliang@tup.tsinghua.edu.cn
印 装 者：北京博海升彩色印刷有限公司
经　　销：全国新华书店
开　　本：185mm×260mm　　印　张：19.75　　字　数：372 千字
版　　次：2023 年 5 月第 1 版　　　　　　　　印　次：2023 年 5 月第 1 次印刷
定　　价：159.00 元

产品编号：100319-01

编委会

主　编

王　莹　彭凯平

编　委

孙　沛　倪子君　曾　光　赵昱鲲

张　鹏　徐靖涵　毛海荣

前言

  幼儿早期教育对终身学习和发展至关重要,在这一期间内,幼儿园和早期教育机构配套以什么样的教学法和课程内容,家长在日常生活中如何进行引导,能够让孩子持续性地积极探索和学习,成为早期教育关注的焦点,策划一本能为早期教育工作者提供兼具专业性和实操性的教学用书已势在必行。

  积极教育是积极心理学在实际应用中的一种形式,已在世界各地被广泛采用,成千上万的教师和学校在积极教育的框架下为儿童发展提供了干预措施。积极教育旨在使用不同的策略,从多个维度来引导孩子主动提升积极情绪、积极关系、韧性和性格优势。因此,开发出一套既有理论基础又有实证依据,而且能贴合幼儿园教学实践的成体系、含资源的教案设计具有重要的时代意义。为了使得积极心理学能更好地应用于我国学龄前儿童的教育实践,我们结合幼儿各个阶段的心理发展特点和塞利格曼的幸福心理学五要素,编写了这本将积极心理学融合中国特色文化的学龄前儿童课程教材。

  这套课程由清华大学心理学系和清华大学积极心理学研究中心共同研发,课程分为两大板块：理论与实践研究和教案设计。理论与实践研究部分分为6个主题板块,依次为积极关系、积极自我、积极情绪,意义、积极投入和积极成就；教案设计部分依据幼儿课程的适用性,以积极关系、积极自我、积极情绪为主要内容,在实际教学中强调成就、投入以及意义这3个较为抽象概念的感知。为减轻幼儿教师的教研压力并优化利用该教材资源,针对幼儿不同阶段,分为小班、中班和大班课程,每个阶段均包含3个主题的秋季课程和3个主题的春季课程,以及每个月的具体课程安排。其中小班主要采用主题式的课程设计,部分环节融入了项目式课程的理念,帮助教师从最熟悉的主题课程入手,引导幼儿学习和探索。中、大班则采用项目式课程的设计形式,让幼儿在教师的带领下最大限度地发挥自己的好奇心与想象力,从问题入手,将学习新鲜知识变成一种习惯。 教师可以在学习和理解第一版块的积极心理学基础理论和实证依据后，参考第二版块的课程框架和具体的教案设计，进行有个性化、连续性的教学工作。我们衷心地希望通过本教材实现积极教育与学龄前教育的有机整合，并实践对幼儿教师的专业培训，推动全国范围内幼儿的积极教育干预，让早期教育课程逐步满足提升幼儿和家庭终身幸福的需求。

本教材适用于全国幼儿园、早期教育培训机构，以及特殊教育机构开设积极教育幼儿期课程时使用，同时关注幼儿积极性格和价值塑造的家长以及实践工作者们也将从中受益。

编 者

2023 年 2 月

目录

第一部分 理论 & 实证研究部分

积极关系⋯⋯⋯⋯⋯⋯⋯⋯⋯⋯⋯⋯⋯ 3
   一、认识关系 ⋯⋯⋯⋯⋯⋯⋯⋯⋯⋯ 3
   二、同理心 ⋯⋯⋯⋯⋯⋯⋯⋯⋯⋯⋯ 7
   三、倾　听 ⋯⋯⋯⋯⋯⋯⋯⋯⋯⋯⋯ 9
   四、主动建设性回应（ACR）⋯⋯⋯ 10
   五、善意与助人 ⋯⋯⋯⋯⋯⋯⋯⋯⋯ 13
   实证研究 ⋯⋯⋯⋯⋯⋯⋯⋯⋯⋯⋯⋯ 13
   参考文献 ⋯⋯⋯⋯⋯⋯⋯⋯⋯⋯⋯⋯ 20

积极自我⋯⋯⋯⋯⋯⋯⋯⋯⋯⋯⋯⋯⋯ 22
   一、认识自我 ⋯⋯⋯⋯⋯⋯⋯⋯⋯⋯ 22
   二、发挥优势 ⋯⋯⋯⋯⋯⋯⋯⋯⋯⋯ 28
   拓展：品格优势词条解释 ⋯⋯⋯⋯⋯ 33
   实证研究部分 ⋯⋯⋯⋯⋯⋯⋯⋯⋯⋯ 36
   参考文献 ⋯⋯⋯⋯⋯⋯⋯⋯⋯⋯⋯⋯ 40

积极情绪⋯⋯⋯⋯⋯⋯⋯⋯⋯⋯⋯⋯⋯ 42
   积极情绪（理论部分）⋯⋯⋯⋯⋯⋯ 42
   实证研究 ⋯⋯⋯⋯⋯⋯⋯⋯⋯⋯⋯⋯ 52
   参考文献 ⋯⋯⋯⋯⋯⋯⋯⋯⋯⋯⋯⋯ 58

意　义⋯⋯⋯⋯⋯⋯⋯⋯⋯⋯⋯⋯⋯⋯ 61
   意　义 ⋯⋯⋯⋯⋯⋯⋯⋯⋯⋯⋯⋯⋯ 61
   实证研究 ⋯⋯⋯⋯⋯⋯⋯⋯⋯⋯⋯⋯ 68
   参考文献 ⋯⋯⋯⋯⋯⋯⋯⋯⋯⋯⋯⋯ 72

积极投入⋯⋯⋯⋯⋯⋯⋯⋯⋯⋯⋯⋯⋯ 73
   积极投入 ⋯⋯⋯⋯⋯⋯⋯⋯⋯⋯⋯⋯ 73
   实证研究 ⋯⋯⋯⋯⋯⋯⋯⋯⋯⋯⋯⋯ 79
   参考文献 ⋯⋯⋯⋯⋯⋯⋯⋯⋯⋯⋯⋯ 83

积极成就⋯⋯⋯⋯⋯⋯⋯⋯⋯⋯⋯⋯⋯ 85
   积极成就（理论部分）⋯⋯⋯⋯⋯⋯ 85
   实证研究 ⋯⋯⋯⋯⋯⋯⋯⋯⋯⋯⋯⋯ 100
   参考文献 ⋯⋯⋯⋯⋯⋯⋯⋯⋯⋯⋯⋯ 104

第二部分　教案设计部分

教案部分简介 ·················· **109**

小班课程设计 ················ **111**

　秋季学期课程 ················ 111

　　课程一：爱上幼儿园 ········ 111

　　课程二：快乐与生气 ········ 124

　　课程三：五官的秘密 ········ 137

　春季学期课程 ················ 151

　　课程一：我爱我家 ·········· 151

　　课程二：伤心与害怕 ········ 161

　　课程三：身体的秘密 ········ 174

中班课程设计 ············ **190**

　秋季学期课程 ················ 190

　　课程一：分享与冲突 ········ 190

　　课程二：愤怒与平静 ········ 201

　　课程三：小身体大秘密 ······ 211

　春季学期课程 ················ 221

　　课程一：爱是什么？ ········ 221

　　课程二：恐惧与勇气 ········ 235

　　课程三：千变万化的我 ······ 243

大班课程设计 ·············· **249**

　秋季学期课程 ················ 249

　　课程一：我与朋友 ·········· 249

　　课程二：嫉妒与赞赏 ········ 262

　　课程三：独一无二的我 ······ 270

　春季学期课程 ················ 278

　　课程一：世界公民 ·········· 278

　　课程二：自卑与自豪 ········ 293

　　课程三：梦想与未来 ········ 301

第一部分

理论 & 实证研究部分

- 积极关系
  - ★ 积极关系的理论介绍
  - ★ 积极关系的实证研究
- 积极自我
  - ★ 积极自我的理论介绍
  - ★ 积极自我的实证研究
- 积极情绪
  - ★ 积极情绪的理论介绍
  - ★ 积极情绪的实证研究
- 意义
  - ★ 意义的理论介绍
  - ★ 意义的实证研究
- 积极投入
  - ★ 积极投入的理论介绍
  - ★ 积极投入的实证研究
- 积极成就
  - ★ 积极成就的理论介绍
  - ★ 积极成就的实证研究

★ 积极关系的理论介绍
★ 积极关系的实证研究

一、认识关系

➤ 人际关系：人的基础需要

勒内·A.斯皮茨是奥地利的著名精神分析学家。斯皮茨最广为人知的理论贡献在于他对母育剥夺的研究。斯皮茨通过对当时孤儿院这样的机构的长期观察，探讨了婴幼儿缺乏与抚养者社交互动所造成的后果。结果发现大脑的发育成熟不仅取决于吃好穿好，还受到人际互动体验的影响。

斯皮茨研究了一出生就遭到抛弃的婴儿，在育婴堂里，这些婴幼儿的生理需求都能得到满足，他们能吃饱穿暖，但任何可持续的、养育性的互动都没有，比如正常家庭里抚养者和婴幼儿之间常见的拥抱、抚摸、说话交流等。这些婴幼儿无一例外开始变得孤僻、无精打采、体弱多病。如果情绪上的饥饿超过三个月，他们的眼睛协同能力就会衰退，眼珠也会转得特别慢，每天只会安静地躺在婴儿床上。三分之一的弃婴都在两岁之前死亡了。而那些幸存到四岁左右的，还不会站立、行走、说话。

斯皮茨用大量的证据和深刻的分析使人们相信，从一出生开始，人际的互动交流，尤其是抚养者和孩子之间的交流是必须且至关重要的。这种需求如果被剥夺，往往会导致婴儿的发育延缓，婴儿可能遭受认知、情感和健康上的极大损伤。

➢ 人际关系与幸福感

幸福从何而来？金钱、名望或是成就感？76年前，哈佛大学开展了史上历时最长的成人发展研究，跟踪了268位男性，从少年到老年，探寻影响人生幸福的关键因素。

1938年，时任哈佛大学卫生系主任的阿列·博克教授认为，整个研究界都在关心"人为什么会生病/失败/潦倒"，怎么没有人研究"人怎样才能健康/成功/幸福"？

博克提出了一项雄心勃勃的研究计划，打算追踪一批从青少年到生命终结的人们，关注他们事业的高低转折，记录他们的状态境遇，点滴不漏，即时记录，最终将他们的一生转化为一个答案——什么样的人，最可能成为人生赢家。

人生赢家的标准十分苛刻。主持这项研究整整32年的心理学者乔治·瓦利恩特说，赢家必须"十项全能"：十项标准里有两条跟收入有关，四条和身心健康有关，四条和亲密关系与社会支持有关。譬如说，必须80岁后仍身体健康、心智清明（没活到80岁的自然不算赢家）；60～75岁与孩子关系紧密；65～75岁除了妻子儿女外仍有其他社会支持（亲友熟人）等；60～85岁拥有良好的婚姻关系；收入水平居于前25%。这就是著名的"格兰特研究"（The Grant Study），这一名称源于最初的赞助者——慈善家威廉·格兰特（WilliamT.Grant）。如今，这项研究已经持续了整整76年，花费超过2000万美元。

每隔2年，这批人会接到调查问卷，他们需要回答自己身体是否健康，精神是否正常，婚姻质量如何，事业成功失败，退休后是否幸福。研究者根据他们交还的问卷给他们分级，E是情形最糟，A是情形最好。每隔5年，会有专业的医师去评估他们的身心健康指标。每隔5～10年，研究者还会亲自前去拜访这批人，通过面谈采访，更深入地了解他们目前的亲密关系、事业收入、人生满意度，以及他们在人生的每个阶段是否适应良好。

这个研究最终得出了怎样的结论呢？

> 与母亲关系亲密者，一年平均多挣8.7万美元。跟兄弟姐妹相亲相爱者，一年平均多挣5.1万美元。
> 在"亲密关系"这项上得分最高的58个人中，平均年薪是24.3万美元。得分最低的31人，则平均年薪没有超过10.2万美元。
> 一个拥有"温暖人际关系"的人，在人生的收入顶峰（一般是55～

60岁）比平均水平的人每年多赚14万美元。

智商超过110后就不再影响收入水平，家庭的经济、社会地位高低也影响不大，外向内向无所谓，也不是非得有特别高超的社交能力，家族里有酗酒史和抑郁史也不是问题。

真正能影响"十项全能"，帮你迈向繁盛人生的，是如下因素：自己不酗酒不吸烟，积极锻炼，保持健康，以及童年生活在关注和爱护中，共情能力高，青年时能建立亲密关系。

瓦利恩特说："爱、温暖和亲密关系，会直接影响一个人的'应对机制'。"他认为，每个人都会不断遇到意外和挫折，不同的是每个人采取的应对手段，"近乎疯狂类"的猜疑恐惧是最差的；稍好一点的是"不够成熟类"，如消极、易怒；然后是"神经质类"，如压抑、情感抽离；最后是"成熟健康类"，如无私、幽默和升华。

一个活在爱里的人，在面对挫折时，他可能会选择拿自己开个玩笑，和朋友一起运动，流汗宣泄，接受家人的抚慰和鼓励……这些"应对方式"，能帮一个人迅速进入令人健康振奋的良性循环。反之，一个"缺爱"的人，则遇到挫折时往往得不到援手、需要独自疗伤，而酗酒吸烟等常见的"自我疗伤方式"，则是早亡的主要诱因。

➢ 人际关系与大脑

随着神经社会学的发展，人们对于人际交往与大脑之间的关系有越来越多的发现。

纺锤型细胞是一种新近被发现的神经细胞，它反应速度极快，可以帮助人们在社交场合迅速做出决定，而且科学家们已经证实这类细胞在人类大脑中的数量要远远超过其他物种大脑中该类细胞的数量。

镜像神经元是脑细胞的一种，它可以使人们察觉他人将要做的动作，并迅速做好模仿的准备。

当一位迷人的女士盯着一位男士看的时候，这位男士的大脑就会分泌一种可以使人产生快乐情绪的化学物质——多巴胺，而在这位女士把目光移开后，多巴胺也就消失了。

类似地，社会神经学家发现不良的人际关系会导致压力荷尔蒙的急剧增加，从而损害抗病毒细胞的某些基因。

上述每一个发现都反映了"社交脑"——指挥人们人际交流活动的神经系统的工作。社交脑指的是影响人际交流活动和人们对待周围人以及人际关系态度的神经系统。社交脑与其他所有生理机制最大的不同就是它不仅可以影响我们,还会反过来受到我们社交对象心理活动的影响。

通过"神经可塑性",人际交流甚至可以在某种程度上重塑人们的大脑。也就是说,人们的经历可以影响神经细胞的形状、大小、数量以及它们之间的连接点。如果一种特定情境被不断重复,其中的人际关系就可能会逐渐重塑某些神经细胞。事实上,不管长年累月生活在一起的人们是长期伤害我们,还是使我们得到愉悦的情绪,我们大脑的某些特征都会因此而改变。

这些发现告诉我们,短时间来看,人际关系对我们的影响非常微小,但是假以时日,影响就会越来越强烈和持久。

➢ 人际关系的起源

20世纪60年代,英国心理学家鲍尔比发现,婴儿对抚养者(主要是父母)的依赖会以不同的模式表现出来,"害怕与父母分离,害怕被父母抛弃"是进化造成的人类天性。1978年,鲍尔比的学生安斯沃斯根据进一步的研究,将婴儿与父母之间的互动模式分为了三种,并用了一个名词来称呼——依恋(attachment)。

当婴儿需要照顾时,父母总是在身边,有回应、给孩子注意力,婴儿就会感受到安全、爱和自信,这类婴儿不会拘谨、爱笑、容易和其他人交往,发展出"安全型依恋"。

如果父母对孩子的照顾时有时无、无法预测,婴儿就会开始用各种行为试图找回自己的父母。由于不确定照料者什么时候会回应,婴儿会表现出紧张和过分依赖,发展出"焦虑-矛盾型依恋"。

当婴儿需要时,如果父母总是不出现,态度冷漠和拒绝,婴儿就会认为他人是无法信赖的,从而对他人充满怀疑,甚至陷入抑郁和绝望,发展出"回避型依恋"。

这三种依恋类型形成之后,儿童在成长过程中对未来人际关系的处理、对新环境的反应上都会出现差异。后续的研究者发现,成年人在处理关系时也会表现出类似的反应方式,并和童年时受到的父母对待方式和依恋模式一样。

但事实上,依恋是个终生建构的过程,这一关系建立以后并不是一成不变的,儿童会在其后的生活和学习中,通过与父母、其他身边的重要他人不断地互动和交流,使原有的依恋关系呈现微妙的动态变化。即使成年之后,一个人的依恋模式也

可能会因为自我成长、良好的婚姻关系、朋友关系发生改变。

二、同理心

➢ 关键概念

同理心：站在对方的立场，去了解对方的感受和内在世界；把这种了解表达出来，让对方知道你对他的感觉、想法及行为有所了解。

就好像穿着别人的鞋子站一会儿，去体会他人的立场和感觉。

同理心的两个必要条件：①倾听他人；②有所反应。

同理心的过程：①收听自己的感觉；②表达自己的感觉；③倾听他人的感觉；④回应他人的感觉。

同理心，是从收听自己的感觉开始的，如果你无法触及自己的感觉而想要体会别人的感觉，那就太难了。所以，同理心的开始，是勇敢、诚实地探索并表达自己的情绪和感受。这一部分的能力培养，在积极情绪的章节中贯彻始终。

➢ 进一步理解同理心

"你总是没有耐心坐着听。"

"你总是只顾着解决问题。"

"你就是不明白你说那话的时候有多伤人。"

"你就是不了解。"

这类话语，以及其他在人际关系中无数次说出或想到的批判，往往指向一个常见的问题：对方缺乏同理心。

同理心是正常运作的人际关系的先决条件。不管是私人场合，如婚姻、爱情、友情、亲子关系，或者是专业场合，如经理与职员、专业人员与客户、师生、同行之间的关系，在这些关系中对别人的处境产生同理心，会促进彼此之间的信任，以致沟通公开、真诚，因而促进人际冲突的解决以及建设性的变化。

同理心并不是一个外来的词汇或者专属于心理学的词汇，我们常用的说法比如

"将心比心""人同此心、心同此理"等,它可以初步理解为换位思考,不过仅仅是思考还不够,还需要换位感受、换位行动。

同理心丰富的人,能够知道对方想什么,要什么,并作出相应的行为,他肯定也是一个高情商的人,同时是一个让人喜欢、愿意与之相处的人。可以从三个层次来理解同理心:

（1）理解对方表达的语言、行为和肢体语言。这是最简单的层次,当然也是很困难的层次,这是区分一个人有无同理心的基本点。

> 孩子在商场,告诉妈妈:"妈妈,我想要玩具车……"
> 立刻,这位妈妈给了孩子一巴掌:"车车车,一天到晚就知道车,走！回家！"

这是非常典型的同理心匮乏的表现,她听到了孩子的言语,可能也看到了孩子充满渴望的眼神,但她并不能承接孩子的感受,可能还混杂着自己的情绪反弹回去,例如愤怒、压抑、焦虑等,有同理心的妈妈也许会这样表达:"宝贝,我听到了你说想要玩具车,妈妈知道了。"简单重复对方的言语,即表明你关注到了,你理解了。当然,你不理解的话,可以附加一句"这是什么意思呢？"

除了语言外,我们更多的可以关注对方的肢体和表情,这方面的理解能力几乎是人的天赋能力,无需刻意的学习。当然,有一些复杂的情况,比如一个人笑着说"我离婚了",这里面表达的意思可能就复杂多了。同理心缺乏的人往往会回应:"你怎么离婚了呢？"或者"我就说早该离婚了。"具备基本同理心的人更可能会说:"你笑着说这件事,发生了什么？"

（2）理解对方未表达的情绪、情感、动机和思维。通常,当一个人想着某件事情,却说着无关紧要的另一件事,把重要的信息放在后面说或者不说。

> 丈夫刚进家门。
> 妻子说:"老公,你总算回来了。你都不知道今天家里有多脏！"
> 丈夫答:"是吗？我看看。"
> 妻子不悦:"今天孩子一点不省心,老是哭。"
> 丈夫答:"真的啊！我去哄哄他。"
> 妻子怒:"奶粉快没了。"
> 丈夫穿鞋:"我这就去买。"

这位妻子所说真的是内心所需吗？接连三句，丈夫试图一一满足，但却没意识到表面言语之下的内心需求。妻子看上去是在连续抱怨一些家务，但抱怨之下却有未说出口的其他情绪，这可能是由家务之外的事情引起的，如果丈夫能觉察到，去与妻子表层之下的情绪沟通，比如问道："亲爱的，你今天看上去心情很烦躁，遇到什么事了吗？"这种同理心更有助于加强彼此间的连接。

（3）同理心的最高境界，不仅在于你说了什么或做了什么，更在于在对方的内心需求得到了满足。这是一种默契，正如一首歌里唱的："我还没说可惜，你已经在叹息。"例如一个痛哭的人，也许他那时最需要的不是建议，也不是你絮叨不停的安慰，而仅仅是安全可以哭诉的环境、陪伴和纸巾。

最重要的是，同理心可以视作一个道德上的美德。在品格优势与美德的理论中已论述过，美德是可以通过实践来培养的，同理心也是如此，正确地理解它、经常地练习它，可以帮助我们将这种美德不断强化。

三、倾 听

在现实生活的交流中，我们所说的话必须和交流对象的感受、话语及行为有关系，否则，我们的话语就会像出膛的子弹一样，不顾对方感受的变化自顾自地往前冲。

当一个人"垄断"某个对话时，他是在实现自己说话的欲望，而没有考虑对方的需求。真正的倾听需要适应另一方的感受，给对方发言权，并由两人共同决定谈话的进程。交流双方只有做到彼此认真倾听，才能根据对方的反应和感受来调节自己的话语，从而实现互惠。

令人惊奇的是，许多杰出的销售员和客户经理在谈话中计划性都不是很强。对这些领域的佼佼者进行研究发现，他们接待顾客或者客户的时候并不是打定主意要把东西卖出去，而是把自己定位为咨询师。所以他们的任务首先是倾听，了解客户的需要，然后再根据客户的需要向客户推荐合适的产品。如果他们没有特别合适的产品，他们也会据实相告。

研究还发现，杰出的管理人员、教师和领导者都具备认真倾听的能力。对于医生或者社会工作者这种服务性行业来说，他们不仅要花时间仔细倾听以适应他人的情感，还会提出问题来了解别人的背景情况。他们会寻根探源，而不只是解决表面问题。

在现代生活中，人们通常会同时面对多重任务，因此很难做到专心致志，全神贯注。此外，自我陶醉占据了我们的注意力，因此我们很少能注意到他人的感受和需要，更不要说产生同理心了。我们对他人情感适应能力的减弱，扼杀了和谐的人际关系。交谈需要平衡讲述和倾听，而我们渐渐失掉了这种平衡。

"其实做到专心并不难，一次5分钟的对话也可能成为完美的交流过程。但是，前提是你必须停止手头的工作，放下你正在看的备忘录，离开你的电脑，停止你的白日梦，心无旁骛地关注你的交流对象。"（《哈佛商业评论》）

这种由认真倾听带来的情感适应有利于产生和谐的人际关系。关注他人会使我们双方达到最大限度的心理一致，这样情感才会协调。在交流中，一个人如果全神贯注，他的交流对象肯定能感觉到他的专注。

四、主动建设性回应（ACR）

传统上我们有一种观点，当他人处于压力和不幸之中，给他/她提供支持可以帮助其更好地应对压力。在各种不同的支持中，情感支持对压力调节格外重要，而且在亲密关系里，一方给另一方提供好的支持可以带来更好的关系。然而，许多研究表明这样的支持并没有给接受者带来更好的调节作用，甚至与接受者的幸福感成负相关。一种可能的解释是这种支持表达了一个信号，即他/她没有能力来应对压力源，从而对接受者的自我价值感和自尊造成了打击。

Shelly L. Gable 对此提出了新的假设：尽管前人的研究表明，令人满意的关系的特征之一是，当发生不好的事情时伙伴会在身边给予支持，但还没有人研究过当发生好事时伙伴给予的回应会对关系产生怎样的影响。而且谈论积极事件，可以降低打击当事人自尊的风险。研究中，Shelly将人们对他人发生好事时的回应分成四种：这四种不同的回应分别是什么样的呢？

什么是主动建设性回应（Active Constructive Responding）（表1-1）？

表 1-1 主动建设性回应

	主动的	被动的
建设性的	热情的支持 眼神接触 真诚的态度 "太棒了！我就知道你行，给我讲讲你怎么做到的？"	没什么精神 反应延迟 不上心地鼓励一下 "哦……挺好的。"
破坏性的	表示质疑 拒绝接受 贬低事情的价值 "我觉得这不值得你高兴，以后说不定压力更大。"	转移话题 忽略这件事 忽略说话的人 "哦。对了，我下载了一个新的游戏，特别好玩。"

我们可以把它和其他几种回应方式放在一块儿来比较。

小明今天在班级上竞选班干部成功了，他非常高兴，回家的第一件事就是把这个好消息告诉妈妈，妈妈可能有以下四种不同的反应：

① "噢，是吗，挺好的啊。"然后继续做晚饭。
② "你确定这是好事？那你以后要花很多时间在班上做杂七杂八的琐事，你还有时间学习吗？你能两边兼顾吗？"
③ "噢，我跟你说我今天在路上遇到你奶奶了，她又在那店里瞎花钱买保健品，每次说她都不听……"
④ "哇，儿子你真是太棒了！跟我说说竞选的细节,你是怎么做到的？"

再看一个工作场合的例子：

小丽是一家法律机构的员工，今天她下班回家后兴奋地告诉她的丈夫，她的上司让她参加了一个会议并指派她成为一个重要项目的主管律师。丈夫可能给出四种不同的反应。

① "嗯，干得不错。"
② "我觉得这个项目会非常复杂。你确定你能应付它？听上去会有非常多的工作，说不定除了你没人想带这个项目。这个月你很可能得经常加班了。"

③"哦。今天晚餐你打算做什么吃的？"

④"哇，这真是一个好消息！你的能力和努力得到了回报。你成为公司合伙人的目标肯定会成功的。这个项目是关于什么的？"

很显然，在两个例子中，最后一种反应才是"主动的建设性回应（ACR）"。在最后一种回应里，你能感觉到妈妈在关注小明，而且真心为他感到高兴，而且有进一步的询问和交流；你也能感觉到丈夫在关注小丽，为小丽的事业进步感到高兴，想了解更多的细节。主动的建设性回应是一种主动的、有积极情绪反应的、有进一步交流的回应方式，在这个过程中你真诚地为对方感到高兴，并且把你的这种高兴展现出来。

而最差的反应则是第三种，即被动的破坏性回应。在第三种回应里，妈妈完全忽视了小明，直接把注意力转移到其他事情上去；丈夫也完全忽视了小丽的话，转移了话题。这种忽视带来的负面影响，比直接打击更严重，因为打击和挑毛病至少表示对方还在给予关注，而忽视则完全削弱了当事人的存在感。

有研究已经发现，只有主动的建设性回应可以提高人的幸福感，发展出更高品质的关系，而其他三种回应方式都与消极结果有关。主动的建设性回应向人传递着两种信息：第一，我认可你这件事的重要性，认可你与这件事的关系，认可你在其中的付出；第二，我看到了这件事对你的个人意义，对此我做出一些回馈和反应，从而展现出我与你的积极关系。而一个被动的或破坏性的回应则可能传递这样的信息：第一，你那件事是没有什么意义的，无论是现在还是将来；第二，我不知道哪些东西对你而言是重要的；第三，我并不关心你的情绪、想法和生活。（Shelly L. Gable，2006）

一个人在主观上能否感受到那些亲近的人是否欣赏自己、关心自己，在关系的许多方面都发挥着核心影响，例如影响着这个人在社交互动中的社会期待、自我认同、依恋和安全感以及社会关系等。当谈论发生在自己身上的好事时，能否感受到对方的理解、认同和关心，与这段关系是否幸福有强烈而持续的相关。当人们与同伴分享积极事件时，其实是在分享自己的优势，这时如果能得到同伴的肯定，可以大大提升自我价值感。Shelly 的研究表明，比起在压力中获得的支持回应，好事发生时能否获得支持回应在关系中扮演着更重要的角色。

五、善意与助人

善意与助人行为是构建积极关系,提升积极情绪的又一重要途径。其实在日常生活中,善意助人的行为屡见不鲜,我们也常在明知没有回报的时候贡献自己的时间、精力、金钱,如捐款、献血、做志愿者、为陌生人指路,等等。对此,"社会交换理论"提供了一个解释:助人其实也能带来报偿。报偿分两类,外部报偿与内部报偿。助人者能获得众人称许,能提高社会声望,如果你帮的是血缘亲戚,还能增加自己基因的流传概率……这都是外部报偿;而内部报偿也同样重要。我们做完好事后,往往觉得自己更有价值。当我们带给别人好情绪,自己的情绪也随之提升。有研究表明,那些乐于助人的青少年未来会更成功、家庭关系也更加和谐、生活习惯更好、也具有更强的社会竞争力。

值得注意的是,我们在此阐述的善意与助人行为,并非都是惊天动地的大事,或舍己为人的壮举。积极教育中的善意,更强调生活中发生的日常小事,甚至举手之劳。这种善意发自行为者的内心,内心没有回报的预设。且善意与助人行为的培养不可采用强制的方法。一个小小的善举可影响到三方角色:善举的实施者、善举的接受者、旁观者。因而出现了善意与助人行为的"涟漪效应"。

实证研究

在法国著名幼儿文学短篇小说《小王子》中,小王子的星球上突然出现了一朵娇艳的玫瑰花,小王子细心地呵护它,给它浇水,用玻璃罩保护它,驱除它身上的毛虫,倾听它的抱怨……玫瑰花在小王子的照顾下,尽情绽放。

在成长道路上,每个人都需要他人的陪伴,他人也在我们的生命中扮演着各样的角色:朋友、家人、同事……在不同的社会关系中,人可以更好地认识自我,完善自我,丰富自我。在成长初期的幼儿更是如此,只有处于积极健康的人际关系中,才能全面发展,快乐成长。

一、积极关系对幼儿发展的益处

在学习和生活中，幼儿往返于家庭和学校。他们的人际关系比较简单，主要是亲子关系、兄弟姐妹关系、同伴关系和师生关系；其中，亲子关系，同伴关系和师生关系对其成长影响最大。积极的亲子关系是指幼儿在与父母相处时具有稳定的亲子依恋，面对亲子冲突时可以及时恰当地解决，拥有较高的亲子亲和度——父母与子女之间亲密、温暖的情感联结，这既可以体现在双方积极的互动行为之中，也可以体现在双方对彼此的亲密情感里。积极的同伴关系体现为亲密、亲近关系和友谊，包括同伴依恋、友谊质量和社会地位等方面。师生关系是学校中最重要的人际关系，师生关系是教师与学生之间以情感、认知、行为交往为主要表现形式的心理关系。积极的亲子关系，同伴关系和师生关系是幼儿社会性发展与人格发展的基础。

1. 积极的亲子关系对幼儿发展的益处

父母是孩子的第一任老师。孩子的行为发展和思想都在潜移默化中被父母所影响。积极的亲子关系可以促进幼儿心理与认知发展。首先，在积极的亲子关系中，父母可以了解孩子的认知特点，并通过长期观察和相处实施指导，最大限度地开发孩子的潜能；其次，父母可以借助良好的亲子关系，给予孩子最直接的关爱与鼓励，传授孩子更多的技能，让孩子处于安全的状态下探究世界，认知陌生的事物，从而促进创造力、想象力和逻辑思维能力的培养。研究表明，对比其他不安全依恋关系，在安全的亲子依恋状态下，幼儿的语言能力，认知能力等多种能力都会更快速地发展。患有语言障碍的概率也会大大减少。另一项针对新冠疫情期间学龄前儿童与家长的亲子关系的研究表明，家长积极的情感回应以及积极的养育行为会产生更多亲子间积极语言的沟通，如彼此表达关爱、感激等，这些都会激发幼儿语言和认知能力的发展。这些不断提升的能力，将成为少年幼儿健康成长的内在动因，最终助力健康心理的构建。

另外，良好的亲子关系还有助于幼儿的人格发展。有研究表明，父母给予孩子的关爱温暖越多，幼儿越易于形成外向性，情绪稳定的人格特征；而过于紧张，不和谐的亲子关系会导致幼儿情绪不稳定，幼儿更易于形成撒谎等不良的行为习惯，进而形成负面的人格特质。一项欧洲的12周亲子关系的干预研究也表明，在亲子关系提升后，幼儿的自我控制能力有了显著提升，幼儿的不良外化行为有了显著减少。

此外，积极的亲子关系可以促进幼儿的其他人际关系的发展，进而促成幼儿全面的社会性发展。心理学家霍妮认为："幼儿的异常行为始于幼儿期的焦虑环境，特别是不正常的亲子关系。"研究表明，孩子的认知、情感及思维等的发展，往往受父母的影响，因此孩子是否具备良好的沟通能力、丰富的情感及健康的心理，很大程度来自父母及家庭的教育。父母如果能够通过良好的亲子关系，向孩子传递正确的人际交往能力，便能使其与老师、同学、同事及亲友保持良好的相处关系，具备积极的人际观。拥有积极亲子关系的幼儿更愿意融入不同的社会关系，乐于与身边人和谐相处。一项关于幼儿亲子关系与其青少年时期不良行为关系的研究表明，童年期的不良亲子关系和家庭氛围可以预测幼儿青少年时期的一些不良行为的发生，如酗酒。这种不良亲子关系及家庭氛围还可以预测幼儿青少年时期与同龄人相处的压力程度。亲子关系越差，家庭冲突越多，那么幼儿在其青少年时期就越会出现酗酒等不良行为，进而导致其面临的同龄人压力也会越大。

根据以上研究，积极的亲子关系能够促进幼儿的身心发展，帮助幼儿形成良好的人格，而消极的亲子关系则会导致幼儿成年后不良行为的发生，不利于幼儿的健康成长。因此，作为幼儿发展中的专业性支持机构，我们应该努力从更为专业的角度，为幼儿亲子关系的建立及良好发展，提出更为专业性的，具有指导意义的建议，帮助家长重视幼儿阶段积极亲子关系的养成和保持。

2. 积极的师生关系对幼儿发展的益处

师生关系作为幼儿人际关系的组成部分，是他们社会化的重要内容，也影响着他们的学业成绩、人际交往、情感生活和心理健康。

成功的师生关系可以通过类似依恋的过程来构建关键的社会、行为和自我调节能力的发展。幼儿与教师关系的亲疏可以直接预测幼儿的学校适应与学业成就。芬兰一项5~7年级师生关系与学业成绩关系的纵向研究显示，师生关系越好，学生各科的平均成绩越高。如果幼儿和教师处于一种和谐，亲密的相处关系中，那么幼儿对于学习的主动性，积极性就会更强，他们越乐意主动完成老师布置的任务，对于老师所教授的内容也会越认真学习，从而知识获得也会增加。同样，积极的师生关系可以促进幼儿自我管理能力的提升，包括幼儿的学习积极性，学习态度等。

在师生关系的评估上，一般包含三个维度，分别是亲密性、依赖性和冲突。这几个维度都会影响幼儿的学校适应问题。师生关系的亲密性包含了师生之间的温暖性和开放交流，可以支持幼儿学校环境的适应。亲密的师生关系也可以成为幼儿探索环境的安全基地。有关研究表明，师生间的亲密性越强幼儿的亲社会行为就会越多，其内化行为，外化行为越少。也就是说，如果幼儿处于积极的师生关系中，他们在校的行为表现就会更加积极，会更多地表现出助人、合作等积极行为，会更少出现吵闹、不遵守纪律的消极行为。一项调查发现，攻击性强的幼儿在处于一种情感亲密的师生关系中后，一年之后他们的攻击性行为大大减少了。另外也有研究表明师生间的亲密程度也可以促进幼儿的社交技能发展，有助于幼儿的同伴关系。

此外，良好的师生关系可以促进幼儿的情绪稳定性，即师生关系越好，幼儿情绪稳定性水平越高。根据依恋理论，为了更好地适应学校环境，学生会把教师当成自己精神依靠的重要对象。有研究表明，师生关系对于青少年的自尊、情感乃至人格的发展具有重要影响作用。相反，有问题的师生关系会导致幼儿产生心理上的紊乱。一项研究表明，有问题的师生关系会削弱幼儿的心理韧性，幼儿遇到挫折会更易选择放弃，同时消极的师生关系还会导致幼儿外化行为的增多。稳定的情绪就是人格发展中很重要的一个因素。当幼儿足够信任自己的老师时，他们对于学校这个环境的安全感会大大增加，从而会在学校的学习生活中有更稳定的情绪，行为表现也会更加自信。

综上所述，良好的师生关系是影响幼儿全面发展的关键因素。如何帮助教师提升其专业性及养育技能，最大化地发挥教师在幼儿成长过程中的关键作用，是我们需要持续思考并不断完善的重要工作内容。

3. 积极的同伴关系对幼儿发展的益处

积极良好的同伴关系可以提升幼儿的自尊水平，减少幼儿的孤独感，抑郁感和消极的自我价值感。研究表明，幼儿不被同伴接纳的程度越高，其孤独感就越高。同时，如果幼儿经常被同伴所忽视，那么其孤独感也会高于其他幼儿。比如在学校里如果幼儿总是被身边的同伴孤立，无法融入同伴相处中，那么他们就会对自己产生消极的自我价值感，就会觉得自己很差劲，并且会产生自卑、抑郁等情绪，他们面对生活也会有较强的孤独感。而具有较高孤独感的幼儿在后续的成长中所形成的友谊质量也会较低，即他们更不易形成长久、稳固、积极的友谊。另一项国外的研究发现，积极的同伴关系有助于幼儿形成相对自信的自我形象认知，即他们会认为自己是一个值得被爱的人、优秀的人，这些都有助于提升幼儿的自尊水平。

此外，积极的同伴关系可以培养幼儿的亲社会行为，改善幼儿的不良行为。一项国外的研究表明，即使是患有注意力缺陷障碍的幼儿，通过良好的同伴交流也可以提升其社交能力，促进其亲社会行为，并且通过积极的同伴关系，他们可以更好地提升自己的感知能力，调节自己的不良行为。处于积极同伴关系中的幼儿更会表出现对他人的关心、爱护，更乐于帮助他人，其共情能力也更强。比如和同伴相处愉快的幼儿在看到别人需要帮助时，更乐于给予他人援助，更能理解他人的困难，长大后也更愿意参与到志愿活动等社会性活动中。相反，处于消极的同伴关系中的幼儿，更容易出现攻击行为，其受到外部攻击和关系攻击的水平远远高于其他幼儿。

另外积极的同伴关系还可以很好地预测幼儿的主观幸福感。主观幸福感是指对于生活整体的满意程度和对于情感的满意程度。研究表明，对于"我很乐意与朋友在一起"这句话进行计分,从"完全不符合"到"完全符合",得分越高的幼儿,主观幸福感越好,他们对于自己的生活越满意,也越热爱生活。另一项国外的研究表明,积极的同伴关系作为一个中间介质可以提升幼儿的积极情绪,保护幼儿免受一些情绪上的损伤,而这些都可以提升幼儿的幸福程度。

根据以上研究,我们可以发现,积极健康的同伴关系不但可以提升幼儿的自尊水平与幸福感,还可以增加幼儿的亲社会行为。所以,我们要引导幼儿寻找与同伴快乐积极相处的好办法。

二、如何帮助幼儿提升积极关系

帮助幼儿提升积极关系,可以从三大方面入手:在与园所家长的互动中引导家长提升与孩子间的亲子关系;在园所中帮助提升幼儿的同伴关系;通过更为专业的培训提升教师与孩子间的师生关系。

1. 在与园所家长的互动中帮助提升积极亲子关系

(1)鼓励家长更多参与丰富的亲子活动,促进亲子交流。

提升亲子关系的一项重要做法是鼓励家长与孩子一同参加丰富的亲子活动,加强亲子间的交流与沟通。一项关于亲子关系的研究表明,以固定的"游戏日"的形式定期开展的亲子活动可以改善自闭症幼儿的自闭症状,提升亲子关系。亲子活动的形式可以是丰富多样的,比如园所可以协助展开"游戏日"的主题活动,每周在固定的时间安排有趣的活动帮助提升亲子交流的频率。家庭手工、亲子烘焙,又或者全家人一起进行体育锻炼等,都是不错的选择,一方面可以提升亲子间的沟通,另一方面能加强园所与家长之间的了解与合作。

首先,亲子阅读活动是一项很好地促进亲子交流的活动。园所可以鼓励家长在业余时间更多地陪伴孩子共同阅读。在亲子阅读活动中,家长和幼儿不仅可以进行实际生活间的对话,最大限度还原生活中的情境,比如家庭日常相处情境、幼儿园情境等,亲子间还可以针对阅读内容展开讨论交流。这种交流是双向的,既能够在一定程度上提升幼儿与家长进行积极的交流讨论,探讨沟通的频率,增强幼儿的分享意识,这种分享与交流本身又会提升亲子间的情感。比如在阅读绘本《我的爸爸》的时候,家长可以通过和孩子对话的方式引导幼儿思考"我的爸爸"是什么样子的?"我的爸爸"都可以做什么?他和书中的爸爸有什么不一样?通过交流来促进幼儿对于家人的理解,提升幼儿对爸爸妈妈的情感。良好的亲子交流方式是建立亲密亲子关系的基础。在一项关于亲子阅读的研究中,85.2%的家长表明亲子阅读活动使亲子关系得到了改善,亲子情感得到了加强。

其次，亲子间的音乐活动也是一项促进亲子关系的活动。一项针对于改善 5～12 岁幼儿亲子关系的研究表明，通过连续 10 周的音乐疗法后，亲子间的交流有了显著提升，包括亲子间的非语言交流、情绪协调，以及彼此间的情感互动。

最后，家长可以和幼儿共同参加一些体育活动，以此提升亲子关系。一项关于学龄前注意力缺陷障碍幼儿的研究发现，当幼儿与其家长共同参与一项以家庭为单位的橄榄球运动后，亲子关系有了显著提升，幼儿在活动中的自我控制能力也得到了明显地提升，其注意力不集中的症状有了很大改善。

以上都是园所可以自主举办或者推荐家长在业余时间与孩子共同开展体验的活动，他们不仅能提升亲子间的关系，更能促进彼此的了解，提升家庭间的氛围。

（2）引导改变父母的情绪表达方式，增加积极情绪表达。

除了开展上述活动以外，园所还可以通过讲座等方式，引导家长反思自己的情绪表达方式，寻找更为科学合理地与幼儿相处的办法。父母的情绪表达方式会影响幼儿与父母的相处方式。如果父母长期处于消极情绪中，幼儿会更加抵触和父母沟通，从而影响亲子关系。比如父母在家总是发火，或充满抱怨，那么幼儿会恐惧和父母交流。同时，如果父母总是用消极的词语批评指责幼儿，比如"你这样很讨厌""我很讨厌你"等。幼儿也会产生父母不爱自己的想法，并且更易于拒绝沟通。所以父母要注意情绪表达方式和与幼儿的交流语言和态度。父母在处于愤怒、伤心等消极情绪状态中时，采用恰当的方式进行表达，用"妈妈现在很伤心，你可以安慰我一下吗？"代替怒吼和责骂；在开心的情绪中，父母也要和幼儿进行交流与分享，比如经常给予幼儿拥抱与微笑。在幼儿给予助人行为的时候及时给予鼓励与肯定。当父母尝试做出情绪表达方式的改变时，幼儿才更愿意与父母交流，从而建立积极的亲子关系。

2. 提升积极同伴关系

（1）培养幼儿的道德观念，促进早期同伴发展。

具有较强道德判断的儿童会表现出更多的亲社会性行为，从而能够和同伴更加愉快地相处。一项美国莱斯特大学针对 6 岁左右儿童的同伴相处与道德观念的研究表明：具有更强道德判断能力的幼儿会更少和同伴发生争执与冲突，进而会有更加愉快的同伴关系。相反，道德判断能力较弱的幼儿更会在与同伴相处时表现出霸凌的行为，也会更不喜欢自己的同伴。

而这就要求教师在幼儿成长的过程中注重引导幼儿形成正确的道德观念，引导幼儿更好地与同伴相处。教师可以在日常的教学活动中穿插角色扮演、戏剧表演、讲故事等多种方式让幼儿体验不同的同伴相处情境，并且体会不同同伴相处情境中所扮演人物的心情和感受。教师还可以让幼儿通过戏剧表演来发泄心中的情感，体

会不同角色的情绪特点。另外，教师在处理一些幼儿间争执等行为时，引导幼儿从对方的角度来思考问题，试着理解对方。这些做法都能在很大程度上提升幼儿的道德观念建立，促进幼儿的早期同伴发展。

（2）鼓励多种类型的同伴交流，提升幼儿社会认知力。

在园所场景中，幼儿的多类型同伴交流也是非常重要的。在幼儿的社会认知发展还不成熟的时候，研究表明，幼儿更愿意与自己同性别的幼儿交朋友。这就导致了幼儿的社交相对单一，容易形成3～5人的小群体，这不利于幼儿的社会性全面发展。所以家长和教师可以运用讲故事等方式帮助幼儿理解朋友的真正含义，鼓励幼儿多与不同的同伴群体或者不同性别的幼儿进行交流，拓宽人际交往范围以提升他们的认知能力。教师在组织班级活动时可以多种方式进行分组，而不是单一地通过性别、年龄等，确保幼儿可以尝试进入不同群体，丰富幼儿的交流体验。另外，教师还可以鼓励幼儿进行同龄人间的相互学习，让不同孩子轮流扮演"小老师"，教授同伴一些技能，比如如何系鞋带，如何叠被子等。一项关于幼儿的行动研究表明，同龄人间的相互教授活动不但可以大大提升幼儿对于新知识的理解能力和应用能力，还可以提升同伴相处质量，促进同伴关系。

3. 提升积极师生关系

首先，提升积极的师生关系首先需要教师提高对于幼儿需求的敏感性。敏感性是指教师根据幼儿反应，可以准确识别其想表达内容的能力。当教师能够敏锐觉察到幼儿的需求和遇到的问题时，幼儿的违反纪律的行为会大大减少，课堂参与度会显著增加，与教师的亲密度也会提升。所以教师要及时发现每个幼儿的需求，注意关注幼儿的情绪变化。另一项研究也表明了教师对于幼儿需求的反应敏感性可以大大提升幼儿对于教师的依恋程度，进而提升师生关系。

其次，提升师生关系需要教师不断完善解决问题的能力，并且提升教师与幼儿的交流表达能力。一项研究表明，当幼儿遇到问题的时候，教师如果能积极耐心解决，那么幼儿在下次遇到问题时会更乐于求助教师，师生关系会就此提升。另一项研究表明，当教师用积极的交流方式，比如安慰、鼓励、关心等与幼儿交流时，他们的师生关系以及亲密程度都会有所提升。

再次，教师还要充分学习了解幼儿的心理发展特征与依恋模式，根据不同幼儿的特质给予不同方面的帮助。对于不安全依恋型较强的幼儿给予更多爱与关怀。只有幼儿与教师彼此信任关爱，他们才能建立起良好的师生关系。

最后，幼儿积极关系的构建与发展，需要家长和教师的正确引导与帮助。在这一过程中，教师与家长可以互相学习，在日常生活中注意控制自己的情绪表达，与幼儿平等积极地沟通，从而在积极关系中，互相促进成长。

参考文献

［1］Acar I H, Vezirolu-Elik M, Rudasill K M, et al. 2021. Preschool Children's Self-regulation and Learning Behaviors: The Moderating Role of Teacher–Child Relationship[J]. Child & Youth Care Forum:1-18.

［2］Birch S H, Ladd G W.1997. The teacher-child relationship and children's early school adjustment[J]. Journal of School Psychology, 34:934-946.

［3］Choo H, Shek D.2013. Quality of Parent-Child Relationship, Family Conflict, Peer Pressure, and Drinking Behaviors of Adolescents in an Asian Context: The Case of Singapore[J]. Social Indicators Research, 110(3):1141-1157.

［4］Crosnoe, Robert, Johnson, et al.2004. Intergenerational Bonding in School: The Behavioral and Contextual Correlates of Student-Teacher Relationship[J]. Sociology of Education.

［5］Ding, W., Meza, J., Lin, X., et al. 2020. Oppositional defiant disorder symptoms and children's feelings of happiness and depression: mediating roles of interpersonal relationships[J]. Child Indicators Research, 13(1), 215-235.

［6］Frankel F.2012. Using Parent-Supervised Play Dates to Improve Peer Relationships for Elementary School Children with HFASD[C]. 2012 International Meeting for Autism Research.

［7］Gardner M, Steinberg L. 2005. Peer influence on risk taking, risk preference, and risky decision making in adolescence and adulthood: an experimental study.[J]. Developmental Psychology, 41(4):625.

［8］Hughes J N, Cavell T A. 1999.Influence of the teacher-student relationship in childhood conduct problems: A prospective study[J]. Journal of Clinical Child Psychology, 28(2):173-184.

［9］Inge, Bretherton. 1997. Bowlby's Legacy to Developmental Psychology[J]. Child Psychiatry & Human Development, 28: 33-43.

［10］Jacobsen S. L., Mckinney C. H., Ulla, H. 2014. Effects of a dyadic music therapy intervention on parent-child interaction, parent stress, and parent-child relationship in families with emotionally neglected children: a randomized controlled trial[J]. Journal of Music Therapy, (4):310-332.

［11］Klass P, Navsaria D. 2012. Creating practical primary care supports for parent-child relationships—language, literacy, and love[J]. JAMA pediatrics, 175(5): 452-453.

［12］Ford T, Lang I, Marlow R, et al. 2012. The Influence of Problematic Child-Teacher Relationships On Future Psychopathology in a Population Survey with Three-Year Follow up[C]. 59th Meeting of American Academy of Child and Adolescent Psychiatry.

［13］Lee, Inkoo, Sunjin. 2012. The effect of communication skills between mother and children and children's perceived teacher-children relationship in children's self-esteem[J]. 열린유아교육연구, 21(4):97-120.

［14］Menashe-Grinberg A, Shneor S, Meiri G, et al. 2021. Improving the parent–child relationship and child adjustment through parental reflective functioning group intervention[J]. Attachment & Human Development, (2):1-21.

［15］Paap M, Haraldsen I R, Breivik K, et al. 2012, 2013. The Link between Peer Relations, Prosocial Behavior, and ODD/ADHD Symptoms in 7–9-Year-Old Children[J]. Psychiatry Journal, (2):319874.

［16］Pianta, & Robert, C. 1997. Adult–child relationship processes and early schooling[J]. Early Education &

[17] Roorda D L, Verschueren K, Vancraeyveldt C, et al. 2014. Teacher–child relationships and behavioral adjustment: Transactional links for preschool boys at risk[J]. Journal of School Psychology, 52(5):495-510.

[18] Sabol T J, Pianta R C. 2012. Recent trends in research on teacher–child relationships[J]. Attachment & human development, 14(3): 213-231.

[19] Siu A. F, Law J. W. 2020. Promising effect of a family rugby program for children with ADHD: Promoting parent-child relationship and perceptual change on child's behaviors[J]. Complementary therapies in clinical practice, 39: 101135.

[20] Smetana J G, Ball C L. 2018. Young children's moral judgments, justifications, and emotion attributions in peer relationship contexts[J]. Child development, 89(6): 2245-2263.

[21] Schneider B H. Peer relations and success at school[M]. 2016. Childhood Friendships and Peer Relations. Routledge, 48-61.

[22] Sointu E T, Savolainen H, Lappalainen K, et al. 2017. Longitudinal associations of student–teacher relationships and behavioral and emotional strengths on academic achievement[J]. Educational Psychology, 37(4): 457-467.

[23] Suldo, Shannon M.,Shaffer, Emily J,et al.2008. A social-cognitive-behavioral model of academic predictors of adolescents' life satisfaction[J]. School Psychology Quarterly, 23(1) : 56-69.

[24] Thompson H M, Wojciak A S, Cooley M E. 2016. Self-esteem: A mediator between peer relationships and behaviors of adolescents in foster care[J]. Children and Youth Services Review, 66: 109-116.

[25] Verschueren, K., Koomen, H. M. Y. 2012. Teacher-child relationships from an attachment perspective. Attachment & Human Development, 14(3), 205-211.

[26] 陈婕. 2020. 亲子关系对青少年儿童心理发展的影响 [J]. 青年时代, 25.

[27] 丁艳华. 2019. 儿童早期依恋情感和社会化发展 [J]. 中国儿童保健杂志, 27(9), 4.

[28] 桂静文, 朱立新. 2021. 亲子阅读活动对0—8岁儿童家庭亲子关系影响的实证研究 [J]. 教育观察, 10(16):3.

[29] 刘福珍, 姚梅玲. 2007. 儿童人格研究进展 [J]. 河南预防医学杂志, 18(006):475-477.

[30] 刘思航, 杨莉君, 邓晴, 等. 2021. 共情促进早期积极同伴关系发展的理论分析与实践路径 [J]. 陕西学前师范学院学报, 037(010): 69-75.

[31] 孙晓军. 2006. 儿童社会行为, 同伴关系, 社交自我知觉与孤独感的关系研究 [D]. 武汉：华中师范大学.

[32] 田茂香. 2021. 亲子关系对少年幼儿心理发展的影响 [J]. 家庭科技.(7):28-29.

[33] 王荣. 2009. 儿童社会关系概念化的特点及发展研究 [D]. 上海：华东师范大学.

[34] 王小慧, 戴思玮. 2014. 5—6岁幼儿同伴关系的社会网络分析 [J]. 学前教育研究, (3):9.

[35] 颜志强, 刘月, 裴萌, 等. 2019. 儿童共情问卷的修订及信效度检验 [J]. 心理技术与应用, 7(9):9.

[36] 杨丽珠, 李淼, 陈靖涵, 等. 2016. 教师期望对幼儿人格的影响：幼师关系的中介效应 [J]. 心理发展与教育, 32(6): 8.

[37] 张兴旭, 郭海英, 林丹华. 2019. 亲子, 同伴, 师生关系与青少年主观幸福感关系的研究 [J]. 心理发展与教育, 35(4):9.

[38] 赵景欣, 刘霞, 张文新. 2013. 同伴拒绝、同伴接纳与农村留守儿童的心理适应：亲子亲合与逆境信念的作用 [J]. 心理学报, 45(7):797-810.

[39] 周宗奎, 赵冬梅, 孙晓军, 等. 2006. 儿童的同伴交往与孤独感：一项2年纵向研究 [J]. 心理学报, 38(5):8.

[40] 左志宏, 杜雨茜. 2020. 3—6岁幼儿父母家庭情绪表达与亲子关系的关系研究 [J]. 上海教育科研, (9): 86-91.

积极自我

★ 积极自我的理论介绍
★ 积极自我的实证研究

一、认识自我

➢ 历史背景

对自我的探讨，远古时期的哲学家们就已经开始。

19世纪90年代，美国心理学之父詹姆斯（William James），开始从心理学的角度研究自我。从那时起到如今，心理学中的众多分支，诸如人格心理学、社会心理学、临床与咨询心理学，都有关于对自我的研究，甚至形成了自我心理学这个分支。

心理学不同的分支领域对自我有不同的解释和研究侧重。例如人格心理学关注自我的客观体验，即人们实际上是什么样的；社会心理学关注自我的内容和结构以何种方式影响社会判断和行为；临床与咨询心理学将自我看作衡量一个人心理发展水平的重要维度之一；自我心理学则更关注自我的主观体验，即人们是如何看待自己的。

自我的本质，是一种掌控、整合、理解生命体验的努力。随着自我发展水平的提高，个体认知框架随之变得复杂。

此处，我们从詹姆斯《心理学原理》中的自我理论对自我的概念进行了解。

➢ 关键概念

自我：威廉·詹姆斯把自我分为"主我"和"宾我"，哲学家们更多地在探讨"主我"，心理学家们更多地在研究"宾我"。詹姆斯把"宾我"分为三个部分：

（1）物质的我，是指个人的身体及其属性。例如，我身高165厘米，我6岁了等。

（2）社会的我，是指个体对自己在一定的社会关系和人际关系中的角色、地位、名望等方面的认识。例如，我是个班长，我是×××的好朋友，我是幼儿园学生等。

（3）精神的我，是指个体所觉知的内部心理特征。例如，我很敏感，我很自觉，我有点忧郁等。

自我发展水平：一个人对自身及世界体验的复杂程度。自我发展水平越高，越能整合并接纳人生当中许多看似复杂矛盾的事物或体验，领悟更复杂的人生智慧，也越能明白许多重大的生命问题往往有多种合理的答案。

➢ 人们为何要认识自我

认识自我主要基于三个方面的需要。

（1）自我提升需要。通过认识自我，我们得以逐渐形成一种稳定的自尊，从而在未来不断提升自己，以便维持对自我的良好感觉，保持自尊水平。

（2）准确性需要。认识自我可以减少对自我的不确定感；知道我们真实的样子可以帮助我们实现其他目标，比如生存；准确地认识自我有助于最大限度地体验到自尊感。

（3）一致性需要。心理是一个完整的、有组织的思想系统，所有属于该系统的思想都必须相互一致，而自我是心理系统的核心，如果出现了内在冲突的想法会让人感到不舒服。人不断对自我进行验证，可以避免某些心理功能的紊乱。

➢ 与自我有关的知识

◆ 自我复杂性

先看小丽的自我概念：我是努力学习新本领的好学生——我是小班长——我是老师的好帮手——我是班里同学们的榜样。再看小云的自我概念：我是我妈的女儿——我是小（一）班的学生——我是一个喜欢音乐的人——我是毕业舞台剧表演的成员。试想她俩都发现自己接触到新的本领时无法快速学习，谁会更烦恼？

人们在自我复杂性上有所不同。小丽的自我复杂性较低，自我概念只包括少量高度联系的方面，而小云的自我复杂性较高，自我概念包含许多不同的方面。

当高自我复杂性的个体面对应激事件时，与低自我复杂性的个体相比，会体验到更少的心理困扰和身体症状。高自我复杂性对应激事件的消极影响具有缓冲作用。因为这些个体有许多不同的自我方面，当一个消极事件引发了消极感受，这种感受可以仅限于有关领域，他们还可以利用未受影响的领域去提升自我价值感和身心健康状况。

这也是我们需要从多方面、多维度认识自我的重要意义之一。

◆ 自我验证

我们的自我观念决定着我们对自己和社会世界的理解，对自我观念的任何挑战都构成对我们整个世界观的普遍威胁。为了保持对自我和周围世界的感受稳定和一致，我们希望证实和验证我们的自我观念，即使它们是消极的。

此外，如果其他人对我们的能力有不切实际的期望，可能会把我们引向一种注定会失败的情境。但如果他人能看到我们的不足，就会降低对我们这方面的期待，甚至帮助我们度过那些令我们感到困难的情境，帮助我们避免尴尬。

这种自我验证的过程，帮助我们理解，为何有时贸然否认一个人的缺点和不足，强行给对方添加"证据不足"的优点，反而会引起对方的反感和不适。

◆ 乌比冈湖效应

社会心理学借用这一词，指人的一种总觉得什么都高出平均水平的心理倾向，即给自己的许多方面打分高过实际水平。当人们被问及作为学生、教师、爱人，尤其是作为一名司机等时做得有多好时，人们会系统地大幅度地认为自己比平均值做的要好。每个开车的人都认为自己是一名出色的司机（哪怕这名司机可能仅仅是平行泊车比较拿手，或者比较细心，或者敢冒别人不敢冒的风险）。

耶鲁大学心理课教授问大家，你这学期心理学基础课上得怎么样啊？请给出你在这个班级里的排名或者百分比。如果大家的估计都很准确或者没有大的偏差，我们应该得到这样一个结论：一半的人做得比平均水平要好，另一半人做得不如另一半。实际的调查结果表明，绝大多数人认为自己的水平高出了平均水平。

生活中涉及乌比冈湖效应的方面：

（1）伦理道德。大多数人认为自己比一般人更有道德。一个全国性调查曾有这样一道题目："在一个百分制的量表上，你会给自己的道德和价值打多少分？"50%的人给自己打分在90分或90分以上，只有11%的人给自己打分在74分或74分以下。

（2）工作能力。90%的商务经理对自己的成就评价超过对其普通同事的评价。在澳大利亚，86%的人对自己工作业绩的评价高于平均水平，只有1%的人评价自己低于平均水平。大多数外科医生认为自己的患者的死亡率是由多种客观原因造成

的，而由于主观原因造成的患者死亡率要低于平均水平。

（3）付出。大部分同宿舍高中生或大学生都认为自己比其他室友为大家做了更多的事情。

（4）驾驶技术。多数司机，甚至大部分曾因车祸而住院的司机，都认为自己比一般司机驾车更安全且更熟练。

（5）摆脱偏见。人们往往认为他们比其他人更不容易受偏见的影响。他们甚至认为自己比多数人更不容易产生自我服务偏见。

（6）聚光灯效应。在一个心理学实验中，心理学家跑到实验者面前说，希望你们明天都穿 T 恤来这里，并且所穿的 T 恤要带图案。第二天参加实验的人都穿了带图案的 T 恤。有人觉得自己所穿的 T 恤的图案是令人尴尬的。心理学家问他们什么样的图案是让自己觉得尴尬的，排名第一的是 Hitler 和 Barry Maniloy。而被大家公认最好的图案是 Martin Luther King Jr 和 Jerry Seifild。

一天后，问实验者"有多少人注意到了你的 T 恤了？"

于是实验者走出去问人们，"你们注意到我的 T 恤了吗？"

结果显示，他们高估了人们的关注度，这个差距接近两倍。也就是说，他们认为有 100 个人看到了，但实际上最多只有 50 个人看到了。

我们通常认为人们在时刻关注我们，但实际上并没有。他们都在忙着关注自己。很多时候我们总是不经意地把自己的问题放到无限大。当我们出丑时，总以为别人会注意到自己，其实并不是这样的。人家或许当时会注意到可是事后马上就忘了，或许根本就无暇注意到你。没有人会像你自己那样关注自己的。

（7）透明效应。社会心理学中发现，人们往往认为我们自己比实际中更容易被看透。我们的秘密别人很难猜出，但我们通常会觉得我们的秘密要泄露出来。人们常觉得别人都发现了自己的秘密。

"谁会认为自己是一个糟糕的骗子？"征集了一名自认为特别不会骗人的现场志愿者。教授给出了三个问题，参加现场实验的志愿者需要回答这三个问题，但是要求这三个问题的答案中有一个问题的答案是假的。其他在场的学生猜测，哪个问题的答案是假的。实验开始前教授预先告诉参与回答问题的志愿者对哪个问题的答案撒谎。

第一个问题与回答："你去过伦敦吗？""不，没去过。"

第二个问题与回答："你有兄弟姐妹吗？""是的，有一个。"

第三个问题与回答："你喜欢寿司吗？""不喜欢。"

大家猜测的结果表明，认为第一题和第二题回答问题的志愿者撒谎的人数远远多余认为第三题撒谎的人数。而教授预先告诉志愿者，在第三个问题回答的时候撒谎。

心理学发现，人们往往认为我们自己比实际中更容易被看透。我们的秘密别人很难猜出，但我们通常会觉得我们的秘密要泄露出来。人们常觉得别人都发现了自己的秘密。人们往往担心、害怕自己的秘密被别人发现，实际上自己不希望别人知道的关于自己的秘密，别人很难猜出，所以不必过于担心，应该放下思想包袱。

（8）巴纳姆效应。这是1948年由心理学家伯特伦·福勒通过试验证明的一种心理学现象，它主要表现为：每个人都会很容易相信一个笼统的、一般性的人格描述特别适合自己。这个效应是以一位广受欢迎的魔术师肖曼·巴纳姆来命名的。这位魔术师在评价自己的表演时说，他之所以很受欢迎是因为节目中包含了每个人都喜欢的成分，所以他使得"每一分钟都有人上当受骗"。巴纳姆曾经说过一句名言，"任何一流的马戏团应该有能力让每个人看到自己喜欢的节目。"

法国的研究人员曾做过一项测试，他们将臭名昭著的杀人狂魔马塞尔·贝迪德的出生日期等资料寄给了一家自称能借助高科技软件得出精准星座报告的公司，并支付了一笔不菲的报告费用。

三天后，该公司将一份详细的星座报告发送给了研究人员，大致的分析结果如下：他适应能力很好，可塑性很强，当这些能力得到训练就能发挥出来。他在生活中充满了活力，在社交圈举止得当。他富有智慧，是个具有创造性的人，他非常有道德感，未来生活会富足，是思想健全的中产阶级。

此外，这份星座报告还根据贝迪德的年龄做出了推断，预测他在1970年至1972年会考虑对感情生活做出承诺。可事实上，"颇有道德观"的贝迪德犯下了19条命案，于1946年被处以死刑。

"巴纳姆效应"指的就是这样一种心理倾向，即人很容易受到来自外界信息的暗示，从而出现自我知觉的偏差，认为一种笼统的、一般性的人格描述十分准确地揭示了自己的特点。现在很多人迷信于算卦、通神、星座等，其中的原理都来自这神奇的巴纳姆效应。

巴纳姆效应带给我们的启示：不能仅靠外界的一点消息或信息就对事情做出判断。这样会导致片面性和易犯错误。要全面、正确收集信息，才能对人或事做出正确判断。

（9）伤痕效应。美国科研人员进行过一项有趣的心理学实验，名曰"伤痕实验"。他们向参与其中的志愿者宣称，该实验旨在观察人们对身体有缺陷的陌生人作何反应，尤其是面部有伤痕的人。

每位志愿者都被安排在没有镜子的小房间里，由好莱坞的专业化妆师在其左脸做出一道血肉模糊、触目惊心的伤痕。志愿者被允许用一面小镜子照照化妆的效果

后，镜子就被拿走了。

关键的是最后一步，化妆师表示需要在伤痕表面再涂一层粉末，以防止它被不小心擦掉。实际上，化妆师用纸巾偷偷抹掉了化妆的痕迹。

对此毫不知情的志愿者，被派往各医院的候诊室，他们的任务就是观察人们对其面部伤痕的反应。规定的时间到了，返回的志愿者竟无一例外地叙述了相同的感受：人们对他们比以往粗鲁无理、不友好，而且总是盯着他们的脸看！可实际上，他们的脸上与往常并无二致，什么也没有不同；他们之所以得出那样的结论，看来是错误的自我认知影响了他们的判断。

这是一个发人深省的实验。

原来，一个人内心怎样看待自己，在外界就能感受到怎样的眼光。同时，这个实验也从一个侧面验证了一句西方格言："别人是以你看待自己的方式看待你。"不是吗？

一个从容的人，感受到的多是平和的眼光；

一个自卑的人，感受到的多是歧视的眼光；

一个和善的人，感受到的多是友好的眼光；

一个叛逆的人，感受到的多是挑剔的眼光……

可以说，有什么样的内心世界，就有什么样的外界眼光。如此看来，一个人若是长期抱怨自己的处境冷漠、不公、缺少阳光，那就说明，真正出问题的，正是他自己的内心世界，是他对自我的认知出了偏差。这个时候，需要改变的，正是自己的内心；而内心的世界一旦改善，身外的处境必然随之好转。毕竟，在这个世界上，只有你自己，才能决定别人看你的眼光。

我们往往花大力气去了解别人，认识别人，却很少花精力去了解自己，认识自己。我们一般是不能直接看到自己的模样，只能通过镜子、照片。同理，我们一般也是透过别人的眼光来认识自己，每一个人眼里的你都是不一样的，100个人眼里就有100个你，1000个人眼里就有1000个你，在不同的人眼里你是不同的：善良的、聪明的、可恶的、愚蠢的、忠诚的、虚伪的、背叛的，不胜枚举。那么真实的你究竟是什么样的呢，真正的你又在哪里呢，"伤痕实验"明确的告诉我们答案——内心。一个内心烦躁的人纵然身处幽静也是狂躁不安的，一个内心清净的人虽然深处闹市，他的世界还是清净的。无论是追求幸福、宁静、安全……都到你内心去寻找吧，那里有无穷无尽的资源和能量。

二、发挥优势

➢ 历史背景

在20世纪的大部分时间里,对人类弱点的研究远远多于人类优点。他们的研究结果,最集中地体现在美国精神医学学会出版的《精神疾病诊断与统计手册》(简称DSM)的编著上。这个手册分类较为精确、详细,目前已经出到第五版,是最常用的精神疾病诊断手册。根据这本书的指导,从业人员可以较为准确地为患者作出诊断。

但是,毕竟只有少数人患有需要DSM进行诊断的精神疾病。大部分人都有这样或那样的弱点,比如"懒散""虚荣",或者一些轻微的心理问题,比如"容易紧张""负面思维",但还用不着精神医生用DSM来进行分析。同时,每个人都有优点——大多数普通人固然都有很多优点,在那些有严重心理问题乃至精神疾病的少数人中,其实也都有着闪光点,但心理学界缺乏对于人类优点的系统研究。

这就造成了一个非常负面的局面:心理学对于你可能患有什么精神疾病和心理问题能够流利地侃侃而谈,进行相对准确的判断,并且或多或给出有效的治疗方案或建议,但对于你可能有什么优点和品格,却无法形成科学、系统、有效的意见。

正是由于品格优势和美德如此重要,塞利格曼(Martin E.P. Seligman)在发起现代积极心理学运动之后,争取到迈耶森(Mayerson)基金会的支持,开展了一项研究,对人类的品格优势和美德进行了分类。他借鉴了DSM成功的先例,即精确的定义是解决问题的第一步。如果一个患者来到一个精神医师的诊所,而医师却无法确定他存在的是什么问题,那么治疗就会很困难。同样的,如果我们想挖掘出一个人的潜力,就必须先找到他的优势是什么,才能帮助他更好地发挥。

奇妙的是,这个逻辑反过来也成立,即标签能影响问题。医生把一个健康的人诊断为胃病后,他就会常常觉得胃部隐隐作痛,但后来医生告诉他:"对不起,我上次误诊你了,其实你的胃很健康",那么他的胃痛立刻就消失了。同样的,如果我们把人"诊断"为某一种美德,比如说,我们发现某人有"善良"的美德,并且明确地告诉了他,那么他在现实生活中就会倾向于变得更加乐于助人。这就是标签的力量,心理暗示会对现实造成影响。

DSM能够帮助医师诊断,塞利格曼希望积极心理学也能有自己的"DSM",

把人类的品格优势和美德进行分类,使积极心理学的从业者在面对每一个人时,也可以准确而迅速地找出他们的优势,促进他们的发挥。

▶ 关键概念

性格:个体思想、情绪、价值观、信念、感知、行为与态度的总称,它确定了我们如何审视自己以及周围的环境。性格受遗传生物学影响,但在后天社会生活环境中逐渐形成。随着年龄的增长,性格的改变可能会越来越困难,但总体上性格是可以不断进化和改变的。性格有好坏之分,并且具有社会道德含义。其中既有我们普遍都不喜欢的性格,如自私、虚伪、懦弱等,也有我们普遍都赞赏的性格,如善良、勇敢、真诚等。

能力:是完成一项目标或者任务所体现出来的素质,能力不能离开实践活动来谈。能力是一个综合的概念,既包含天赋、智力等,也包含后天培养的各种技能。每个人的能力在类型和水平上有所不同,能力的发挥会受到性格影响,使用能力造成的结果有好有坏,但能力本身没有道德含义。

优点:指人的长处,优秀的方面,不仅包含天赋能力,也包含某些道德品格,还可以包含其他一些中性的事物,是更综合、更生活化的一个概念。"优点"这个说法更具情境性,在比较中产生。如一个人很"沉默",这是中性的描述,在需要他仗义执言的时刻他保持沉默可能会变成他的缺点,但如果换到一个需要少说话多做事的场景中,沉默又会变成一种优点。

品格优势:单说"品格"时,意思与"性格""品性"基本重叠,但会带有更强烈的道德判断意味。当积极心理学中提到"品格优势"时,是指人类品格或性格中可培育的、在适度发挥时会给自己和他人带来满足和幸福感的那些部分,是道德中赞扬的、提倡的部分。品格优势包含在一个人的性格之中。性格受先天影响,又靠后天培养形成,品格优势也如此。

美德:东西方都强调,美德是一种需要通过勤勉学习和亲身实践而逐渐培育的高尚道德品质。在积极心理学中,美德是品格优势的上位概念。心理研究者结合全球各类文化和时间维度,对于在绝大多数的历史阶段中以及绝大多数文化中普遍存在的人性积极特质进行了甄选和鉴别,总结出了24种具有跨文化一致性的品格优势,它们又汇聚到6种不同的美德之中(图1-1)。

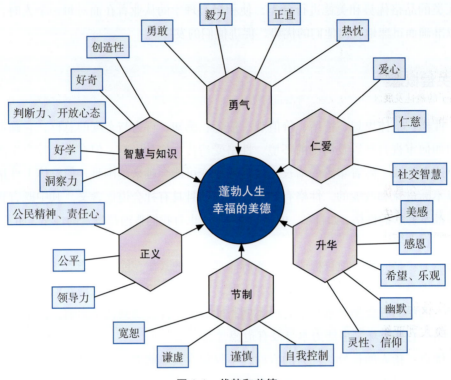

图 1-1　优势和美德

◆ **对品格优势的进一步理解**

品格优势是一种心理特质，应该持续稳定地存在于一个人的身上。比如偶尔有一次没有说谎，并不能代表这个人就正直；偶尔有一次原谅了别人，并不代表这个人就有宽恕的美德。

我们每个人身上都存在多种品格优势，但有些是我们的"显著优势"（signature strengths），有些是我们的"场景优势"（situational strengths）。

"显著优势"是指那些在各种场合都不由自主地表现出来，不需要我们太费力就能强烈展现的品格优势，而且我们自己也真心喜欢、珍惜、认同这项优势。"显著优势"的形成受先天影响，更受后天环境的培养。它像性格一样相对稳定，但也并非不能改变。当我们主动使用自己的"显著优势"时，会感觉充满力量和积极情绪。当我们的"显著优势"因各种原因无法发挥或受到压制时，会变得低沉沮丧和空虚。

一个人的"场景优势"不会经常被表现出来，只在遇到某些特定场合才会展现。比如某些人的"勇敢"在野外遇险时展现，但在销售工作中表现不出来；再比如某些人的"幽默"会对陌生人体现，回到熟悉的人群反而不展现了。"场景优势"通过进一步培养和练习，可以变为"显著优势"（表1-2）。

表 1-2　什么是优势教育

优势教育是	优势教育不是
对所有人一视同仁，关注孩子能做什么，而非不能做什么	只关注"正面"
如实描述学习和进展	逃避现实
在孩子的最佳发展区和潜力发展区构建能力	纵容坏行为
理解当人遇到困难和挑战时，需要关注和支持	不管不问
当学习和发展顺利时，找出关键因素，以在未来复制、进一步发展和加强	给人贴标签的工具

◆ 什么是优势教育

美国学者安德森（E. C. Anderson）将优势教育定义为一种新型的教育理念，它"需要教师在工作中有意识地、系统地发现自己的天赋，发展和应用自己的优势，以持续学习、提升教学方式、设计和实施教案、创建活动，来帮助学生在学习过程中发现自己的天赋，发展和应用自己的优势，获得学习知识、学习技巧、发展思考和问题解决技能，在教育环境中达到优秀的水平"。

澳大利亚维多利亚州教育局在他们的《优势教育》手册中厘清了优势教育到底是什么，以及一些常见的误解。

所以，优势教育并不意味着对学生的弱点置之不理。优势教育的目的是纠正以往教育界过于看重弱点的倾向，但并不是要彻底用优势关注取代弱点关注。如果学生有重大的弱点，比如说谎成性、吸毒、欺凌同学，那么教师必须加以重视，及时纠正。当然，即使是在纠正学生问题的过程中，依然可以想办法让学生发挥自己的优势去纠正它，而非靠一味地强迫。

➤ 建立稳定的自尊自信

◆ 关键概念

（1）自尊：是我们看待自己的方式，我们对自己的想法，以及我们赋予自己的价值。自尊是我们关于自己的核心信念。

（2）自信：是较为生活化的一个概念，心理学中与自信心最接近的概念是"自我效能感"，即个体对自身成功应对特定情境能力的评估。它受到四个主要因素的影响：行为成就、替代经验、言语劝说、情感唤起。

◆ 进一步理解自尊

心理学界目前对自尊尚没有普遍认同的唯一定义。但总体来看，研究者们通常会从三个角度理解自尊：有时自尊指一种整体的情绪感觉（整体自尊）；有时自尊指人们在具体各个方面评价自己的方式（特质自尊）；有时自尊指人们对某个瞬间的自我价值感（状态自尊）。人格和社会心理学家们倾向从后两种定义出发，因为它们更容易进行测量和研究，更符合当前的认知思维潮流。临床和咨询领域更认可第一种定义，咨询的实践工作被认为从第一种定义出发更有效。

整体自尊，是从情感的角度来理解自尊。它假设自尊在生命早期形成，主要是亲子关系相互作用的结果，认为早期经验是自尊形成的基础，后来的成长经历依然会影响自尊，但可能不会像亲子关系那样影响重大。该定义认为自尊以两种情感感受为特征：归属感和掌控感。

归属感是指无条件地被喜欢或者受尊重的感觉，它不需要任何特定的品质和原因，而仅取决于这个人是谁。归属感给人的生活提供了安全的基石。它给人这样一种感觉，即无论发生了什么事情，他们都会受到尊重。

掌控感是对世界能够施加影响的感觉——并不一定要在大范围的意义上，而是在日常生活层面。掌控感的获得并不需要想到我们是著名人物或者学校的头等生；相反，它是我们专心做一件事或努力去克服困难的过程中获得的感觉。

高自尊和低自尊之间最核心的差异在于面对失败的反应和感受。低自尊者的自我价值感是有条件的，如果成功了便认为自己很棒、感觉很光荣，如果失败了便认为自己很差、感觉很羞耻。但高自尊的人在面对成功和失败时，内心对自己价值的判断不会大起大落，总是较为稳定地认为自己很好，不会否认自己本身的价值。

◆ **自尊与自信的区别**

自尊从母婴关系时期就开始逐渐形成，较为稳定，是一种持续的、整体的对自己的感觉；自信是自尊的某种具体表现，是一个更生活化、更针对具体情境的概念。

自尊水平不易变化，改变难度大；自信心通常会随着面对不同情境而变化。一个从未踢过足球的人在第一次踢足球时难免没有自信，通过坚持和努力，过了一段时间，他对踢足球的自信会增长。但他的自尊水平在这个过程中可能没什么变化。

高自尊的人通常更容易培养自信、展现自信，但看上去自信的人不一定代表其拥有高自尊。

培养自信是帮助人们认识到："我可以做到。"

培养自尊是帮助人们认识到："我做不好也没关系，那并不意味着我很差。"

反复成功的经历和体验可以增加一个人的自信；但自尊的提升需要安全的人际关系和真诚的关爱，以便一个人可以在其中内化吸收归属感和掌控感。

◆ **自信与自恋的区别**

自恋是一种高度自我关注的状态，高自恋的人注意力大部分在自我欣赏、自我迷恋身上，而忽略了外在环境和现实的变化，也经常根本不在意其他人的感受，他

人都是用来抬高自己的工具。

自恋的核心是一种自卑感。自恋者其实非常脆弱和自卑,他们没有安全感,总是会害怕自己一无是处、支离破碎,自恋者需要不断地获得别人的赞扬,因为他们要通过外部的肯定来体验自己内在的价值感,从而维护自尊。当遭遇现实挫折,或者一些事情打破了自恋者的自我陶醉时,比如遇到负面评价,其结果往往令自恋者十分痛苦。他们的自尊水平不够稳定,经常无法起到自我调节的作用。

而真正自信的人,自我调节能力往往很强。自信的人通常是现实目标导向(task-focused),而非自我陶醉、自我沉浸。自信的人会设立现实的目标,心怀能实现目标的信念(高自我效能感),通过各种努力去逐步追求目标,并在这个过程中进行自我激励,同时也会关注到他人的感受。自信的人看重的是逐步完善自己,而不是完美无缺,自信的人接纳自己的缺点,也愿意改善自己。自信者在追求目标的过程中积累各种现实经验,他们对自己的看法,建立在现实的反馈和努力的基础上。

自恋的人有时也会表现出自信的状态,但不同的是,他们往往经不起失败和挫折的考验。

自恋 ≠ 自恋型人格障碍,每个正常人都有某些表现出自恋的时刻,是正常的。只有当一个人持续地使用自恋的方式组织他的世界和内心,才是问题所在。

拓展:品格优势词条解释

品格优势词条包括 24 种品格优势,归纳在六种核心美德下。以下给出每一种品格优势的简介。

1. 智慧与知识优势(Strengths of wisdom and knowledge)

智慧与知识优势(Strengths of wisdom and knowledge)包括与获取和使用信息为美好生活服务的积极特质。在心理学语言中,这些属于认知优势。许多这个分类下的优势包括认知的方面,例如,社会智力、公平、希望和幽默,这也是为什么许多哲学家将与智慧和理性有关的美德视为使其他成为可能的首要美德。但是,在以下五种性格优势中,认知性特别明显:

(1)创造力:想出新颖和多产的方式来做事;包括但不限于艺术成就。

(2)好奇心:对于全部经验保持兴趣;探索和发现。

（3）热爱学习：掌握新的技术、主题和知识，不管是自学还是正式学习；很明显与好奇心有关，但除此之外还具有了一种系统扩充自己知识的倾向。

（4）开放头脑：彻底地考虑事物，从各角度来检验它；不急于下结论；面对证据能够改变观点；公平地对待全部证据。

（5）洞察力：能够为他人提供有智慧的忠告；具有对于自己和他人都有意义地看待世界的方式。

2. 勇气优势（Strengths of courage）

勇气优势（Strengths of courage）包括面对内外阻力努力达成目标的意志。一些哲学家将美德视为矫正性的，因为它们抵消了人类处境中所固有的一些困难，一些需要抵制的诱惑，或者一些需要被检查或者是改变的动机。是否全部的性格优势都是矫正性的可能存在争议，但是下列四种明显属于这个范畴。

（1）真实性：说出事实，以诚恳的方式呈现自己；不加矫饰地生存；对自己的感觉和行为负责。

（2）勇敢：不在威胁、挑战、困难或痛苦面前退缩；为正确的事物辩护，即使存在反对意见；依信念行动，即使不被大多数人支持。同时也包括生理上的勇敢，但不限于此。

（3）毅力：有始有终；不顾险阻坚持行动；在完成任务中获得愉悦。

（4）热忱：包含激情和能量地面对生活；不三心二意或半途而废；将生活视为一场冒险；感到活泼有生气。

3. 仁爱优势（Strength of humanity）

仁爱优势（Strength of humanity）包括涉及关心与他人关系的那些积极特质，这些特质被泰勒等人描述为照料和待人如友的特征。这一类的美德与那些被标称为争议优势的美德有些类似，不过仁爱优势主要用来处理一对一的关系，而正义优势主要与一对多的关系有关。前一种优势是人际间的，而后一种则具有广泛的社会性。这一分类下的三种优势代表了积极的人际间特质：

（1）友善：为别人帮忙、做好事；帮助他人、关心他人。

（2）爱：珍视与他人的亲密关系，特别是那些分享和关心都是相互的对象；与他人亲密。

（3）社会智力：能够意识到自己和他人的动机和感受；知道如何做才能适应不同的社会环境。

4. 正义优势（Strength of justice）

正义优势（Strength of justice）具有广泛的社会性，与个人和群体或社区之间的最优互动有关。随着团体的规模逐渐缩小，变得更加个人化，正义优势便汇聚成了仁爱优势。我们依然保持对于这两者的区分，因为正义优势是那些涉及"其间"的优势，而仁爱优势则是那些涉及"之间"的优势；不过这种区别更多是程度上的而非类别上的。不管怎样，以下三种积极特质非常符合正义这一类美德：

（1）公平：基于正义和公平的观念，对别人一视同仁；不让个人感受干扰、涉及他人的决策；给每个人一个公平的机会。

（2）领导力：鼓励所处的群体，使其达成目标，并在这一过程中培养出良好的组内关系；组织群体活动并保证它们的实现。

（3）团队合作：作为群体或团队中的一员，工作良好、忠于群体、完成自己分内的工作。

5. **节制优势**（Strengths of temperance）

节制优势（Strengths of temperance）是那些保护我们免于过度的积极特质。那么，哪些种类的过度是我们所关注的？①仇恨：认为宽容和怜悯可以保护我们；②自大：认为谦卑和自谦可以保护我们；③带来长期后果的短期愉悦：认为审慎可以保护我们；④各种使人动摇的极端情绪：认为自我调试可以保护我们。

值得强调的是，节制优势使得我们的行动减缓，但并不会使行动完全停止。我们可能是非常宽容的，但是在受到打击的时候仍然会自我防卫。谦虚并不需要说谎，只需要自觉地认可我们是谁以及我们的行为。

（1）宽容/怜悯：宽容那些犯错误的人；给他人第二次机会；报复心不重。

（2）谦虚/谦卑：让成就自己说话；不寻求成为他人关注的焦点；不认为自己比实际上的更特殊。

（3）审慎：小心地做出选择；不承担不必要的风险；不做可能后悔的事，不说可能后悔的话。

（4）自我调试：调试一个人的感受和行动；有纪律；控制一个人的欲望和情绪。

节制优势与勇气优势的区别在于：勇气使我们以积极的方式行动，不管反面的诱惑如何，而节制的关键特点在于直接对抗诱惑。节制优势在一定程度上是通过一个人对于行为的抑制而定义的，对于观察者来说，缺乏节制可能要比存在节制更容易被观察到。

6. **超越（升华）优势**（Strengths of transcendence）

超越（升华）优势（Strengths of transcendence）第一眼看上去可能比较庞杂，但共通的主题是允许一个人与更庞大的宇宙形成联系，从而为他们的生活提供意义。在这个分类中几乎全部的积极特质都是涉及个人之外的，涉及更庞大宇宙的一部分或者整体。这一优势分类的原型是灵性，尽管定义各不相同，但都指向了对于生命的超越性（非物质性）方面的信仰和承诺，不管它们被称为普适的、理想的、神圣的还是圣洁的。

分类中的其他优势与这种原型有什么关系？对于美的欣赏将一个人与优秀直接相连；感激将一个人与善良直接相连；希望将一个人与梦想中的希望直接相连；幽默将一个人与麻烦和矛盾直接相连，但带来的结果不是恐惧或愤怒，而是愉悦。

（1）对于美和优秀的欣赏：注意并欣赏生活中各个领域的美、优秀以及有技巧的表现，从自然到艺术到数学到科学再到日常经验。

（2）感激：意识到美好的事物并心怀感谢；花时间表达自己的感谢。

（3）希望：期望未来最好的结果，并努力去达成；相信美好的未来可以实现。

（4）幽默：喜欢笑与戏弄；为他人带来微笑；看到光明面；能够开玩笑（不一定讲出来）。

（5）其他：对于宇宙的更高目的和意义有着一致的信念；知道一个人在全景中的位置；具有关于生活意义的信念，这种信念能够塑造一个人的行为，提供慰藉。

实证研究部分

人生是一场漫长的旅行，而"自我"是始终陪伴每个人在这场旅途中最忠实的朋友。幼儿时期是"自我"发展最关键的时期，只有在早期发展出积极的自我认知，才能在接下来的人生旅途中不断进步，成为更好的自己。

一、积极自我是幼儿发展过程中的保护性因素

在心理学中，自我又称"自我意识"或"自我概念"，是个体对其存在状态的认知，包括对自己的生理状态、心理状态、人际关系及社会角色的认知。自我是人格结构中的重要因素。美国心理学之父詹姆斯将自我的本质归纳为一种掌控、整合、理解生命体验的努力。

幼儿的自我发展具有一定的规律性与顺序性。一部分幼儿的自我发展是按照由外在到内在形成的。婴儿的自我意识萌芽开始于认识主体的我，认识对象的我，接着形成自我意识、自我存在，认识主体并将自我客体与周围世界分离开，最后能够自我控制自己的思想和行动。

研究表明，幼儿的自我概念包括三个方面原因：首先是有关自己呈现给他人形

象的想象;其次是他人对这一形象评价的想象;最后是一些自我情感。幼儿积极自我的提升有助于幼儿在意识情绪、幸福感、自尊感等多方面的发展。

1. 积极的自我可以提升幼儿的自我意识情绪和自尊,提升同伴接纳度

"积极自我"具体表现为,觉得自己是有价值的人,受到别人重视;觉得自己是有能力的人,可以操控整个世界,受到别人的爱护和尊重。自我意识对人的心理活动和行为起着调节作用,如果幼儿在发育过程中受内外因素的影响,自我意识出现不良倾向,则会对他们的行为、学习和社会能力造成不良影响,使他们的人格发生偏异。

同时,当幼儿有了积极的自我意识,他们的自尊程度也会大大提升。

自尊,即自我尊重,是通过社会比较形成的,是个体对其社会角色进行自我评价的结果。自尊较高的人普遍相信自己是有能力的、有价值的、成功的。幼儿的自我意识与其自尊发展紧密相连,相互影响。一方面,随着自我意识的不断发展幼儿可以形成不同水平的自尊和自我价值;另一方面,幼儿不同的自尊水平又会影响他们对于自我的认识。一项关于一年级幼儿自我意识和自尊的研究表明,幼儿的自我意识越高那么他们的自尊水平就越高,他们在完成任务和与人相处时会表现得更加自信。

幼儿在拥有了较强的自我意识和较高的自尊后,与同伴的相处关系会得到很大的提升,他们的同伴接纳程度也会大大增加。

幼儿的自我意识中包含自我意识情绪,自我意识情绪程度越高的幼儿越容易被同伴接纳。自我意识情绪(self-conscious emotions)是在个体自我意识的基础上,有自我参与的一种高级的情绪,在推动、规范人类的思想、感情和行为方面起着重要的作用,能够向个体提供动力性的信号和资源来保护个体的社会自我,从而促进个体的成功和人类社会的生存和繁衍。

学龄前幼儿的基本情绪理解和亲社会行为都能对其同伴接纳程度产生重要影响。一项研究发现,若学前期幼儿的自我意识情绪越强,那么他们的亲社会行为就越多,同伴接纳程度也越高。另一项针对6岁以下幼儿的研究也表明,幼儿强烈的自我意识可以预测幼儿的亲社会行为,从而促进幼儿在同伴心中的形象,提升幼儿的同伴关系。自我意识较高的幼儿能在和同伴交往中不断反省自我,从而更好地理解把握他人意图,更好地对自己的情绪和行为进行调节,做出更多友善的行为,帮助自己更好地与同伴交往。

2. 积极自我能够减少幼儿的不良情绪和行为问题,提高幼儿的自我复原力

积极自我还可以减少幼儿的情绪和行为问题,从而减低幼儿患有抑郁、焦虑等心理问题的风险,进而提升幼儿的自我复原力。

据埃里克森有关心理社会性发展的观点，学龄期幼儿正处于"勤奋对自卑"阶段。随着年龄的增长，此阶段幼儿不仅要努力掌握学校要求的大量学习任务，还要找到自己在社会中所处的位置。而积极的自我会让他们对自己的身份有更强的认同，从而减少他们的焦虑情绪。有研究指出，人的自我意识越积极，那么其总体上就会更活泼，遇到问题时也会更加乐观，进而会减少一些问题行为的发生。

自我复原力主要指个体在面对压力和危机情境时自我调节的一种能力。自我复原力高的幼儿可以在面对挫折和困难时快速恢复，重拾信心。而复原力较低的幼儿面对挫折和打击往往会一直消沉，怀疑自己。

一项针对幼儿时期自我意识对青少年时期不良行为预测的研究表明，幼儿时期积极的自我意识是自我调节能力最重要的预测因素，也是一般行为问题的保护因素；相反，幼儿时期消极的自我意识是青少年时期内向性行为问题的危险因素。还有一项研究表明，具有较强自我意识的幼儿在遇到困难时倾向于用积极的想法鼓励自己，他们面对困难的自我复原力就更强。

3. 积极自我可以增强幼儿的幸福感，提升幼儿生活满意度

积极自我对于幼儿幸福感和生活满意度的提升方面也发挥着至关重要的作用。

幼儿对于幸福感的评估以及幼儿的整体生活质量的感知可以体现在其对主观生活质量的评估上。主观生活质量是人们在实际生活中所感觉到或所经历的生活质量。

幼儿的自我意识可以用 Piers-Harris 幼儿自我意识量表进行评估，主要涵盖了认知成分、情感成分和总体满意度三个部分。这三个部分得分越高，说明幼儿整体的生活越愉悦，幼儿的整体生活满意度越高，幸福感越强。

一项研究表明自我意识水平与认知、情感和主观生活质量密切相关。自我意识水平越高的幼儿对于生活的满意度越高，他们会觉得每天都很开心，对待生活也是以自信、积极的态度；反之，自我意识水平越低的幼儿越会对生活不满意，不自信，他们会恐惧人际交往，用负面的词语评价生活，甚至会患上心理类的疾病，从而降低他们的生活质量。

综上所述，幼儿积极自我的提升对于幼儿健康快乐成长至关重要，家长和教师应该充分发挥作用，帮助幼儿形成积极向上的自我意识。

二、如何帮助幼儿提升积极自我

1. 教师与幼儿形成互相信任、关爱的师生关系

幼儿积极自我意识的形成需要教师给予幼儿足够多的关注和鼓励。研究表明，师生关系是一种类似于亲子依恋的亲密关系。如果幼儿能在师生关系中产生安全的

依恋,对教师足够信任,那么其自我意识也会越强。

另外,教师对于幼儿的评价也会直接导致幼儿对于自我的认知。比如教师如果经常肯定幼儿,那么幼儿对于自我的评价也会越高。相反,如果教师经常批评、否定幼儿,那么幼儿对于自我的认知也会更加消极、负面。所以教师在面对幼儿的焦虑、自卑时要给予幼儿足够多的鼓励与引导,让其足够信赖教师,相信自己,从而帮助其形成积极、健康的自我意识。

此外,教师还应该运用多种方式加强与幼儿的情感沟通与联结,比如利用绘本等媒介,通过与幼儿针对绘本中的内容进行的交流,帮助幼儿提升积极自我。

2. 园所引导家长提升自我认知,帮助构建和谐健康的家庭关系

幼儿自我的形成和发展与家长本身的自我认识密不可分。首先家长要提升自己的自我认知,包括运用正念冥想等方式提升自己的感知能力、情绪忍受能力、注意力集中能力。这些都能帮助家长在与幼儿的相处中提升幼儿建立、形成积极自我。除此之外,和谐稳定的家庭关系也是非常重要的,这能为儿童提供足够的安全感。一项针对学龄前幼儿安全感的研究表明,如果幼儿长期处于不稳定的家庭环境中,即家庭流动性大、父母关系不和谐、亲子关系冷漠,幼儿的安全感就会更低,进而其自我意识与自尊水平就会更低。他们会对自己产生怀疑,甚至觉得自己不值得被爱。相反,如果幼儿生长在和谐温馨的家庭中,那么其更易形成积极的自我意识。还有一项关于亲子关系与幼儿自我意识的研究表明,父母与幼儿间的亲密对话交流也可以促进幼儿形成积极自我。所以,园所可以帮助父母寻找适合的亲子沟通手段,鼓励家长多与子女交流,给予幼儿足够的安全感,促进其自我意识的发展。

3. 组织丰富多样的自我意识提升活动

幼儿的自我意识发展同样也可以在活动中形成。首先,教师可以引导幼儿参与更多的关于提升自我意识的活动,比如体育锻炼、沙盘游戏等。一项关于小学低年级学生自尊水平和自我意识的研究表明,体育锻炼可以大大提升幼儿的自尊和自我意识,原本自尊水平越低的幼儿在体育锻炼后自尊水平显著提升。也有研究表明,沙盘游戏可以大大改善幼儿低自尊与低自我意识的现状。

其次,教师还可以组织一些具有仪式感的分享类交流活动培养幼儿的行为习惯,加强自我美德。在韩国一项关于提升幼儿自我意识的研究中,教师通过每天早晨固定一个时间组织幼儿围坐一圈,让幼儿分享对彼此的鼓励与赞美,并且鼓励幼儿用礼貌的语言,合适的音量与彼此交流,以此来提升幼儿的自我意识。

最后,正念活动也是提升幼儿积极自我的有效方式。教师可以通过让幼儿参与日常生活中的一些活动,比如洗碗、洗衣服,配以一些引导幼儿关注当下的引导语,比如"好好感受水的温度,聆听水流打在盘子上的声音,感受手指头与盘子的触感"

等，以此引导幼儿进入正念状态，感受当下。研究表明，通过正念活动的训练，个体自我意识都有了显著提升，内心的满足状态和幸福感也有了提高。

每个幼儿的人生旅途才刚刚开始，而我们的人生旅途也仍在继续。我们要引导、帮助幼儿在这场路途中更好地与"自我"这个朋友相处，也要在漫漫旅途中不断与"自我"共同成长。

参考文献

［1］Barrett A L. 2017. Establishing connections with mindful interactions: Impact of parent education on perceptions of self-awareness and mindful parenting practices[D]. The University of North Carolina at Charlotte.

［2］Ahn, Jung-Im, Seo, et al. 2013. The relationships among media literacy constructs, parental mediation, and children's self-awareness of media use control[J]. Journal of Communication Science, 13(2):161-192.

［3］Bergin C, Bergin D. 2009. Attachment in the classroom[J]. Educational psychology review, 21: 141-170.

［4］Blascovich J, Tomaka J, Robinson J P, et al. 1991. Measures of self-esteem[J]. Measures of personality and social psychological attitudes, 1: 115-160.

［5］Cooley C H. 2001. On self and social organization[M]. America: University of Chicago Press.

［6］Demanet J, Houtte M V.2012. Teachers' attitudes and students' opposition: school misconduct as a reaction to teachers' diminished effort and affect[J]. Teaching & Teacher Education, 28(6):860-869.

［7］Denham S A, Mckinley M J, Couchoud E A, et al. 1990. Emotional and behavioral predictors of preschool ratings[J]. Child Development, 61(4):1145-1152.

［8］De Dreu C K W, Van Knippenberg D. 2005. The possessive self as a barrier to conflict resolution: effects of mere ownership, process accountability, and self-concept clarity on competitive cognitions and behavior[J]. Journal of personality and social psychology, 89(3): 345.

［9］Gomez R, Mclaren S. 2007. The inter-relations of mother and father attachment, self-esteem and aggression during late adolescence[J]. Aggressive Behavior, 33(2):160-169.

［10］De Dreu C K W, Van Knippenberg D. 2005. The possessive self as a barrier to conflict resolution: effects of mere ownership, process accountability, and self-concept clarity on competitive cognitions and behavior[J]. Journal of personality and social psychology, 89(3): 345.

［11］Kim I, Ahn J. 2021. The Effect of Changes in Physical Self-Concept through Participation in Exercise on Changes in Self-Esteem and Mental Well-Being[J]. International Journal of Environmental Research and Public Health, 18(10): 5224.

［12］Kim Y C, Lee M N. 2018. Relationship of self-recognition and peer attachment in adolescents[J]. Asia life sciences, (2):1107-1116.

［13］Wahju D, Kustyowati, Suntari Y, et al. 2015. Constructing Children Self Awareness: A Case Study in Insan Teladan School West Java – Indonesia[J]. International Journal of Scientific and Research Publications, (5):4.

［14］Marsh H W. 2014. Academic self-concept: Theory, measurement, and research[M]. Psychological perspectives on the self. Psychology Press, 59-98.

[15] Rahimah F Y, Izzaty R E. 2018. Developing Picture Story Book Media for Building the Self-Awareness of Early Childhood Children[J]. Jurnal Obsesi Jurnal Pendidikan Anak Usia Dini, 2(2):219.

[16] Lewis M. 1995. Self-conscious emotions[J]. American scientist, 83(1): 68-78.

[17] Vago D R, Silbersweig D A. 2012. Self-awareness, self-regulation, and self-transcendence (S-ART): a framework for understanding the neurobiological mechanisms of mindfulness[J]. Frontiers in Human Neuroence, 6(296):296.

[18] Verschueren K, Doumen S, Buyse E. 2012. Relationships with mother, teacher, and peers: Unique and joint effects on young children's self-concept[J]. Attachment & human development, 14(3): 233-248.

[19] Wolfe K R, Bigler E D, Dennis M, et al. 2015. Self-awareness of peer-rated social attributes in children with traumatic brain injury[J]. Journal of pediatric psychology, 40(3): 272-284.

[20] 程灶火, 彭健. 1998. 儿少主观生活质量问卷的编制和信效度分析[J]. 中国临床心理学杂志, 6(1):6.

[21] 胡海利, 张洪波, 傅苏林, 等. 2010. 复原力与青少年发展及心理健康关系研究[J]. 中国学校卫生, 31(7):3.

[22] 贾朝霞, 张晚霞, 李一辰, 等. 2013. 北京市城区学龄儿童自我意识与主观生活质量的相关性研究[J]. 中国儿童保健杂志, 21(12):3.

[23] 李丹. 1987. 儿童发展心理学[M]. 上海: 华东师范大学出版社.

[24] 王胜兴, 徐海波, 李好兰, 等. 2010. 少年儿童社交焦虑水平与主观生活质量及家庭环境的相关性研究[J]. 中华临床医师杂志(电子版), 4(003):48-52.

[25] 王昱文, 王振宏, 刘建君. 2011. 小学儿童自我意识情绪理解发展及其与亲社会行为、同伴接纳的关系[J]. 心理发展与教育, 27(1):6.

[26] 尹勤. 2013. 南京市流动儿童自我意识状况的对比[J]. 中国妇幼保健, 28(1):4.

[27] 周倩, 刘晓芹, 李炜达, 等. 2021. 一年级儿童自我意识, 自尊与一般自我效能感的关系[J]. 职业与健康, 37(10):5.

积极情绪

★ 积极情绪的理论介绍
★ 积极情绪的实证研究

积极情绪（理论部分）

➢ 认识情绪

1. 情绪的定义

情绪是人对客观外界事物态度的体验，是人脑对客观外界事物与主体需要之间关系的反应。

情绪是个体的一种主观感受，或者说是一种内心体验。

情绪会引起一定的生理上的变化，例如心律、血压、呼吸和血管容积上的变化。愉快时，面部的微血管舒张了，脸变红了；害怕时，面部的微血管收缩，血压升高，心跳加快，呼吸减慢，脸变白了。这些变化是通过内分泌腺的调节作用实现。

情绪的外部表现是情绪表达和识别的重要基础，在人际交往中具有特殊且重要的意义。情绪表现最主要的形式有三种：面部表情、肢体表情和言语表情。

2. 情绪的功能

1）情绪是适应生存的心理工具

情绪是有机体生存、生长、发展和适应环境的重要手段。有机体通过情绪和情感所引起的生理反应，能够调节其身体的能量，使有机体表现出适宜的活动状态，便于机体适应环境的变化。同时，情绪还可以通过表情表现出来，以便得到别人的同情和帮助。例如，在危险的情况下，人的情绪反应使有机体处于高度紧张的状态，身体能量的调动可以让人进行搏斗，也可以呼救。情绪的适应功能，从根本上来说，就是服务于改善人的生存条件和生活条件。比如，一个年幼的孩子在陌生的环境里，如果离开抚养者后，会着急地大声啼哭，直到抚养者再次出现并让孩子意识到安全；又如，人不会游泳不慎落水时，会急切地挣扎、呼救。

2）情绪是唤起心理活动和行为的动机

情绪可以驱动有机体从事活动，提高人的活动效率。一般来说，内驱力是激活有机体行动的动力，但是，情绪和情感可以对内驱力提供的信号起到放大和增强的作用，从而更有力地激发有机体的行动。例如，缺水使血液变浓，引起了有机体对水的生理需要。但是，这种生理需要还不足以驱动人的行为、活动，如果意识到缺水会给身体带来危害，因而产生紧迫感和心理上的恐惧时，情绪就放大和增强了内驱力提供的信号，从而驱动了人的取水行为，成为人的行为、活动的动机。又如，被灼烧时剧烈疼痛的感觉让人产生巨大焦虑，继而迅速逃离危险源，保护了生命安全。而对于极少数没有痛感的人来说，受到伤害却不能及时躲避，是十分危险的生理缺陷。

3）情绪是心理活动的组织者

情绪对其他心理活动具有组织功能，主要表现在：积极的情绪和情感对活动起着协调和促进的作用，消极的情绪和情感对活动起着瓦解和破坏的作用。比如，学生在考试前常会出现紧张情绪。适度的紧张感让他们的学习效率得到提高，然而，过度的紧张和焦虑却可能导致身体出现不适症状，影响学习的效率。

情绪对行为的影响表现在，当人处于积极的情绪状态时，他容易注意事物美好的一面，态度变得和善，也乐于助人，勇于承担责任；在消极情绪状态下，人看问题容易悲观，懒于追求，更容易产生攻击性行为。

4）情绪具有信号功能

情绪具有传递信息、沟通思想的信号功能。情绪有其外部表现，即表情。情绪的信号功能是通过表情实现的。如微笑表示友好，点头表示同意。表情还和身体的健康状况有关，中医的望、闻、问、切中的"望"，包括对面部神态的观察。此外，表情既是思想的信号，又是言语交流的重要补充手段，在信息交流中起着重要的作用。从发生上来说，表情的交流比言语的交流出现得要早。

3. 人类的基本情绪

情绪分类取向源于达尔文的进化论思想，该理论认为情绪是由几种相对独立的基本情绪及在此基础上形成的多种复合情绪构成的。基本情绪是人和动物所共有的、先天的、不学而能的，在发生上有共同的原型或模式，它们在个体发展的早期就已出现，每一种基本情绪都有独特的生理机制和外部表现。

非基本情绪或复合情绪，则是多种基本情绪混合的产物，或是基本情绪与认知评价等相互作用的结果。情绪研究历史中，曾有众多研究者投身到以进化论思想为基础的情绪分类研究中，其中尤以艾克曼（Ekman）的基本情绪分类说最为突出，他认为人存在快乐、悲伤、愤怒、恐惧、厌恶和惊讶6种基本情绪。

但新研究认为可能只有4种基本情绪。Jack等（2014）通过研究脸部肌肉在做不同表情时如何运动，得出了这一结论。他们发现恐惧和惊讶拥有共同的表情特征——瞪圆眼睛——这意味着它们只是同一基本情绪的不同成分，而不是两种基本情绪。同样，他们还发现愤怒和厌恶表情都以皱鼻子的动作为开始。所以，愤怒和厌恶可能仅仅是一种基本情绪的不同成分而已。

愤怒和厌恶显然是两种不同的情绪。这一最新理论也没有否认这一点。相反，研究者想表明的是，愤怒和厌恶的区分仅仅在面部表情得到进一步发展以后才变得明显，即使这种发展通常只需一瞬间就能完成。研究者们认为，面部表情和基本情绪的关联具有进化基础。

提出该观点的Rachael Jack博士说："第一，最先表现出危险信号（皱鼻子）为物种发展提供了最大的益处，因为这能够让同伴尽快逃跑。第二，这些动作对表情发出者的生理意义——皱鼻子可以避免激怒潜在的敌人，而睁大眼睛就能吸收更多的视觉信息，这对逃跑是有帮助的——也会因为尽可能快地做出它们而增加。"

这一理论认为，人类有4种基本的生理性情绪——喜、怒、哀、惧——并以此为基础，在几千年的进化过程中衍生出了复杂得多的各种情绪。

这并不代表我们的情绪系统比之前认为的要简单，仅仅是构成它的基础由6种变成了4种而已。

➢ 提升积极情绪

1. 积极情绪的分类

当提到满意、开心、自豪、快乐等词的时候，我们能识别出这些词表示的是积极情绪，那到底积极情绪包括多少种，又分别是哪些呢？研究者们对积极情绪的定义不同，导致他们对积极情绪的分类也不相同。在积极心理学研究领域，研究积极情绪的一位代表人物是芭芭拉·弗雷德里克森（Barbara Fredrickson），她把积极情绪分为10种，分别是喜悦、感激、宁静、兴趣、希望、自豪、逗趣、激励、敬佩和爱。

（1）喜悦（Joy）：当我们获得奖励或是奖赏时，当我们被别人夸赞时，当我们成功搭好了积木时，当我们和好朋友愉快地玩耍或聊天时……当你的周围环境对你来说是安全又熟悉的时候，一切都按照你的预期发展，甚至比你预期的还要好，

不需要你付出太多的努力，这些都是获得喜悦体验的条件。这种喜悦的积极体验会让你心情愉快，脚步轻盈，觉得整个世界是如此的美好。你会面带微笑，投入各种各样的活动中去。

（2）感激（Gratitude）：当别人对你做了好事的时候，你就会产生感激之情。同时，你给予他人帮助时，他们也会对你产生感激之情。值得我们感激的不仅仅是身边的人，也可以是身边的事物。比如可以是早起清新的空气，干净明亮的天空，可以是我们拥有的健康身体，可以是一直陪伴自己的宠物……无论何时，当我们把那些平凡的人、事物看作是珍贵的"礼物"时，感激就出现了。

（3）宁静（Serenity）：你静静地倚靠在沙发上，身旁的小猫依偎在你的腿边，你手捧着一本喜爱的书，慢慢地沉浸在字里行间，这就是宁静的感觉。宁静和喜悦一样，产生的条件是你周围的环境是安全又熟悉的，而且自身不需要付出太多努力。宁静是一种聚精会神的状态，它让你沉浸在当下，品味当下的感觉。弗雷德里克森称宁静为夕阳余晖式的情绪，因为它经常伴随在其他积极情绪之后而来。比如参加了比赛获奖之后会产生自豪的积极情绪，你抱着奖牌回到自己的房间，静静地坐在床上，对自己说：这一切太美好了。

（4）兴趣（Interest）：孩子们对周围的一切都很好奇，当他们蠢蠢欲动，想要去探索的时候，就是兴趣在驱动了。环境中会有一些新奇的事物引发你的兴趣，调动你的探索欲。它们会吸引你的大部分注意力，以一种神秘的色彩促使你去行动，需要你投入足够的努力和关注。它牵引着你去投入当下的探索中，当你发现一本充满新奇观点的书，当你观看海底动物世界时，当你发现一条从未走过的幽静小路时……你都能体会到兴趣。兴趣让人们感觉充满了生机，让人们心胸开阔，让人们具有更宽广的视野。

（5）希望（Hope）：多数积极情绪都是在你感觉到安全和满足时出现，但有一种积极情绪例外，它就是希望。当事情的发展对你不利时，但你觉得事情还有转变的可能时，希望就出现了，希望往往就是在你快要绝望的时候产生，因为你相信事情将会通过自己的努力带来转机。伏尔泰曾说"上帝为了补偿人间诸般烦恼事，给了我们希望和睡眠"。"野火烧不尽，春风吹又生"，"山重水复疑无路，柳暗花明又一村"等中国古代诗人都表达了希望给人带来的力量。深入希望的核心，你会发现，它也是一种相信事情能够向着好的方向发展的信念。

（6）自豪（Pride）：当我们要为一些坏事情负责的时候，我们就会产生内疚、羞耻等消极情绪体验。自豪则刚刚相反，它是在我们要为一些好事情负责的时候出现，这些好事是由我们直接或间接带来的。好事情往往是你取得的成就，投入了自己的时间和精力，并获得了成功。成功可以是你修好了一把小凳子，可以是你顺利的完成了老师布置的作业，可以是你湿透了汗衫在操场上跑满了 5 公里，可以是你帮助了需要帮助的人之后收获了感激……自豪能够点燃你的成就动机，当体验到自豪的积极情绪时，你便更有可能完成艰巨的任务，获得成功。

（7）逗趣（Amusement）：当一些意想不到的事情引起你发笑，这个时候你体验到的积极情绪就是逗趣。小孩在打翻了吃饭的碗后朝你做了个鬼脸；一位好友跟你分享他最喜欢的笑话。你并不是预先就打算从这些事情中得到乐趣，这种乐趣是在你意料之外的。引发逗趣需要两点：一是引发的逗趣是社会性的。虽然有时候我们也独自一个人发笑，这种笑不是社会性的；二是逗趣的发生需要在安全的情况下。如果你的孩子打破碗割破了手，你就不会体会到逗趣了。逗趣是带有娱乐性质的，由衷的逗趣带来的抑制不住的笑声，让你想要与他人分享你的快乐，从而产生与他人的社会性连接。

（8）激励（Inspiration）：激励是一种能够把我们从自我专注的封闭空间中拉出来的积极情绪，让我们能够和那些比我们自身更加宏大的事物（something bigger than yourself）之间产生连接。世界上有很多真正让你觉得很振奋，能够激励你的事情。比如，你看到街上乞讨的流浪汉在汶川大地震发生时也会跑到公共募捐的地方给灾区捐款；阅读了一本能够打动人心灵的书籍；看了一场顶级足球赛事；听了一场洗礼心灵的音乐会；看了一场激奋励志的电影……激励能够让你的注意力更加集中，吸引你投入到要将事情做到最好的状态中，促使你达到更高的境界。

（9）敬佩（Awe）：敬佩与激励的关系很紧密，当你被伟大彻底征服了的时候，敬佩的积极情绪就会产生，是一种超越自我的积极情绪。面对大自然，我们经常赞叹它的伟大和神奇。当你面对着无边无垠的大海时，当你在山脚下仰望高耸入云的青山时，当你看到险峻的岩壁间生长出顽强不息的劲松时……你都会产生由衷的敬佩之情。敬佩虽然是一种积极情绪，但是它离人类的心理安全边界过于接近，以至于在体验敬佩之时，还会伴有消极情绪的出现。举个例子，当你目睹海啸发生时，那种宏大的场面，携带巨大能量的海啸带来的那种震撼会让人同时产生敬佩与恐惧感。

（10）爱（Love）：爱不是一种单一的积极情绪，而是上述所有积极情绪的复合。我们上面说到的喜悦、感激、宁静、兴趣、希望、自豪、逗趣、激励和敬佩，将这 9 种积极情绪转变为爱的是它们的情境。当这些良好的感觉与一种安全的，并且往往是亲密关系相联系时，我们称之为爱。在亲密关系的早期阶段，双方对彼此的一言一行都充满了兴趣和关注，一起分享逗趣，一起体验喜悦。随着关系的深入，你们更加了解彼此，一起分享着对未来的希望。你感激对方为你做的一切，你会为他的成就感到自豪，被他的良好品格所激励着，你有时候也会在想，是什么神奇的

力量让你们走到了一起,这个时候就产生了敬佩之情。上面描述的每一个时刻都可以被称作爱的瞬间。

2. 积极情绪的益处

1)积极情绪使人更健康、更长寿

(1)增加人体内的多巴胺的分泌,增强人体免疫力。

(2)降低人体对压力的生理反应。

(3)降低血压、减少疼痛,带来更好的睡眠。

(4)患病的风险更低,更少得高血压、糖尿病或卒中。

修女实验

  1932年,178位修女完成受训,她们的平均年龄22岁。这些即将开始传教的修女,受到方方面面的测试,其中一项就是她们要写自己的短小传记。这些资料被当时的心理学家收集起来了,几十年后,一些心理学家打开了这些资料,对它进行研究,想弄明白有几个修女活到今天,活了多久?他们想找长寿的预测因素,所以他们看她们的传记写得多深奥,也就是说考察她们的智力水平,结果发现智力水平与长寿并没有关联;再看看居住环境的污染程度,会不会影响她们的寿命,也没联系。住加州的和住波士顿的没区别;他们按着研究她们的虔诚程度、信仰程度,对长寿也没什么影响。只有一样东西跟她们的寿命有联系,那就是积极情绪。

  63年后,即修女们85岁时,看她们写的传记,他们不认识这些女性,所以这是个完全匿名的研究,双重匿名的研究。他们把传记分成四类:最积极的,最不积极的,中间还有两类。然后他们比较,最积极的那类和最不积极的那类,再看她们的存活率。他们得出如下结论:最积极的那类有90%的还活着,而最不积极的那类只有34%的人活着。两个数据相差很大。这不说明消极者就不会活到120岁,也不说明积极者就不会30岁死于心脏病,但平均来说,在这个长寿研究中,最能解释两组相差如此大的数据的因素,就是积极情绪。再过九年,当她们94岁的时候,最积极那一组中有34%的人还活着,而最不积极的那组只有11%的人活着,差别很显著。

2)积极情绪使人更乐观、更有韧性

通过运用人体生物反馈仪,科学家发现:积极情绪可以平息或还原消极情绪的心血管后遗症。通常人在面对压力和消极情绪时,无法阻止心脏跳得更快速、更剧烈。但是,在积极情绪的帮助下,人可以约束这些反应并很快恢复心脏的平静。也就是说,积极情绪可以"还原"消极情绪造成的躯体生物水平偏差，使人在身体上情绪上都恢复原状。

> **复原力实验**
>
> 心理学研究者米歇尔·图盖德邀请具有坚韧性格的人到实验室，对他们逐一进行测试。通过要求被试者当众演讲，让其产生焦虑并达到一定程度，接着又突然让他们摆脱困境，然后计算每个被试者需要用多少秒来恢复最初水平的心律、血压等。
>
> 实验结果表明：心血管复原最快的被试者是在韧性测量中得分最高的那类人，也是带着更多积极情绪走入实验室的人。他们告诉研究者，虽然演讲任务使他们焦虑，但他们也发现这在某种程度上是一个有趣的挑战，他们乐于接受。在这里，积极情绪再一次成为关键。具有坚韧性格的人能够快速复原的原因在于，他们会体验到高于平均水平的积极情绪。积极情绪成为他们体内机能的重置按钮。
>
> 心理学研究者克里斯琴通过神经成像研究追踪大脑中血流的状况发现：面临威胁时，具有坚韧性格的人担心更少、复原更快。心理学家在对"9·11"的研究中发现，那些有坚韧性格的人拥有更多的积极情绪。

3）积极情绪使人更有创造性

> **外科医生解题实验**
>
> 康奈尔大学的科学家向外科医生们提出一个与肝脏解剖有关的问题，那是一个患者的病症。医生们被随机分成三组，第一组是对照组，他们"必须解决这个问题"；第二组听一段有关医学文明观的说明，解释为什么做医生如此重要；第三组得到一小袋糖果，让他们获得愉快放松的好心情。事实上，第三组明显比另两组有更好的表现，他们更善于整合案例信息，并且更少地固守他们最初的想法而导致在诊断中得出不成熟的结论。

➤ 管理消极情绪

1. 常见的消极情绪

消极情绪主要有以下5种形式（Daniel Goleman，2010）。

（1）愤怒：愤怒的类型多种多样。愤怒常在个体受到冒犯或权益受到威胁时

发生。具体表现为狂怒、暴怒、怨恨、激怒、恼怒、义愤、气愤、刻薄、生气、敌意等，最极端的表现为仇恨和暴力。

（2）悲伤：悲伤常出现在我们生活中发现重大损失的时候。它通常是人们想尽力摆脱的一种情绪。具体表现为忧伤、歉疚、沉闷、阴郁、忧愁、自怜、寂寞、沮丧、绝望。

（3）恐惧：恐惧是人类特有的一种情绪反应，是人的本能。包含焦虑、忧虑、焦躁、担忧、惊恐、疑虑、警惕、疑惧、急躁、畏惧、惊骇、恐怖等。

（4）厌恶：厌恶是一种反感的情绪，就是看着心烦。包括轻蔑、鄙视、蔑视、憎恶、嫌恶、讨厌、反感等。

（5）羞耻：羞耻是一种消极的社交情绪，包括内疚、尴尬、懊恼、悔恨、羞辱、后悔、屈辱等。

2. 消极情绪的作用和价值

（1）愤怒：起源于远古时期，常意味着人的领地被侵犯，生存受到威胁。今天，当人们认为自己的利益受到冒犯，或者尊严受到挑战时，常常会产生愤怒情绪。愤怒情绪的产生一方面提示个体准备应对不利的局面，另一方面愤怒的外在表现对对方起到了告诫、警示作用。

（2）悲伤：由损失所导致的悲伤具有一定的价值。悲伤会使我们把注意力集中于损失，并削弱开始新尝试的能量。悲伤让我们暂时停止追求，哀悼损失，认真思考其中的意义，最后进行生理调节，并展开新的计划，让生活继续下去。

（3）恐惧：恐惧使人将注意力高度集中于当下的处境，谨慎行动，避免受到伤害。

（4）嫉妒：嫉妒是指人们为竞争一定的权益，对相应的幸运者或潜在的幸运者怀有的一种冷漠、贬低、排斥，或者是敌视的情绪状态。

（5）焦虑：焦虑经常发生在这些场景中，比如在大庭广众之中发言、登台演出，或者要参加重要考试心里却没底的时候。在这些情况下，当事人因为害怕，会表现不好，感到焦虑。

焦虑会使人感到静不下心来，烦躁甚至呼吸困难。焦虑可能引起出汗、脸红、发抖或胃里不舒服，也可能让人做噩梦或难以入睡。

焦虑是人自我激励的一种方式，如果焦虑水平适度，它能帮助人重视准备，以更好地完成任务。

总之，消极情绪帮助人类适应生存环境，从远古生存并进化到了今天。同样，消极情绪在现代生活中仍有存在的价值。因此，要完全消除消极情绪是不合理的，也是不现实的。

3. 是否可以消除消极情绪

如果人们失去了对自己情绪的控制，社会关系将无法维系，无论是在社区中、家庭里，还是亲密关系之间。然而，就像大多数认为干预和调整人之自然本能的行动一样，压抑自己的情绪也会有不良反应。虽然当我们与别人相处时隐藏某些情绪是必要的，但若我们独处时仍然彻底排斥自身情绪便是有害的（泰勒·本-沙哈尔，2011）。

学术界里论证"压抑自身情绪有害身心健康"的文献非常多。如理查德·温斯拉夫（Richard Wenzlaff）和丹尼尔·威格纳（Daniel Wegner）的研究证明了"逃避回想创伤性和焦虑性的事件往往会促进这些事件在我们的头脑中不断重现，从而引发一个恶性循环，使焦虑性障碍持久而难以摆脱"。在其他的研究中发现，那些自述对于抑郁的念头压抑水平越高的人，抑郁的症状越严重。

当人拒绝自己的情绪时，无论拒绝表达情绪，还是不允许自己体验情绪，这些情绪都只会加剧，与他们的愿望正好相反。你可以试试看下面的心理实验，是由丹尼尔·威格纳提出的：在接下来的10秒里，不断告诉自己不要想象一只白熊的样子，无论怎样都好，就是别去想象白熊的样子……

极有可能的结果是，你无法在这10秒里停止想一只白熊的样子。如果你真的想不要想一只白熊，还不如就允许自己想象它，然后过一会儿，这个念头就会自然消失，就和每个想法最终都会离去一样。试图主动压抑一个想法，抵抗、阻止它只会令它们更鲜活和强烈。同样，当人们试图压抑消极情绪，试图抵挡阻止类似的情绪自然流露时，它们只会更加剧烈。这被称为意识流的反弹。

消极情绪需要被管理而无法被完全消除。

4. 管理消极情绪的四步法

第一步：觉察。

自言自语的对话系统。

A. 我怎么了？稍等！我出现什么情绪了（觉察情绪）？

B. 是因为什么事情引起的？发生了什么事情让我这样？我怎么想的？（觉察事件）

这一步的作用是让刚才剧烈的情绪冲动得到缓冲。

> 例如：小明在教室里认真地搭着积木，但不管怎么样他都不能把积木很好地搭起来，小明感到非常沮丧。

这时小明可以自言自语：

积极情绪

A. 我出现了什么情绪？

我感到很沮丧。

B. 什么事情让我沮丧？

积木搭不好。

第二步：接纳。

我可以沮丧吗？

当然可以，我是人。（是人就会有各种情绪反应）

当人拒绝自己的情绪时，无论拒绝表达情绪，还是不允许自己体验情绪，这些情绪都只会加剧，与他们的意愿正好相反。

小明适当的做法是先觉察自己的情绪，然后问自己："我可以沮丧吗？""当然可以，因为我是人。"当小明心里接纳了这样的想法之后，他强烈的负面情绪才会逐渐缓和，并且不再对他造成困扰。

第三步：跳出思维陷阱。

情绪 ABC 理论认为引起人们情绪困扰的并不是外界发生的事件，而是人们对事件的态度、看法、评价等认知内容。因此，要改变情绪困扰并不意味着应该改变外界事件，而是应该改变认知，通过改变认知，进而改变情绪。

A 为发生的事件，B 为信念，即当事人对这一事件的看法，C 为根据自己的看法而产生的个体情绪和行为反应，因此称为 ABC 理论。个体产生消极情绪或者消极行为往往是由于 B 即他对事件不合理的想法所导致。所以我们可以通过改变 B，来调整当事人的情绪和行为。不合理信念的主要特征包括绝对化要求、过分概括、糟糕至极等。

（1）绝对化要求：是指个体以自己的意愿为出发点，认为某一事物必定发生或不会发生的信念。因此，当某些事物的发生与其对事物的绝对化要求相悖时，个体就会感到难以接受和适应，从而极易陷入情绪困扰中。它通常与"必须""应该"这类字眼连在一起，如"我必须考上那所中学""别人必须很好地对待我""同学们必须听我的"等。

（2）过分概括化：是一种以偏概全的不合理的思维方式，就好像以一本书的封面来判定它的好坏一样。它是个体对自己或别人不合理的评价，其典型特征是以某一件或几件事来评价自身或他人的整体价值。就像以一本书的封面评价书的好坏。

（3）糟糕至极：是一种把事物的可能后果想象、推论到非常可怕、非常糟糕，甚至是灾难结果的非理性信念。当人们坚持这样的信念，遇到了他认为糟糕透顶的事情发生时，就会陷入极度的负性情绪体验中。如一次重要的考试失败后就断言"自己的人生已经失去了意义"。

> 小明的例子中：
> 想法："积木搭不好，我很笨"。（过分概括化）
> 反驳：可能的答案是"积木搭不好，但我擅长折纸，我可能更加适合别的手工类型""我积木搭得还不够熟练，我需要多练习和尝试"。

想法转变后沮丧就可以转变为平静，暗暗下决心采取行动。

第四步：选择有益的行为（积极行动）。

在情绪平复之后，选择、决定、开始新的行动。

实证研究

有人曾说："幸运的人一生都被童年治愈，不幸的人一生都在治愈童年。"童年时光是短暂的，但它却会对漫长的人生产生深远的影响。积极情绪在幼儿的发展中扮演着至关重要的角色，不仅会促进幼儿健康全面发展，还能影响他们的一生。如何帮助幼儿提升积极情绪，成了幼儿教育的关键环节。

一、提升积极情绪对幼儿发展的益处

"积极情绪"即"正性情绪"，是指个体由于体内外刺激、事件满足个体需要而产生的愉悦感受。在幼儿教育中，积极情绪具有三种不同的维度：认识情绪、提升积极情绪、管理消极情绪。这三个维度分别对应：帮助幼儿辨别不同的情绪，对相关人员进行表情识别；增加幼儿积极情绪的体验；幼儿通过自我调节、自我管理等方式，管理生气、伤心、厌恶、害怕等消极情绪。积极情绪是幼儿健康快乐成长的关键因素，影响着幼儿的身体和心理健康、智力发展、人际关系等多个方面。

1. 积极情绪促进幼儿的身体与心理健康

健康的体魄和健康的心理是幼儿成长和发展的基础，这与积极情绪有着不可分割的联系。认知活动是学龄前幼儿心理发展的一个重要方面。情绪和认知有着密切联系，情绪对幼儿认知活动的发展起着激发、促进或抑制、延缓的重要作用，进而会影响幼儿开展正常的心理活动。如果幼儿长期处于消极情绪之中，会导致幼儿食欲缺乏、身体不适、注意力不集中、记忆力减退等生理健康状况；在性格发展上会导致幼儿产生自闭、退缩、缺乏信心的现象，这些都会阻碍幼儿健康快乐的成长。另外，不良情绪也会影响个体的生理反应。研究表明，当人处于愤怒、悲伤、恐惧等消极情绪时，身体的肾上腺素分泌会变得旺盛，在交感神经相互作用下，人体的内分泌会受到严重影响。一项国外的研究发现，当人处于焦虑、抑郁等消极情绪中时，他的肌肉紧张程度和肠胃紊乱程度都会大大增强。反之，幼儿具有较少的焦虑、恐惧等消极情绪可以促进幼儿的社会性功能发展和认知能力的发展。

2. 积极情绪促进幼儿情绪智力的发展与同伴关系

情绪智力也称情商，是指个体控制情绪冲动，解读他人情感信息以及处理人际关系的能力，它会直接影响个体的社会发展。如今，越来越多的人开始关注幼儿情绪智力的发展。提升幼儿的积极情绪，可促进幼儿与他人更好的相处。

一项针对幼儿认知能力和情绪关系的研究表明，具有积极情绪的幼儿同时也会有更高的认知能力，他们能够更准确地解读同伴的情感信息。比如在同伴伤心难过时，他们能主动给予安慰；在同伴遇到困难时，他们能及时给予帮助；在同伴开心时，它们会与其分享快乐。因此，幼儿能够与同伴形成更为积极友好的相处关系，进而提升情绪智力，形成良性循环。

积极情绪除了可以提升幼儿的情绪智力外，还可以进一步促进幼儿同伴关系的发展。

人类从出生开始，就与社会产生联系，幼儿的情绪发展更具有显著的社会性，提升积极情绪对幼儿的社会关系和同伴相处有着重要影响。同伴关系是同龄人之间或心理发展水平相当的个体间，在交往过程中建立和发展起来的一种人际关系。同伴关系的建立作为学龄前幼儿社会化的初步尝试，既有助于积极行为的模仿学习，也有助于个体社会适应性的培养。积极的情绪可以有效提升幼儿的同伴接纳水平。研究表明，容易出现负性情绪（怒骂，哭泣）和不友好行为（争吵，争夺）的幼儿很少会交到朋友。而具有积极情绪和友好行为的幼儿则更受同龄人的欢迎和接纳。这也意味着，具有积极情绪的幼儿在成长中可以交到更多的朋友。

3. 积极情绪促进幼儿亲社会行为

积极情绪不仅能让儿童发展更好的同伴关系，也更有利于他们自身做出更多的亲社会行为。亲社会行为是指一切有益于社会和他人的积极行为，包括助人、利他、分享、合作等。亲社会行为是幼儿社会化的重要指标，对幼儿的社会适应具有重要作用。幼儿的亲社会行为发展可以促进幼儿的道德、自我意识以及社会性发展。

幼儿的情绪认知程度是指幼儿能够识别自己和他人的情绪状态，从而做出相应的反应的程度。一项研究表明，幼儿情绪认知程度越高，幼儿在校的亲社会行为就越多，同时退缩行为越少。幼儿的情绪认知能力能够很好地预测幼儿在校的亲社会行为。另一项研究表明，如果幼儿对于负面情绪的识别能力较弱，那么他们在成年后就更容易产生反社会行为和犯罪行为。这意味着，有稳定积极情绪的幼儿在与人相处时，会展现出友善的一面，与人交流中也会更自信和快乐。积极情绪水平高的幼儿会更乐于帮助其他幼儿，更愿意表现自己。反之，积极情绪水平低的幼儿会表现出更多的攻击他人、争夺物品，以及不敢和他人交流等胆怯行为。

积极的情绪本身还可以促进幼儿的亲社会行为，减少幼儿的退缩行为。积极情绪的发展可以有效促进安慰行为，而安慰行为是幼儿典型的亲社会行为。一项国外的研究表明，积极的情绪可以促进幼儿亲社会行为产生的一些机制，比如积极的情绪会让幼儿有良好的心情，在这种心情下幼儿会更加享受与同伴交往的过程，并且愿意产生出更多令同伴开心的行为，如助人等。另一项对 5～9 岁幼儿亲社会行为的研究同样表明，积极的情绪会促进幼儿的分享行为，即处于积极情绪中的幼儿更愿意与同伴进行分享。这些都是有利于幼儿身心健康发展的亲社会行为。

因此，提升积极情绪可以促进幼儿的身心健康成长，减少其患心理类疾病的风险，还有助于幼儿愉快地和同伴相处，进而提升和同伴的关系。同时，积极情绪还可以促进幼儿的亲社会行为，帮助幼儿形成健全的人格。

二、幼儿成长过程中需要学会管理负性情绪

幼儿的主要情绪不光有积极情绪，也有消极情绪。提升积极情绪的同时，我们也需要关注对幼儿负性情绪的管理。负性情绪是指幼儿在生活或学习中产生的暴躁、愤怒、恐惧等不良情绪。若幼儿没有恰当地处理负性情绪，不仅会增加内、外化行为出现的频率，还会严重影响幼儿的自我调控能力。如果幼儿不能合理管理这些情绪，则会出现哭闹、攻击、情绪激动等行为，甚至会严重影响幼儿的性格发展，使其发展成偏执、孤僻的性格。因此，管理好负性情绪对于幼儿身心健康的发展也至关重要。

负性情绪同样也会影响幼儿的分离焦虑。分离焦虑是指个体与其依恋对象分离或与其家庭分离有关的过度焦虑和发展性不适。鲍尔比（Bowlby）等一些习性学家提出婴幼儿分离焦虑是一种"人类在面对可能的威胁和意识到的危险时所采取的必然的、本能的反应方式"。如果幼儿长期处在负性情绪中，他们往往会更缺少安全感，在面对与其家庭分离的场景时则更容易出现焦虑的情绪。比如一些幼儿在短暂离开母亲或上幼儿园时会表现出哭闹、大叫等行为。反之，如果幼儿可以很好的管理自己日常生活中的负性情绪，在面临分离时他们就能更加从容。

负性情绪还会引起幼儿的许多外化行为。幼儿的外化行为指幼儿表现出的注意力缺陷、行为失常、攻击、不遵守纪律与规则、与他人产生争执等问题行为。如果幼儿长期处于恐惧、愤怒之中则会更容易表现出攻击他人等行为，在幼儿园也会更易表现出不服从管教、撒谎等不良行为。如果幼儿能学会管理自己的负性情绪，他们的外化行为也会随之减少。

但并不是所有的负性情绪都是有害的，幼儿拥有适当的负性情绪可以促进他们的自我控制能力，即自我管理能力和情绪调节能力。幼儿的自我管理能力是指幼儿可以管理自己的情感、注意力、认知以及行为。幼儿的情绪调节能力是一种内在的心理过程，可以改变幼儿的情绪体验和心理状态以及幼儿的外化行为表达。一项研究表明，适度的负性情绪对幼儿的执行功能和情绪调节能力存在显著的调节作用。具体表现为当幼儿有负性情绪后会自主进行调节，通过调节，幼儿可以自主地适应所处的情境变化并且选择合理的方式来应对变化。整个过程有助于幼儿自我控制能力的发展。另外，适度的负性情绪还可以提升幼儿的心理韧性和自尊水平，经历过适度负性情绪的幼儿在日后面对打击时会表现得更加勇敢，也更容易从打击中恢复。因此，当生活中不可避免地出现负性情绪时，我们也要鼓励并引导幼儿寻找正确的方法去接受处理它，做到合理调节，积极应对。

三、如何帮助幼儿提升积极情绪，管理消极情绪？

在幼儿快乐成长的过程中他们的情绪就像是一个五彩斑斓的调色盘，既有明亮灿烂的积极情绪，也会有一些看起来暗淡的消极情绪。教师和家长可以通过如下方式，帮助幼儿提升积极情绪，管理消极情绪，从而帮助他们健康地成长。

1. 教师及时了解幼儿情绪，给予适当引导

幼儿在人际关系中，常掩盖自己的负面情绪，如恐惧、惊讶、厌恶等。有的幼儿会选择隐藏自己生气的情绪，因为他们认为这种情绪是不对的，如果展露出来会受到身边人的指责。如果幼儿长时间隐藏自己的负面情绪，将导致身体和心理的问题。在日常相处中，教师应该密切关注幼儿的情绪变化，引导幼儿表达自己的真实情绪，帮助疏导他们的消极情绪。比如，教师观察到幼儿表情和反应不对时要及时进行安抚并询问原因，鼓励幼儿表达自己的情绪。幼儿只有不压抑他们的消极情绪，才能更好地进行表达，从而提升积极情绪。如果教师经常忽视幼儿的一些负性情绪，那么幼儿就会感受到情感上的忽视，这会导致幼儿的一些外化行为。例如一项国外的研究表明，如果幼儿长期处于情感忽视的情况中，他们在情绪管理方面就会出现一些困难，同时他们也更可能产生自虐和自残的行为。另一项研究也阐释了幼儿遭

受情感忽视对其日后性格发展的影响。该研究表明，与被给予足够情绪关注的幼儿相比，遭受情绪忽视的幼儿在成年后会有更深的广泛性焦虑程度以及抑郁程度。因此，教师在日常生活中应更加敏感及时地了解幼儿的情绪状态，并且给予适当引导。

2. 重视家庭教育，构建良好的亲子关系与家庭氛围

家庭教育是一切教育的基础，作为园所，我们应采用更为专业的视角帮助家长构建良好的亲子关系与家庭氛围。

对于积极情绪的培养来说，园所可以协助家长从以下两个方面入手：一方面，指导父母用合理的方式表达自己的情绪；另一方面，鼓励父母给予幼儿充足的陪伴，并对于幼儿情绪的表露给予积极的反馈。

一项关于家庭情绪表露与幼儿社会行为的研究表明，父母在家中越多地表露自己的积极情绪，幼儿就会越少地出现攻击性行为；反之，如果父母在家中越多地表露自己的消极情绪，幼儿则更容易在日常出现攻击行为。另一项国外的研究表明，如果母亲在幼儿早期教养中有温暖积极的情绪表达，那么会对幼儿的情绪管理能力以及之后的生活满意程度产生积极影响；如果父母对于生活有积极的情绪表达，对生活充满感恩并认为生活充满希望，那么幼儿对于生活的满意度以及希望度也会大大增加，幼儿的积极情绪会因此提升。这是因为幼儿与父母的相处中会潜移默化地受到父母情绪处理方式的影响，从而把学到的处理方式运用到自己的生活中，如果家长总是用怒吼、打骂等方式进行交流，幼儿也会在和别人相处时运用这种方式。

同样，家长对于幼儿的有效陪伴对于幼儿的积极情绪提升也很重要。一项研究发现，如果婴幼儿的家长可以给予其充足的夜间陪伴，并在陪伴时给予关爱，那么幼儿的情绪管理能力和积极情绪都会大大提升。所以，在家庭相处中，父母可以尝试如下方式帮助幼儿提升发展积极情绪。首先，是以积极的情绪与孩子沟通，相处和睦；给予孩子充足的关心与爱，减少对他们的强迫、控制与忽视；多与孩子进行口头的交流和互动游戏：如每天睡前，鼓励他们分享一天中遇到的开心事和难过事，多陪他们进行一些户外活动等。另外，父母还可以多与幼儿开展一些共同的活动，如绘本阅读。幼儿通过与父母共同读绘本这项活动可以更好地进行彼此的情绪分享。幼儿还可以和父母共同演绎一些绘本中的场景，增加幼儿的共情能力。

其次，在当今社会，很多家长为了省时省力，经常让孩子过度使用电视、电脑等电子产品，从而减少了他们与同龄伙伴真实相处的时间。家长应该在业余时间多带幼儿参加一些亲子类的活动，并且鼓励幼儿多与同伴交流，提升他们的社会相处能力。这有助于他们更好地识别自己和同伴的情绪，并在遇到问题时，更好地管理和调节自己的消极情绪。一项研究表明，当幼儿在与同龄人交流时能够更好地运用

安慰、鼓励等方式进行情感沟通，还会使用幽默等沟通方式，在沟通交流时他们也会给予同伴建议并对特定事件发表看法，能有助于幼儿的共情能力提升，促进他们的社会性与情绪发展。

家长是孩子的第一个老师，园所需要帮助家长重视家庭教育在儿童成长中的重要作用，最大化地发挥家长的模范作用，帮助孩子正确地理解情绪、表达情绪、提升积极情绪。

3. 增加幼儿的社会性活动，鼓励幼儿多与同伴相处

幼儿的情绪发展与调节是社会性活动，不能孤立存在。

为了提升幼儿的情绪发展，首先在学校，教师可以多开展一些项目式教学的活动（Project-Based Learning），让幼儿可以真正参与到活动中去，并且以相互合作，协同完成任务的方式进行学习。项目式教学主要有以下几个特点：

（1）项目式教学具有问题性。教学的开始往往由一个驱动或引发性的问题出发。比如"今天鹏鹏最心爱的玩具小熊丢了，他很伤心。我们该怎么让他变开心呢？"有的学生可能会想到对他进行安慰，还有的同学可能会想到给他做一个新的玩具小熊。

（2）项目式教学具有合作性。全体师生都会参与到项目中，学生以相互合作完成任务的方式对核心问题进行研究。比如针对上述问题，学生可以分为两个小组，一组针对如何解决"安慰鹏鹏"这个问题进行研究。另一组讨论"如何帮鹏鹏做一个玩具小熊"。

（3）项目式教学具有研究性探索。学生自己通过设计方案等方式进行研究，从而加深对问题的理解。上述两组活动的学生都会自己想办法推进问题的解决。遇到比如"需要准备材料做小熊"等问题时，也要学生和老师沟通。

（4）项目式教学具有真实性。学生往往对于学习中的真实问题进行研究，所有问题都来自真实生活以及身边发生的事情。

（5）项目式教学具有评价的过程性与结果性。每个项目式教学的成果都是一个作品、习作。教师从学生的成果中判断学生对知识等情况的掌握及表现能力、创造能力以及发展情况。研究表明，在幼儿园开展混龄的项目式教学活动可以促进不同年龄的幼儿相互交流学习，有助于他们的社会性能力发展。当他们在活动中遇到一个相对棘手的问题时，幼儿可以通过相互讨论的方式协商解决，共同开动脑筋寻求解决方法。

项目式教学作为一种全新的教学方法具有很强的参与性。情绪本身是一种较为抽象的主观体验，它需要幼儿的真实参与和体验。所以，情绪教育需要幼儿参与到某种活动中，并且真正处于某种情绪之中才可以更有效地开展。

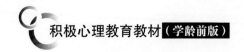

幼儿积极情绪的培养和提升绝非一蹴而就。家长和教师在日常生活中，需要有细心和耐心，将情绪教育渗透生活的点点滴滴中。相信在家长和老师的共同努力引导下，每个孩子都可以成为情绪的评价，健康快乐地成长。

参考文献

［1］Agnoli S, Mancini G, Pozzoli T, et al. 2012. The interaction between emotional intelligence and cognitive ability in predicting scholastic performance in school-aged children[J]. Personality and Individual Differences, 53(5): 660-665.

［2］Christner N, Pletti C, Paulus M.2020. Emotion understanding and the moral self-concept as motivators of prosocial behavior in middle childhood[J]. Cognitive Development, 55.

［3］Dhruve D M, Oliveros A D.2020. Child abuse and neglect associated with self-harm behavior: Role of emotion regulation and perceived social support[C]. International Organization of Social Sciences and Behavioral Research Online Conference.

［4］Eisenberg N. 2020. Considering the role of positive emotion in the early emergence of prosocial behavior: Commentary on Hammond and Drummond[J]. Developmental Psychology, 56(4):843-845.

［5］Gagne J R, Liew J, Nwadinobi O. 2021. How does the broader construct of self-regulation relate to emotion regulation in young children?[J]. Developmental Review, 60.

［6］Halfon S, Yılmaz M, Çavdar A. 2019. Mentalization, session-to-session negative emotion expression, symbolic play, and affect regulation in psychodynamic child psychotherapy[J]. Psychotherapy, 56(4): 555.

［7］Hoy B D, Suldo S M, Mendez L R.2013. Links Between Parents' and Children's Levels of Gratitude, Life Satisfaction, and Hope[J]. Journal of Happiness Studies, 14(4):1343-1361.

［8］Jaafarawi N. 2017. The Importance of Parent's Intervention in Early Years[J]. Journal of Literature and Art Studies, 7(12): 1673-1680.

［9］Pella J E, Drake K L, Tein J Y, et al. 2017. Child anxiety prevention study: Impact on functional outcomes[J]. Child Psychiatry & Human Development, 48: 400-410.

［10］McIntosh J E, Smyth B M, Kelaher M. 2013. Overnight care patterns following parental separation: Associations with emotion regulation in infants and young children[J]. Journal of Family Studies, 19(3): 224-239.

［11］Martel M M, Nigg J T, Wong M M, et al. 2007. Childhood and adolescent resiliency, regulation, and executive functioning in relation to adolescent problems and competence in a high-risk sample.[J]. Development & Psychopathology, 19(2):541.

［12］Renna M E, O'Toole M S, Fresco D M, et al. 2021. From psychological to physical health: Exploring temporal precedence throughout emotion regulation therapy[J]. Journal of anxiety disorders, 80: 102403.

［13］Miller A L, Olson S L. 2000. Emotional expressiveness during peer conflicts: A predictor of social maladjustment among high-risk preschoolers[J]. Journal of Abnormal Child Psychology, 28: 339-352.

［14］Pons F, Harris P L, De Rosnay M. 2004. Emotion comprehension between 3 and 11 years: Developmental periods and hierarchical organization[J]. European journal of developmental psychology, 1(2): 127-152.

［15］Richter N, Bondü R, Trommsdorff G. 2022. Linking transition to motherhood to parenting, children's emotion regulation, and life satisfaction: A longitudinal study[J]. Journal of Family Psychology, 36(2): 291.

［16］Salavera C, Usán P, Teruel P. 2020. The mediating role of positive and negative affects in the relationship between self-esteem and happiness[J]. Psychology research and behavior management: 355-361.

［17］Sankaran S, Badzis M. 2017. Child-peers talk: A preliminary study[J]. International Journal for Studies on Children, Women, Elderly and Disabled, 2: 1-9.

［18］Schiele M A, Vietz M, Gajewska A, et al. 2021. The cognitive anxiety sensitivity treatment (CAST) in anxiety prevention–Focus on separation anxiety and interoception[J]. European Neuropsychopharmacology, 53: 104-113.

［19］Wichers M C, Myin-Germeys I, Jacobs N, et al. 2007. Evidence that moment-to-moment variation in positive emotions buffer genetic risk for depression: a momentary assessment twin study[J]. Acta Psychiatrica Scandinavica, 115(6): 451-457.

［20］Yoon D. 2020. Peer-relationship patterns and their association with types of child abuse and adolescent risk behaviors among youth at-risk of maltreatment[J]. Journal of Adolescence, 80: 125-135.

［21］Young J C, Widom C S. 2014. Long-term effects of child abuse and neglect on emotion processing in adulthood[J]. Child abuse & neglect, 38(8): 1369-1381.

［22］Van Zonneveld L, De Sonneville L, Van Goozen S, et al. 2019. Recognition of facial emotion and affective prosody in children at high risk of criminal behavior[J]. Journal of the International Neuropsychological Society, 25(1): 57-64.

［23］蔡春凤, 周宗奎. 2006. 儿童外部问题行为稳定性的研究[J]. 心理科学进展, 14(1):7.

［24］陈琳, 桑标, 王振. 2007. 小学儿童情绪认知发展研究[J]. 心理科学, 30(3): 758-762.

［25］邓赐平, 桑标, 缪小春. 2002. 幼儿的情绪认知发展及其与社会行为发展的关系研究[J]. 心理发展与教育, 18(1): 6-10.

［26］董妍, 王琦, 邢采. 2012. 积极情绪与身心健康关系研究的进展[J]. 心理科学, 35(2): 487-493.

［27］丁凤琴, 陆朝晖. 2016. 共情与亲社会行为关系的元分析[J]. 心理科学进展, 24(8): 1159.

［28］冯秀云, 杨婷婷, 朱晶晶. 2021. 儿童期社会退缩研究现状与展望[J]. 教育参考, (3): 20-25.

［29］郭小艳, 王振宏. 2007. 积极情绪的概念、功能与意义[J]. 心理科学进展, 15(5): 810-815.

［30］海曼, 熊俊梅, 龚少英, 等. 2015. 心理健康双因素模型指标的再探讨及稳定性研究[J]. 心理科学 (6): 1404.

［31］侯瑞鹤, 俞国良. 2006. 情绪调节理论：心理健康角度的考察[J]. 心理科学进展, 14(3):375-381.

［32］胡红杏. 2017. 项目式学习：培养学生核心素养的课堂教学活动[J]. 兰州大学学报：社会科学版, 45(6): 165-172.

［33］李洪玉, 戴仰祖, 胡福贞. 2021. 我国儿童情绪智力研究热点与研究展望[J]. 现代预防医学, 48(20):5.

［34］刘思航, 杨莉君, 邓晴, 等. 2021. 共情促进早期积极同伴关系发展的理论分析与实践路径[J]. 陕西学前师范学院学报, 037(010): 69-75.

［35］刘玉娟, 方富熹. 2004. 儿童情绪伪装能力的发展研究[J]. 心理科学, 27(6): 1386-1388.

［36］刘玉霞, 金心怡, 蔡玉荣, 等. 2011. 幼儿的坚持性与执行功能和负性情绪的关系[J]. 应用心理学, 17(2): 185-192.

［37］孙璐, 吕国瑶, 刘晓晔. 2018. 教师对幼儿消极情绪的认识与回应[J]. 学前教育研究 (4): 3-13.

［38］王军利，李雪梅，吴东女，等 . 2019. 害怕、惊讶与厌恶情境中幼儿情绪表达策略差异 [J]. 学前教育研究 (5): 43-50.
［39］王力娟，杨文彪，杨炳钧 . 2008. 分离焦虑研究述评 [J]. 学前教育研究，4: 28-33.
［40］张姝玥，赵峰，彭春花，等 . 2021. 积极道德情绪和年龄对 3—5 岁幼儿安慰行为的影响 [J]. 心理科学，44(3): 575-582.

★ 意义的理论介绍
★ 意义的实证研究

意　义

➤ 积极教育视角下的意义

　　一个深秋的夜晚，路边有个醉汉，他正在路灯的照耀下，四肢着地在一堆厚厚的落叶中搜寻着什么。过了一会儿，有位好心的女士经过。

　　她看了这个醉汉片刻，问醉汉："你是丢失了什么东西吗？"

　　"钥匙，"醉汉头也不抬含含糊糊地说道，"我弄丢了我的钥匙。"

　　女士看他找得辛苦，不禁想帮帮他，于是她试着跟醉汉确认："所以，你是把钥匙弄丢在路灯照着的这块地方吗？"

　　这时，醉汉停下了搜寻的动作，抬起头来，用充满血丝的眼睛飘忽地看着女士："虽然这不关你的事，也没什么可跟你说的，不过我的钥匙是在那边弄丢的！"说着，醉汉伸出晃晃悠悠的手指，指向街的另一边，那边一片漆黑。

　　女士很困惑，想不通地问道："如果你钥匙是在那边弄丢的，为什么要在这里找呢？"

　　醉汉不耐烦地抬高了音调："我在这里找，当然是因为这里光线更好！没人能在那边找到任何东西，因为那边太黑了！我不想再回答你这些幼稚的问题了，不能浪费时间了，我还得找我的钥匙呢！"

> 接着，醉汉再次扎进灯光明亮的落叶堆中，一边翻找一边嘟囔着："等我找到了钥匙，还要接着找我那该死的汽车……"

堪培拉大学一位研究生命意义的教授（T.W.Nielsen）时常给他的学生讲这个笑话，有些讽刺，却多少折射出人类某些真实的面向。一方面，我们当然同意女士的逻辑，钥匙在哪弄丢了就该在哪寻找；另一方面，我们也确实做出了许多类似醉汉的行为：重要的东西弄丢了，但只在最方便、最触手可及的地方盲目寻找，只因有可能找到的地方一片黑暗，充满未知与不确定。在这里"钥匙"所隐喻的，便是积极教育课程模块中，十分重要的一个主题：人生意义。

刚刚踏入积极心理学或积极教育领域的人们，时常会听到介绍：积极心理学是一门帮助人们通向幸福的学科。有些时候，人们会简单粗暴地将积极心理学与幸福快乐画上等号。但走到今天，我们更应记住来自两位积极心理学奠基人的话：

> "积极心理学是一门研究生命从开始到结束的各个阶段的学科，它着重研究那些使生命更有价值和更有意义的东西。它旨在回答一个问题，即如果我们不想挥霍生命，我们该做些什么？"（Christopher Peterson）
>
> "最深沉、最稳定的幸福，源自我们拥有人生的意义。"（Martin Seligman）

当有人问道："你的人生意义是什么？什么样的生活对你来说是有意义的？"有时我们会陷入良久的沉思，有时我们会不知所措，有时我们随意抛出几个"高尚"的词汇但内心没有丝毫波动，有时我们期待外面有人送来"正确答案"。意义是个庞大的话题，几千年来引发了众多领域、众多人群不间断的思考，著书立说的成果不胜枚举。学者们在探讨和研究意义时，通常将这些林林总总的研究划分成四个维度：

（1）意义的认知功能。比如我们怎样通过意义获得内心世界的内在一致性，我们如何让内心变得连贯有序。

（2）意义的动机功能。比如意义怎样驱动我们的行为，怎样形成生活的目标。

（3）意义的种类。比如是研究微观的、日常生活里的意义，或研究宏观的、生命的终极意义。

（4）意义的起源。比如意义是靠我们发现，或是靠我们创造，意义的源头在哪里。

所以，当我们在积极教育领域谈论意义时，我们是在谈论什么？

在积极心理学领域，研究者们更多的是从认知和动机维度对意义进行研究。意义，被视为一种重要的心理资源，这种资源在人们发挥正常机能、努力奋斗、繁荣成长中都起着至关重要的作用。可以这样比喻：意义就像一个灯塔，它照耀着所有生活事件，使人们能从自己的积极或消极经历中汲取力量、获得洞察，使人们获得一种视角来超越当下的情境，指向一个更有价值的未来。在积极教育的视角下，人生意义意味着：用你的全部力量和才能去和一个超越自身的东西产生连接，设定目标去服务于它，并用恰当的方式实现这些目标。

➤ 意义从何而来

将该领域几位学者所发现的、对意义有贡献的重要因素做一个归类和对比（表1-3），呈现如下：

意义不是我们能够直接寻找并获得的东西，我们越是理性地去寻找它，越可能错失它。意义和幸福一样，如果我们刻意去追求一个叫作"意义"的东西，结果往往可能不遂人愿。对比以上表格里的因素，我们会发现一些共同点：人际关系、工作事业、某种思维方式（通常是积极取向的），是大部分人感受到意义的来源。

表 1-3 意义的重要因素

Ebersole（1998）	Emmons（1999）	Wong（1998 & 2009）	Frankl（1960s）
关系	亲密关系	关系	人际关系
事业	成就	成就	创造性的工作
对待生命经历的态度	奋斗的过程	自我接纳	对待苦难的态度
宗教信仰	宗教/灵性	宗教	
为他人服务	养育后代	自我超越	

心理学家包迈斯特（Roy F. Baumeister）认为，要获得有意义的生活可以从四个途径进行努力：目标、价值观、效能感和自我价值感。

目标：目标的本质是把当下从事的活动与未来建立联系，从而从联系中获得意义。设立的目标可以指引个体当下活动前进的方向，慢慢趋近目标所要达成的结果。

价值观：个体的价值观能让个体进行判断和抉择。个体依据自己的价值观做事就会体验到一种安全感，觉得是在做（对自己而言）正确的、有价值的事情。相反，如果个体违反自己的价值观去做事，就会体验到一种负罪感、内疚、后悔和焦虑等负性情感。所以，当一个人所做的事情是符合其价值观的时候，他会认为这件事情就有意义；反之他就会认为这件事没有意义。举一个价值观影响人对意义的感知的例子。例如,在弘扬"女子无才便是德"的文化中,人们的价值观受到深刻的影响,那么女性单纯追求学识和事业可能就会被视作无意义的。

效能感:也即能力感,对自己能力大小的感知和认可。个体的生活如果只有目标和价值观而没有效能感,那么这样的个体可能知道事情的对错,也知道自己想要什么,但是无法投入任何努力去达成自己渴望的目标。人类一直以来都在寻求对环境的控制,寻求控制感,而效能感的缺失会严重影响个体的控制感。这个要素和行动紧密相连。因为意义的产生终究要求人们付出行动。然而,如果人们都不相信自己有能力,就不会付出努力。

自我价值感:大多数人都会不断地寻找各种各样的理由来相信自己是一个很棒的有价值的人。自我价值可表现为个体层面的,如个体认识到自己比其他人要优秀;自我价值也可以表现在集体层面,如个体会加入一个他认可的集体,并从集体中获得尊重。应该怎么来理解自我价值感这一要素呢?任何一个发挥主观意志的行动都离不开支持系统,自我价值感就是作为支持系统存在的一个要素。例如,一个人认为自己是一个很优秀的人,这种价值感会让他受到鼓舞,使他努力承担起责任。

简单来说,人们对生命的意义感有一种天然的需求,它意味着:

一种动机,一种想给生活事件寻找答案和解释的动机;(有序性)

一种渴望,一种想把事情弄明白并且拥有一个生活目标的渴望。(可控性)

➤ 追寻有意义的人生

◆ 幼儿视角:"让纯真的种子发芽"

关于如何使得幼儿的天性被完全地尊重与发掘,我们认为应该加强对于教育者及家长角度的教育,用更有意义的教养方式对儿童进行引导和教育,使其在成长过程中逐步找到生命的意义感。

对于较大的并且已经拥有一些抽象思考能力的儿童青少年而言,戴蒙把相关的研究成果总结为十二个步骤。我们把这十二个步骤归纳为三个阶段。

第一阶段:酝酿。

第一,和直系亲属之外的人进行有启发性的沟通。如老师、朋友等讨论感兴趣的主题。

第二,观察有目标感的人是如何工作的。

第三,第一次启示性时刻:世界上有一些重要的东西是可以被修正或改进的。例如,"我以前一直认为雾霾天气是纯粹的自然现象,是改变不了的,直到看了纪录片才知道英国在20世纪早期也是雾霾严重的,才知道通过治理工业污染可以改善大气环境。于是对于改善环境产生了兴趣。"

第四，第二次启示性时刻：我可以为此做出一些贡献，让世界有所改变。例如，美国的一个9岁女孩得知蚊帐可以有效预防非洲疟疾之后，从节省自己的零用钱捐助了一个蚊帐开始，直到在全国范围募捐了大量资金购买蚊帐，支援了非洲贫困地区，使得当地很多贫民免于疟疾的折磨。

第二阶段：尝试。

第五，对目标的认同，同时初步尝试去完成一些事情。

第六，获得家人的支持。（如果有条件）

第七，以独创性和具有影响力的方式，进一步加大对所追求目标的付出。例如，美国波士顿学院（BOSTON COLLEGE）前棒球选手发起的冰桶挑战，目的是让人们了解渐冻症和为渐冻症患者提供治疗资金。

第三阶段：深化。

第八，获取追求目标所需要的技能。

第九，不断从实践中获取真知。

第十，乐观和自信不断提升。

第十一，对目标的长期承诺。

第十二，把在目标追寻中所获取的技能和品格优势迁移到人生其他领域。

◆**教育者视角：学校和教师的教育方针**

学校和老师需要重点关注两方面的工作。一方面是学校的教育理念应当超越当今社会上的"短视"思维。学校教育理念应在培养学生建构人生意义的过程中引导他们关注他人、社区和社会的需要，而不仅仅是财务自由、获得名誉这一类世俗的成功。另一方面，在所有学科的课程设置中，应加入所学知识与现实生活的联系：或者解决某类问题，或者回答某种疑问。此外，一些学校安排教师担任学生"梦想辅导师"，根据每位学生的兴趣引导其结合课程做知识储备计划，也极大地激发了学生学习的热情。当学生在校学习知识的过程中可以预知学习的目的，将会明显促进他们的学习动机，同时有利于他们把学到的知识应用于自己感兴趣领域的社会实践。

提问题和讲故事是两种行之有效的方法，可以用于教师指导学生探询他们的人生意义。

（1）讲故事。

帮助学生们发现意义，与学生们讲述自己发现意义的故事的能力直接相关。无论课程的内容是什么，教师都不应惧怕引出学生自己的故事。教师也可以分享自己的故事，以吸引学生的注意力。因为故事具有主题，所以学生在故事中很容易发掘意义。而当学生讲述自己的故事的时候，作为主人公的自己一定会有目的。不同的学生讲述的人生故事一定是不同的。对有些人而言，生活是一场只有输赢的比赛；对有些人而言，生活是一场冒险。这些不一样的对生活的理解和解释会影响他人的观点，正如他人的故事会影响我们一样。

另一个方法是让学生在课堂上讲述自己的故事，即给他人上一堂具有鲜明的个人风格的课。这种课程需要学生有一定坦露自己隐私的勇气，同时需要学生有足够的自信。

你可以按照主题划分来写故事，比如你可以按照坚韧、勇敢、不放弃等主题来记述你的故事，要注意的是这些记述的故事不是随意编造的，而是在你的生活中真实发生的。你也可以写下你人生当中对你有影响的一件具体的事情或是一段时期，例如，曾经发生过的一些创伤经历或是在生活不如意时你努力做出的改变尝试，不管是成功的还是失败的。写自己的人生传记也是一个不错的方法，就像名人传记写的那样，有章有节有具体的剧情简介。

（2）让学生回答问题。

提问可以引发学生的思考，可以给学生准备一些与人生意义有关的问题。尽管不同的学生对这些问题会给出各不相同的答案，并且这些答案与他们对生命的理解和他们当下身处的情境相关，但回答这些问题仍然是重要的。因为对人生意义的寻找和对这些问题的回答并不是一蹴而就的。以下是部分问题：

- 我如何实现自己的梦想？我此生究竟想做什么？我的天赋和激情的交集在哪里？成就和满足感的平衡点在哪里？
- 我想做一个怎样的人？考虑到理想和现实生活的矛盾之处后，我还能实现目标吗？理想的生活是什么样的？
- 谁才是我可以信任的、真正的朋友呢？我该怎样才能成为他人的这样的朋友呢？
- 我和其他人的身份如何帮助我定义自己呢？比如，肤色、性别、宗教信仰、社会阶层等。为什么有的时候人们容易有偏见呢？
- 我怎么知道现在学习的东西对以后有用呢？上学真的有用吗？为什么要上这么多我不感兴趣又不知道有什么用的课呢？
- 我怎么样才能尽到公民的责任，为地区、国家乃至世界带来改变呢？志愿活动为什么重要呢？
- 怎么样才能达到并保持生活的平衡并收获幸福？完成多个任务是度过人生的最健康的方式吗？真的有人可以同时达到身体健康、心理健康、

意 义

精神健康、情感健康、社会交往健康的状态吗？

◆**家长视角：支持性做法**

由于青少年对社会现状和需求经验不足，家庭教育应该在引导孩子建构人生意义方面提供支持。例如，家长可以把孩子引向前景看好的一些选择上，帮助孩子做筛选，思考孩子的天赋潜能以及兴趣是如何与周围世界所提供的机会和需求相匹配的。父母可以支持孩子，依靠自己的努力去探索有目标感的人生方向，并开放更多潜在的可供发展和探索有关目标的可能性的资源。这里家长更多是扮演支持者的角色，而非领导者的角色，因为孩子需要追寻让自己感到有意义的人生目标。在这个过程中，父母所能提供的最有效的帮助都是间接而非直接的，但同时也是非常有价值的。

具体的做法列举如下，供参考。

- 观察孩子的兴趣点，激发孩子更大的兴趣；
- 保持开放，不做结果设定；
- 传递家长自己从工作中获得的目标感和意义；
- 传授实践性的生活智慧，鼓励孩子尝试各种可能性；
- 介绍孩子认识潜在的导师、专业人士；
- 鼓励孩子的独创精神；
- 培养孩子的心理韧性，鼓励他从失败中学习；
- 注意培养孩子关爱他人、服务社会的价值观；
- 父母以身作则，培养孩子为自己的选择和行为结果负责。

➢ 课程理念

我们无法将"意义"本身直接教给学生，意义感只能从学生自己真实的体验中、带有情感触动的思考中逐渐生成，在儿童的早期发展阶段，受到抽象思考能力的局限，意义感的建立更多需要家长及教育工作者细致入微的教养方式的引导。在积极教育的意义课程设计中，基于对前人研究结论的参考，我们采用了项目式课程的设计思路，带领幼儿在与他人及自己的联结中体验意义感，并请教师将意义感投入具体的课程实践里去，让幼儿在教师的带领下寻找意义：面对过去，能形成积极的、资源取向的心理叙事；面对现在，能珍惜当下、拥抱真实体验；面对未来，能提升希望、找到与过去、现在的连接感，以探索属于自己的人生意义。

维多克·弗兰克尔（Viktor E. Frankl）曾在其著作中留下一段精彩的话：

> "生命中每一种情况对人来说都是一种挑战，都会提出需要你去解决的问题，所以生命之意义的问题实际上被颠倒了。人们不应该问生命之意义是什么，而必须承认是生命向他提出了问题。简单地说，生命对每个人都提出了问题，他必须通过对自己生命的理解来回答生命的提问。生命的意义在每个人、每一天、每一刻都是不同的，所以重要的不是生命之意义的普遍性，而是在特定时刻每个人特殊的生命意义。"

让我们与之共勉。

实证研究

在英国著名儿童小说《夏洛的网》里面有一头叫威尔伯的可爱小猪，它虽然不知道自己为什么要活着，但从出生的第一天开始就想逃离自己最终会变成餐桌上的熏肉或香肠的宿命。后来它遇到了爱它的小主人芬恩，以及愿意竭尽生命保护它的蜘蛛朋友夏洛，在经历了一系列奇遇后它不仅活了下来，更找寻到了自己人生的"意义"。有的人用"意义"这把钥匙打开了幸福人生的大门，而有的人却穷尽一生也无法找到属于自己的"意义"。幼儿成长过程中需要"意义"的引领，帮助他们获得属于自己的幸福人生。在这一章节，让我们一起来探索"意义"的真谛。

一、意义是什么？——积极教育视角下的意义

我们从小到大听过各种各样的"意义"。上学时，老师会经常让我们思考自己"学习的意义"；工作后领导会经常让我们总结"工作的意义"；甚至在生活中我们也会经常反问自己做某件事的意义。生活中的每件事似乎需要有一个"意义"。我们知道"意义"很重要，它是一件事的灵魂，但我们其实也经常迷茫，究竟什么才是真正的"意义"？

在字典中意义是指"人对自然或社会事物的认识，是人给对象事物赋予的含义，是人类以符号形式传递和交流的精神内容"。人类在传播活动中交流的一切精神内容，包括意向、意思、意图、认识、知识、价值、观念等，都在意义的范畴之中。

在心理学领域有一种"意义疗法",它是由心理学家弗兰克尔基于自身经历创造出的一种心理疗法。"意义疗法"认为人总是在追求人生和生命的意义,发现人生和生命的意义是人最主要的动力。

在积极教育的视角与背景下我们更多思考与探究的就是"人生的意义"。人类个体为了满足安全、关系、自尊等基本需要,终其一生都在找寻自己的人生意义与目标。每个人都拥有完全的意志自由去追求人生的意义,人可以自由地去实现自己的人生意义。任何一个人的生活都需要有意义,如果缺乏意义和目标,就会活在一种虚空的状态之中。没有意义的生命是难以继续维持的,也没有任何坚持下去的理由。

对于刚刚开始人生旅途的幼儿来说,帮助他们找到属于自己的人生意义尤为重要。因为在他们的眼中,这个世界充满了斑斓色彩与未知,如果没有积极的指引,他们很容易迷失自我,唯有引导他们找到人生的意义,他们才能真正感受到世界的美好,用积极向上的心态面对自己的生活与未来。

二、意义从何而来?

我们了解了意义的重要性后不禁思考,意义究竟从何而来?其实"意义"并非是一种实体存在的东西,我们无法在哪个包装精美闪闪发光的宝盒中找到它的身影,只能在生活中慢慢捕捉到它的存在。比如,在和家人朋友温馨的相处中你会突然感受到"意义"的存在;在独自完成一项有挑战性的任务后你会突然意识到"意义"就在你身边。其实对于大部分人来说,意义往往存在于人际交往、工作、学习以及事业中。

心理学家鲍勃迈斯特认为有意义的生活可以通过四种途径获得。它们分别是目标、价值观、效能感和自我价值感。

"目标"指的是建立当前生活与未来的联系,它就像一根无形的线,将个体的现在与未来相连接,指引个体朝着一个方向前进。在前进的过程中个体很可能会遇到一些困难与挫折,甚至会迷失方向。但是只要能看到前方的目标,那么个体就不会停下脚步,一直前行。

"价值观"指的是在个体的理解和文化背景下认为其所做的事情是正确的,并且对于自己的做法感到肯定的感觉。它常常会受到文化背景、教育背景等影响。如果个体所做的事情都符合自己的价值观,那么他们更易于在这件事情中获得满足感和快乐感。相反,如果个体所做的事情有悖于自己的价值观,那么他就会感到焦虑、沮丧,甚至怀有内疚感。比如,一个人从小受到的教育就是要绝对服从自己的长辈,如果有一天他的长辈让他做一件他不喜欢的事情时,他选择了拒绝,但是他会因为自己违背了长辈的意愿而感到负罪与内疚,因为他的做法违背了他从小受到的教育和价值观。

"效能感"是指个体对于自己有能力做成某件事情的感知和评估。一项研究表明,当参与者对自己所要完成的学业具有较高的自我效能感时,他们就会有更强的动机去完成它,学得会更加认真,面对困难时也更愿意坚持,从而取得更高的学业成就。相反,如果人们的自我效能感较低,他们就不会相信自己有实力做成某事,这就会导致他们投入较少的努力做这件事,因此也不会收获较好的结果。

"自我价值感"是个体自我意识中很重要的一个因素,它指的是个体体会到自己是一个很棒的人,自己所做的事情是值得被人肯定的。一个人的"自我价值感"可以体现在两个方面。一方面是个体方面,即个体会认识到自己的优秀,对自己肯定;另一方面是集体方面,即个体在他所热爱的集体中感受到被尊重,感受到自己对于整个集体来说是有价值的。

总的来说,人生的意义其实融合在了我们生活中的方方面面,小到生活中的与人相处,大到面对人生中的重要抉择。对于每个幼儿来说,它就像是时刻跳动的脉搏,将血液输送到全身,带给他们一直向前的动力与勇气。

三、如何追寻有意义的人生

"人生的意义"对于每个幼儿来说如此重要,那么我们要如何引领幼儿去追寻属于他们的有意义的人生呢?下面将从两个角度来探讨如何引领幼儿追寻有意义的人生。

1. 教师引领幼儿找到属于自己的"意义"

教师是幼儿追求人生意义旅途中重要的引路人,教师在日常的教学中应该渗入"意义"教育,开展不同形式的"意义"教育,帮助幼儿在各种活动中探寻人生的意义,从而让幼儿更好地找到属于自己的人生意义。

首先,教师可以利用绘本引导幼儿找寻自己的人生意义。一项中国台湾的研究表明,有绘本阅读经验的青少年会更多地产生对于人生意义的思考,从而更好地找寻到自己的人生意义。教师可以让幼儿通过读绘本中的故事感受到人生意义的不同方面。绘本的选择可以包含亲情、友情、生活挫折、人生选择等。每个绘本中的故事都可以充分激发幼儿的兴趣,而在幼儿读完绘本后,教师应该启发幼儿就绘本中的一些内容进行思考与讨论。在讨论中幼儿可以更好地感受到人生的不同意义。

其次,教师可以开展一些以任务为导向的活动(task-based),让幼儿通过完成某项活动,自己体会到人生的意义。比如,当教师想教授给幼儿"生命的意义"这个主题时，教师可以让幼儿去泡豆子，观察豆子是怎么一点点发芽，变成豆芽，慢慢长大的。在观察的过程中还让幼儿绘制出豆芽的成长过程，从而体会到生命的意义。在最后还可以让幼儿把自己的豆芽带到学校，与同学一同分享自己在豆芽的成长阶段都做了什么，自己对自己泡的豆芽有什么样的感情。在这一系列的活动中，幼儿可以充分体会到生命的意义。

最后，教师应该在日常教学和与幼儿的交流中潜移默化地以问答的形式引发幼儿对于人生意义的思考。比如，在小组活动后，让幼儿说一说在小组活动中自己发挥了哪些作用，自己参加小组活动的感受，从而引导他们产生对于人际交往意义的思考。

2. 帮助家长引导幼儿迈入有意义的人生

家庭教育是每个幼儿最初接触的教育，而家庭环境更是幼儿成长中最重要的环境之一。园所教师可以帮助家长寻找适合自己的方法，充分利用与幼儿相处的时间，帮助引导幼儿寻找自己的人生意义。一项研究表明，如果参与者的家庭教育中有越多关于人生意义的内容渗透，那么他们大学后自杀的风险就会越小，他们面对生活也会更加积极向上。

家长在日常的家庭教育中要多引导幼儿对于生活中的一些现象和行为进行思考。比如，在幼儿主动帮助自己打扫屋子后问他，"宝宝，你为什么要帮助妈妈呀？帮助妈妈后你有什么感受呢"，首先引导他们评估自己的效能，提升他们的自我效能感。其次，让他们说出自己在帮助别人后的心理感受，并且挖掘出帮助别人的动机，这有助于帮幼儿明确自己做这项事情的目标。最后，在幼儿帮助完成任务后，家长也要及时给予幼儿正向的反馈与表扬，让幼儿充分体会到价值感和自我价值感，在以后遇到相似情况下他们会更好地作出正确的选择。

与此同时，教师也需要提醒家长明确自己的身份。家长作为支持者和引导者陪伴幼儿发展，但家长并不作为一个强制的命令者。家长不能直接且强制地灌输给幼儿某种观念和思想，更不能强硬地对于幼儿的选择进行阻拦与制止。家长可以将自己的人生经验和对于生命的理解以聊天、对话的方式分享给幼儿。家长要在幼儿遇到挫折与困难时及时给予鼓励与支持，帮助幼儿增强自己的心理韧性。最后，家长也应该以身作则，传递给幼儿积极向上的价值导向，让幼儿可以为自己的行为与做法负责。

"人生意义"这把金钥匙其实就藏在我们的生活中，在我们引领幼儿寻找这把钥匙的过程中，也许我们也会找到属于自己的那把钥匙，我们也会拥有更有意义的人生。

参考文献

[1] Locke E A. 1997. Self-efficacy: The exercise of control[J]. Personnel psychology, 50(3): 801.

[2] Baumeister R F, Leary M R. 2017. The need to belong: Desire for interpersonal attachments as a fundamental human motivation[J]. Interpersonal development, 57-89.

[3] Fuzhou, China HT S S.2001. The Function of the Sense of Self-value and its Inspiration for Education[J]. Journal of Fujian Teachers University(Philosophy and Social Sciences Edtion).

[4] Hensey M.2015. Your Life Goal, Aim or Purpose[M]. Management Consulting Engineer.

[5] Ino K.2015. Another Development of Agricultural Village in Thailand: Development of Sense of Value[J]. Frontiers in Psychology, 6(2):787.

[6] Kang K A, Kim S J, Song M K, et al.2013. Effects of logotherapy on life respect, meaning of life, and depression of older school-age children[J]. Journal of Korean Academy of Nursing, 43(1): 91-101.

[7] Negru-Subtirica O, Pop E I, Luyckx K, et al.2016. The meaningful identity: A longitudinal look at the interplay between identity and meaning in life in adolescence[J]. Developmental Psychology, 52(11): 1926.

[8] Wong P T P.2010. Meaning therapy: An integrative and positive existential psychotherapy[J]. Journal of Contemporary Psychotherapy, 40(2): 85-93.

[9] Abrutyn S, Mueller A S.2015. When Too Much Integration and Regulation Hurts[J]. Society & Mental Health, 6(2):484-487.

[10] Tanigawa K.2013. The Meaning of Life for Adolescents in Relation to the Experience of Reading Picture Books: A First/Preliminary Report[J]. 人間科学部研究年報, 15:51-62.

[11] Xu L I, Qin L U.2014. Family influences on life meaning and suicide ideation among college students[J]. Chinese Journal of School Health.

[12] Zimmerman B J, Bandura A, Martinez-Pons M.2016. Self-Motivation for Academic Attainment: The Role of Self-Efficacy Beliefs and Personal Goal Setting[J]. American Educational Research Journal, 29(3):663-676.

★ 积极投入的理论介绍
★ 积极投入的实证研究

积极投入

➤ 前言

在阐述投入内容之前，我们先说说为何将意义模块放在投入模块前面讲。

这样安排的最主要原因就是意义与投入密切相关。我们都想投入专注的做事情，因为这样会带来更高的效率与效能。我们可以通过技巧和各种方法来帮助我们更容易进入投入的状态。但是如果你在做的事情你并不感兴趣或是你根本不喜欢，虽然你也能够投入的做事，这种状态不可能长时间持续，因为你并没有找到做这个事情自身的兴趣、价值和意义，也没法从中获得乐趣与幸福感。也就是说你没有找到自己真正想要做的事情。

如何才能找到自己真正想做的事情呢？这个时候就需要意义来引导了。意义可以帮助我们建立目标、依靠我们自己内在的价值观和自我价值感找到自己真正想要做的事情，从而获得做事的效能感、价值感和意义感。

我们可以把意义模块理解为"道"的引领和指导，投入模块就是具体的"法"和"术"，即方法和技巧。

1. 什么是投入与福流？

积极心理学之父马丁·塞利格曼在《持续的幸福》一书中这样描述投入：投入（engagement）与福流（flow，也译作心流）有关，指的是个体完全沉浸在一项吸引人的活动中，自我意识消失，时间也好像是停止了。投入与积极情绪不同，甚至是相反的，正在体验福流的人被问到"你在想什么，你有什么样的感觉"时，他们会回答说：我什么也没想，什么感觉也没有。如果什么感觉也没有，那么这些人也不会体验到积极情绪。处于福流状态的人们好像达到了物我两忘、天人合一的状态，他们集中了全部的注意力，动用了全身心的认知资源和情感资源于当下的活动上，因而无暇思考和感觉。

我们看到上面的解释，会发现投入和福流好像是同一种描述，其实投入的概念内涵范围比福流要大。我们可以把福流看成是投入里的一种特定的状态，看后面的内容你就会发现福流状态有其自身特有的特征和福流能够出现所需要的条件。小学阶段的课程中，我们引入了"福流"这一概念，但对于幼儿园的儿童来说由于词汇量及抽象思维能力的限制，我们用"投入"代替了"福流"，但具体内容都是依照"福流"的理论编写的。

我们在日常生活中经常使用投入这个词，比如形容某个人做什么事情特别的全神贯注，我们就会说他非常投入。我们还会经常使用另一个词，叫作专注（absorption）。专注一词可以形容一种状态或行为，也可以形容一种能力。专注是一种注意力集中、全神贯注的状态，强调注意力非常集中。专注在概念范围上也是比投入要小的。我们看到描述会发现，专注和福流是有很多的重叠部分的。福流，可以说是一种很投入专注的状态，但是福流不等同于专注。下面我们就来详细介绍福流。

福流理论是积极心理学领域研究投入非常重要的理论之一，专门研究福流的积极心理学家米哈伊·奇克森特米哈伊（Mihaly Csikszentmihalyi）在接受采访时总结说：无论你是做什么的，福流都可以助你成功，解除你的压力与焦虑，我们大部分的压力与焦虑都是源于我们对自身的关注，而非对手中的任务的关注。

福流的价值越来越为人们所接受，因为人们发现，福流在人生的方方面面的应用都可以使人们的生活质量得到提高，以至于达到最优化。

福流的概念最早是由奇克森特米哈伊在20世纪六七十年代发现并提出的。当时奇克森特米哈伊在研究中观察画家、棋手、攀岩者以及作曲家等在自身领域有杰出成就的人，注意到这些人往往能够全神贯注地投入他们的工作或活动中去，时常忘却时间，有时感觉不到时间的流逝，注意力非常集中，对身边发生的事情缺少感知，不易受到干扰。

所以福流（flow）被定义为：一种最佳的投入状态，个体认识到行动挑战，这些挑战既不会使现有的技能得不到充分的利用，也没有过多地超出他的现有技能，个体拥有清晰且可表达的目标以及关于进展的反馈。

奇克森特米哈伊是从很多画家、棋手、作家等专业人士入手研究福流的，但是他指出福流不仅仅局限在专业人士或创造者的身上，也存在于大众群体包括热爱学

习的青少年，热爱工作的白领上班族，以及热爱洗衣做饭的家庭主妇等。福流体验的发生跟年龄大小、性别、工作活动的不同等都没有关系，任何人都有可能体验到福流。只要个体全身心的投入到活动当中，集中注意力在具体的活动上，有明确的目标和及时的反馈，就能够体验到福流。

2. 福流状态的体现

根据上文对福流状态的描述，个体在福流状态中会呈现出多种表现，比如注意力高度集中在当下的活动、行动与觉知相融合、拥有掌控感、时间感体验扭曲等。下面我们针对几种最常见的福流状态的表现进行阐述。

（1）行动与意识相融合。在生活中有一种很常见的现象，就是脑袋里想的不是他正在从事的活动。有的学生在教室里坐着听课，好像是在听课，可能他的思绪已经跑到教室外面去了，在想放学后跟朋友一起打球，一起吃饭。我们做事的时候常常会被分心，会被一些其他的人和事情干扰。比如，工作的人周五的时候就会想周末怎么过，你刚刚学习打网球的时候，会想旁边的人会怎么看你，会不会嘲笑你。然而在福流体验中，我们的意识非常集中，全部的注意力都会放在所从事的活动上。挑战水平与能力水平势均力敌时就要求个体精神必须非常集中，明确的目标和不断的反馈可以帮助个体做到这一点。

（2）不易受到干扰。福流体验中一个典型的要素是我们把注意力全部集中在当前的活动上，因而我们只会觉察到与此时此刻相关的信息。如果音乐家在演奏的时候分心，比如在考虑自己的财务状况，他就有可能敲错音符；紧张的足球比赛中，如果运动员因为跟女朋友分手而思虑万分，他也不可能很好地投入快节奏的比赛中，可能会因频频失误而被教练换下场。福流是注意力高度集中于当下的结果，它让我们摆脱了对日常生活中焦虑和抑郁的恐惧。

（3）不会担心失败。当处于福流状态时，我们太集中注意力了，以至于不会去考虑到会不会失败。有些人把它描述为"一切尽在掌握之中"的感觉，但事实上我们并没有完全控制，只是我们没有时间去考虑可能的失败结果。一旦你去考虑结果可能会失败，那会引发你的焦虑，有可能把你拖出福流通道。失败之所以不会成为干扰我们的问题，是因为在福流状态下，我们清楚地知道要去做什么，以及相信自己的能力能够应对实现目标的过程中可能会遇到的问题。

（4）自我意识消失。人类是群居性动物，与其他个体的关系对于个体的生存适应至关重要。因此，我们总会在意身边他人的看法，随时留心自己会不会遭到他人的忽视、嘲笑或是侮辱，好能及时地进行反击，捍卫自己。也可能会处处留心如何做才能给他人留下好的印象，因而变得忧心忡忡。这些自我意识都是一种负担，有了这些负担，你做事就不可能集中精力、全神贯注，更无法进入福流状态。这种自我意识其实也是一种自我保护。在福流状态里，我们对自己正在做的事情太投入了，以至于不会再注意自我的保护。但是当福流结束后，我们便会产生非常强烈的自我意识，我们意识到自己已经成功地应对了挑战。我们可能还会觉得自己好像走出了自我边界，成为更大存在体的一部分。音乐家觉得自己与音乐融为了一体；足球运动员可能觉得自己成为整个团队的不可或缺的一部分；小说的阅读者可能在跌宕起伏的情节中沉浸了好几个小时，久久不能走出。

（5）时间感扭曲。一般来说，当我们处于福流状态时，我们会忘记时间，感知不到时间的流逝。几个小时感觉好像只有几分钟，或者相反。很多人认为所谓福流或者投入就是感到时光飞逝的状态，事实上这种说法有些片面。诚然，日常生活中最常见的福流状态就是感到时光飞逝，像是跟家人去旅游、跟朋友踢一场球赛、钻研一道数学题目、专心于文章的写作。当我们从沉浸状态中转出时，会感到时光被人偷走了一样。其实，投入也会对时间施展其他的魔法。例如，对于每一个世界级短跑运动员而言，在短跑中感受到的时间似乎被拉长一样。因为每一秒他们都做出了无数的动作，他们在不断地感知自己的身体，感知周围的状况。对于芭蕾舞舞者而言，时间似乎走得无比精准，不快也不慢，因为他们在舞蹈的同时也在感受着时间的韵律，令自己的动作与时间结合。

（6）活动本身具有了目的。小说家纳吉布·马哈福兹曾说：我爱我的工作本身甚于它所产生的附属品。无论结果如何，我都会献身于工作。有些人之所以能够产生福流体验，是因为他们重视的是活动本身，而不是他们的结果，结果无论好坏，活动本身就是他们的目的。换一句话说，只要参与了活动，他们的目的就达到了。除了感受活动带来的体验外，没有其他原因。

以上描述的这些福流状态的特征可以帮助你辨别自己的哪些状态或参与的活动进入到了福流里，从而在生活中多多参与这些"福流"活动。

3. 福流状态产生的条件

（1）挑战与技能相平衡。

想要获得福流体验，很重要的一个条件必须满足：参与者的技能要与面临的任务难度相匹配。任务难度可以稍稍高于参与者的现有能力，是其"跳一跳能够到的高度"。在日常生活中，有些活动我们觉得太难，有些活动我们觉得很容易。面对太难的活动，由于我们的技能没法应对，因此我们会变得沮丧而焦虑；面对太容易的活动，我们的能力又远远超出活动所需的能力水平，我们会因此感到无聊与乏味。在打乒乓球或是下象棋的时候，如果对方是个高手，三下五除二就把你打败了，你肯定会觉得很沮丧，因为你觉得自己太失败了，能力太弱。如果对方是个新手菜鸟，你又会觉得一点儿挑战性都没有，因而会觉得无趣，甚至产生厌倦感。但是当双方势均力敌时，局势跌宕起伏，你来我往，不相上下，就算最终有一方被打败了，你也会觉得特别爽，因为你进入了福流状态（图1-2）。

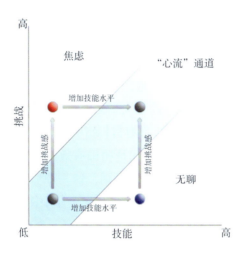

图1-2　福流状态

我们从图1-2中可以看到一条蓝色的福流通道（心流通道），当我们面对的挑战难度和我们的能力、技能水平相匹配时，我们就处在福流通道里了。但是有时候，我们会处在福流通道之外的位置。比如，当难度过高时，我们会出现焦虑的体验，这个时候我们如果想要进入福流通道，我们应该降低难度或者是提升我们的能力、技能水平，让我们的能力与挑战难度相匹配，更好地体验福流。

当我们面对的任务太过于简单容易时，我们就会产生无聊、乏味的体验。此时，如果我们想要进入福流通道，我们需要怎么调整呢？答案是提高挑战的难度。把挑战难度提高到与自己的能力水平相匹配时，福流状态就更容易出现了。

所以，当我们不在福流通道里时，我们可以从两个维度来调整，以更好地体验福流。第一个维度就是调整挑战难度水平，第二维度是调整自己的能力、技能水平。把任务的难度调高或是降低难度，这个相对来说比较容易做到。提高应对任务的能力水平，这个在多数情况下都不是短时间内能够达到的，需要个体投入足够多的时间和精力去练习与精进。其实个体处在福流状态时，这本身就是对能力和技能的一种有效的锻炼，会慢慢提高你的能力水平。在调整挑战难度的时候，如何才能与你的能力水平更好地匹配呢？我们知道教育学里有一个概念叫作"最近发展区"，调整难度时需要把任务调整至"最近发展区"式的难度，即不是那么轻易就能达成，但是经过努力也是跳一跳够得着的难度。这样的难度更加有利于福流的出现。

（2）每一步都有明确的目标。

在日常生活中，我们经常会做计划，设定目标。但是有时候设定的目标太大，以至于到了实际操作的时候仍然不知道该怎么做。要想体验到福流，投入进自己当下的活动中去，我们需要每一步都有确定的目标。也许刚开始我们设定的是一个大目标，但是我们必须把大目标切分成具体的、具有实际指导意义的小目标，这样的话你才能知道接下来的每一步到底怎么做。足球运动员知道自己的位置和作用以及该怎么样组织进攻和防守；音乐指挥家知道当下的动作意味着什么，会产生什么样的音乐配合；农民种田，知道何时耕地，何时播种，何时除草与施肥。攀岩者知道自己现在迈的一步对整个攀登目标的意义。无论我们进行什么样活动，想要投入进去，达到福流状态，你就必须每一步都有目标指引。

如何设定目标呢，什么样的目标才是明确有效的，能够起到指导的效果呢？下面我们来介绍下目标设定的SMART原则，这一原则是由乔治·多兰（George Doran）在1981年最先提出的，这一方法最初在企业中使用，而后各个领域都开始争相使用它来提高目标设定的效用。SMART原则有五个具体的特征如下：

具体性（Specific）

设定的目标必须是具体的，具体的目标能让你知道每一步的小目标，这些小目标会指导你该怎么做。但是对于绘画、写作等富有创造性的活动，目标可能就没有那么显而易见了。对于这种情况，我们可以专注于其中的某个成分，例如关注作文的结构或用词。在绘画时，或许我们无法在一开始就想好自己具体要画成什么样子，但是在画到某个程度的时候，我们可以判断出这是否为自己所想要的，同样是一种目标。很多好的画家、作家以及作曲家，都在心中有对于"对"和"错"的判断。当我们失去了这种内部判断的能力，就难以进入福流体验。

可衡量性（Measurable）

只有当目标可以衡量的时候，才能知道自己有没有真正达到自己的目标。同时，也需要避免一些本身具有极大变化性的目标，例如下次考试进入班内前十名或者是下次考试超过某个人。这样的目标看似很具体，但实际上却极具变动性。其结果有可能是自身因素导致的，但也很有可能完全是外界因素导致的。所以即使我们达成了目标，可能也并不会非常欣喜。此外，这种目标如果不能被我们转化为具体的行为指标，同样会失去意义。

可实现性（Attainable）

这一点与挑战和能力相匹配是一致的，过高或过低的目标都是没有意义的。张辉是一个学习十分刻苦的学生，平日表现也非常不错，但是考试成绩总是排在中游，一直无法达到他所设定的目标。经过进一步地接触，心理咨询师发现他本身缺乏自信，不认为自己能考好，因此产生了自我预言效应，产生了各种发挥失常的现象。

因此，在我们设定可以达到的目标时同样需要思考，我们真的相信自己可以达

积极投入

到这个目标吗？如果我们在心底里不相信自己能够达成目标，那么我们需要先着重处理这种不合理的信念，然后才能够真正达成目标。

相关性（Relevant）

目标的相关性是指此目标与其他目标的相关情况。或许大家觉得，我们制定的小目标当然都是为了大目标而努力的。但在实际操作中，我们往往会把目标定偏。比如，某位学生正在准备英语的单元测试，他把回顾英文课文设立为了其中的一个子目标。但是在复习中，他一直在关注课文内容，对课文中的生词和语法没有进行深入的复习。这就是一种目标上的偏差。同样的，有些非常认真的学生将整理笔记作为复习中的一个环节，但结果是重新抄写了笔记，使页面变得更加整洁而已，并没有对其中的内容有更加熟练的掌握。这些都是我们所需要警惕的。

时限性（Time-based）

目标设定的时限性是指设定目标时，不管是大目标还是小目标，都要给目标设定一个截止日期。人都有拖延的习惯，不设定一个目标达成的截止日期，往往会导致事情完成的进度滞后。有了目标的截止日期，我们就可以更加合理的分配时间和精力，把控整体的安排和进度。

（3）行动要马上得到反馈。

想要获得福流体验，我们要设定目标，但是如果我们只有目标，没有及时的反馈，我们就没法知道当下的状态是怎么样的，任务完成到了哪一步，还有那些需要注意的。所以，在拥有确定目标的同时，我们还要获得及时的反馈才能够进入福流状态。有了反馈，我们就知道下一步我们要做什么了，与下一步的目标相结合。音乐家知道曲子进行到哪一步了，知道接下来该如何演奏，如果某个音符弹错了，音乐家马上就能意识到，并做出及时的调整。攀登者知道脚下的这一步到底对不对，是对后续的攀登有利还是不利；外科手术大夫知道手术刀切的位置对不对。农民种田，知道庄稼的长势如何，缺水还是缺肥，该除草还是该除虫。所以，对于获得福流体验来说，及时的反馈非常重要。

实证研究

著名科学家爱因斯坦发现了相对论，但是很多人无法理解什么是相对论。一次，一群青年包围了爱因斯坦的住宅，要他用"最简单的话"解释清楚他的"相对论"。

爱因斯坦笑着对这些青年说："比方这么说——你同一个美丽的姑娘坐在火炉

边,一个钟头过去了,你一直投入的欣赏她的美,觉得好像只过了5分钟!反过来,你一个人孤单地坐在热气逼人的火炉边,无法投入于任何事情,只过了5分钟,但你却像坐了一个小时。——喏,这就是相对论!"爱因斯坦的相对论其实也揭示了人生快乐的真谛:如果能够投入于让自己感到快乐并且有意义的事情中,那么漫长的人生也会充满希望与乐趣。引导幼儿进行积极的投入,有助于其快乐地成长,追寻更有意义的人生。

一、积极投入是什么

　　心理学上的投入是指个体全身心地去做一件事情并且沉浸于这件事情之中。投入常常与福流(flow)同时出现。福流是当个体沉浸在当下所进行的活动中时,注意力完全集中,意识狭窄,只对该项活动有反馈,并不自主地过滤掉一切与该项活动无关的信息和知觉,无暇顾及与之无关的事情,达到一种忘我的境界,并且对当下所进行的活动有指向性和操纵感。比如,当画家认真绘画时,常常听不到身边人对自己说话,忽略周围的环境,只是一心沉浸在自己的创作之中。

　　个体投入可以分为不同类型,比如情感的投入、行为的投入、认知的投入。以幼儿完成一项老师布置的绘画任务为例:他们拿起画笔开始绘画就是一种行为投入;在绘画时感受到开心。享受甚至疑惑就是一种情感的投入;他们对于自己绘画完成状态进行评价,觉得画得很好或是很不好就是认知的投入。

　　然而不是所有的投入都是我们应该鼓励支持的。有些投入虽然能带给幼儿短期的快乐,却会在长期上对幼儿造成伤害,让他们走入上瘾的歧途。当人处于上瘾状态时会产生类似戒断反应的病态表现,丧失对于生活的乐趣与希望。比如幼儿在看卡通片时会感到开心,专注,但是如果不控制时间,让他们肆意观看,就会让他们产生上瘾的状态,影响他们的身心健康。

　　积极的投入是指个体能在进行投入时感受到与这件事物的联系,感受到这件事的意义。他们在进行投入时可以感受到目标感,即做这件事是有一个既定的目标;价值感,即这件事是值得去做的,对别人有帮助的;效能感,即自己对于这件事有能力有控制和自我价值感,即通过做这件事相信自己是个很棒的人,能得到别人的尊重。

二、积极投入对幼儿发展的益处

　　积极投入对幼儿发展具有三个方面的益处。

1. 积极投入提升幼儿的自我效能感与学习效率

积极投入可以提升幼儿的学习效率与自我效能感。一项研究表明，当幼儿能够发现自己所做任务的意义并且处于积极投入之中时，他们的学习态度和学习情感也会更加积极。他们会更积极主动地参与到学习中，并且认为自己有能力完成任务。这种积极的状态可以让他们更好地对自己做出积极的评估，从而让他们的学习效率得到大大提升。

另一项关于大学生的研究也表明，当参与者对自己对于学习的投入评估的水平越高时，他们对于自己学习效果的自我评价也就越高，他们的自我效能感从而越高。同样，他们的教师对于自我投入评估较高的学生的学习效果的评价也更高。这也说明了当个体进行积极的投入后，他们的自我效能感会更高，从而使得他们的学习效率大大提升，比起没有积极投入的个体有更多的收获。

2. 积极投入促进幼儿的自尊水平

积极的投入还可以提升幼儿的自尊水平。当幼儿完全投入一项活动和任务时他们会更相信自己是有价值的，他们的自尊心和自信心都会有明显提升。一项英国的研究表明，在评估幼儿参与包括绘画、手工的艺术项目的投入程度时发现，幼儿的投入程度越高，那么他们的自尊水平也就越高，他们会觉得自己的创作是有意义的，自己是有价值的，从而在这个项目中的表现也越好。

相反，如果幼儿不能积极投入某件事中时，他们则会对这件事情产生抵触情绪，甚至怀疑自己的能力，产生自卑等情绪。这甚至会让他们抗拒参与任何同类型的活动。一项国外的研究表明，具有特殊学习需求和有学习障碍的幼儿在学习中更不容易投入其中，他们经常走神，注意力不集中，这使得他们的学习效果和学习效率都大大低于正常的可以积极投入的幼儿。这种结果使得他们更加抗拒学习。长期的跟踪研究发现，他们比正常的幼儿更易于在早期辍学，更不易于取得学业上的成就。

3. 积极投入减少幼儿的不良行为

当幼儿进行积极的投入时，他们的不良行为和消极情绪都会减少。一项由20个健康幼儿被试和20个自闭症幼儿被试组成的研究表明，不管是健康的幼儿还是患有心理疾病的幼儿，在进入积极投入后他们的不良行为都得到了改善，他们的情感控制能力和亲社会的行为都得到了提升。另一项研究同样表明，当幼儿积极投入参与到一项活动中时，他们对于自己的管控能力也会提升，可以更好地约束自己的行为举止，从而减少自己的不良行为。

与此同时，另一项研究则表明，当幼儿没有进行积极投入时，他们更会在活动种产生不良行为。比如当老师组织一项活动时，有的幼儿没有全身心投入，他们会更容易走神，违反纪律，甚至扰乱其他幼儿的活动。如果他们长期处于消极的投入中时，他们会产生包括攻击在内的更多的不良行为。比如当幼儿长时间沉迷于电子产品、电脑游戏等时，他们会拒绝与人沟通，当这些行为被阻止时，他们也会更可能用暴力的手段反抗。

三、如何引导幼儿进行积极投入

教师和家长在引导幼儿进行积极投入时，可从以下三个方面入手。

1. 帮助幼儿制定切实可行的目标

幼儿进行积极投入的一个关键就是他们认为自己所投入的事情是有意义的，他们对于自己所投入的事情是有目标的。所以家长和教师都应该帮助幼儿对于自己所要完成的任务制定切实可行的目标，帮助他们找到投入到一件事情中的意义。

一项针对大学生的研究表明，当参与者对于自己某一门学科制定了相应的目标后，他们对于这个科目的投入程度也会大大增加，在学期末他们对于这门课程的完成度和得分也普遍比没有制定目标的学生高。他们会更投入自己的课程之中，完成自己的目标。

另一项研究也表明，当教师帮助儿童设立好合理的目标后，儿童的读写能力会有更显著的提升，他们的参与度与投入度会大大增加。课后也会更乐意自己找一些读写材料，自主提升自己的读写能力。合理的目标促进了他们的积极投入。

教师在学校组织一些教学活动时，应该根据不同幼儿的水平为他们制定符合他们个人发展的目标。比如，在进行系鞋带教学的时候，教师可以给动手能力较弱的幼儿制订"可以独自为自己系好鞋带"这个目标；而对于那些有一定生活自理能力基础的幼儿制定"在自己独立系好鞋带后教会一名同学系好鞋带"这个目标。这样不同水平的孩子都能在活动中找到自己的目标和意义。对于一般水平的幼儿，可以在完成目标中体会到独立完成一件事情达到目标所带来的价值感和成就感；而对于水平更高的幼儿，他们不仅能体会到独立完成任务的目标成就感，还能在帮助别人中体会到自己的价值。

2. 对幼儿的行为表现进行及时的反馈

幼儿的积极投入不仅需要自己具有强烈的动机，更需要家长和老师的及时鼓励与正向反馈。这些鼓励和反馈会大大增加幼儿的价值感和自我价值感。强化他们对于做类似事情的意义。

一项对于儿童参与体育活动的研究表明，当参与足球运动的儿童受到更多来自教练的鼓励后，他们会更自信，在练习中会更加投入，也更愿意参与其他的体育活动和团队活动。相反，教练的一些不良的行为，比如消极的具有攻击性的语言会大

大削弱儿童对于这项活动的积极性,他们更易于逃避类似的活动。

另一项研究同样表明,当儿童处于一个可以即时对他们学习结果或者过程进行反馈的环境中时,他们更乐于参与学习活动中,投入度也更高。比如,若当他们完成任务后能够受到即时的表扬,那么他们会更乐于继续完成其他任务。反之,如果他们的投入成果被忽视,那么他们就会缺失对于所作事情的价值感,完成其他任务的积极性也会有所降低。

教师在日常的教学中要对幼儿活动中取得的成就进行及时的鼓励与支持,幼儿一点小小的进步也要给予充分的肯定。比如,幼儿在进行手工活动后,教师可以对幼儿的作品以及幼儿在完成手工任务时专注的态度和投入程度给予肯定。这样一方面幼儿可以增强对于完成手工活动的价值感,另一方面会强化他们对于类似其他活动的投入程度。只有这样幼儿才会更愿意投入到其他活动中。

另外,教师在教学中可以多组织一些小组的活动,在对于幼儿投入进行反馈时,不光可以对个人进行反馈,也可以注重对团体的表扬和反馈,让幼儿在团体中找到价值感,知道自己的投入对于整个集体的意义,提升幼儿的个人价值。一项研究表明,在混合小组的活动中,组织者对于小组进行评价后,小组内每个个体对小组的情感投入会大大增强。他们会更具有个人价值感并产生凝聚力。

教师可以组织类似拔河比赛的活动,将幼儿分组,每个幼儿在活动中都能感受到自己对于整个集体的影响,当比赛获胜时他们能更直观地体会到自己的力量对于整个团体的积极影响。

如果一个人能够一直积极地投入到自己所热爱的事情中,那么他一定是幸福的。让我们引导孩子积极投入到不同的活动中去,让他们能更好地体会到"投入"本身的美妙,品尝到"投入"过后取得的甘甜果实。

参考文献

[1] Baumeister R. 2018. Self-regulation and self-control: Selected works of Roy F. Baumeister[M]. Routledge.

[2] Coelho V, Cadima J, Pinto A I, et al. 2019. Self-Regulation, Engagement, and Developmental Functioning in Preschool-Aged Children[J]. Journal of Early Intervention, 41(2):105-124.

[3] Cox F M, Marshall A D. 2019. Educational engagement, expectation and attainment of children with disabilities: Evidence from the Scottish Longitudinal Study[J]. British Educational Research Journal, 46(1).

[4] Curran, T., Hill, et al. 2013. A conditional process model of children's behavioral engagement and behavioral disaffection in sport based on self-determination theory[J]. Journal of sport & exercise psychology, 35(1), 30-43.

[5] Hamm J M, Perry R P, Chipperfield J G, et al. 2019. A Motivation Treatment to Enhance Goal Engagement in Online Learning Environments: Assisting Failure-Prone College Students With Low Optimism[J]. Motivation Science: an official journal of the Society for the Study of Motivation, (2):5.

[6] Jahromi L B, Bryce C I, Swanson J. 2013. The importance of self-regulation for the school and peer engagement of children with high-functioning autism[J]. Research in Autism Spectrum Disorders, 7(2):235-246.

[7] Studies J O H. 2000. Mihaly Csikszentmihalyi, Finding Flow[J]. The Psychology of Engagement with Everyday Life, 1(1): 121-123.

[8] Kaiser C M, Wisniewski M A. 2012. Enhancing student learning and engagement using student response systems[J]. Social Studies Research and Practice.1: 7(3).

[9] Kuss D J, MD Griffiths. 2012. Online gaming addiction in children and adolescents: A review of empirical research[J]. Journal of Behavioral Addictions, 1(1):3.

[10] MacLellan, Effie. 2001. Assessment for Learning: The differing perceptions of tutors and students[J]. Assessment & Evaluation in Higher Education, 26(4):307-318.

[11] Hei, Wan, Mak, et al. 2019. Arts engagement and self-esteem in children: results from a propensity score matching analysis.[J]. Annals of the New York Academy of Sciences, 1449(1).

[12] Peterson K, Davis B H. 2008. A Novice Teacher Improves Student Engagement Through Goal Setting and Literacy Work Stations[J]. Ohio Journal of English Language Arts.

[13] Khoroushi P, Nili M R, Abedi A. 2014. Relationship between "Cognitive and Emotional Engagement of Learning" and "Self-Efficiency" of Students Farhangian University of Isfahan[J]. Education Strategies in Medical Sciences, 7(4): 229-234.

[14] Rabinovich A, Morton T A, Crook M, et al. 2012. Let another praise you? The effects of source and attributional content on responses to group-directed praise[J]. British Journal of Social Psychology, 51(4): 753-761.

[15] Robinson T E, Berridge K C. 2008. The incentive sensitization theory of addiction: some current issues[J]. Philosophical Transactions of the Royal Society B: Biological Sciences, 363(1507): 3137-3146.

[16] 王小根，陈瑶瑶. 2022. 多模态数据下混合协作学习者情感投入分析 [J]. 电化教育研究, 43(2):42-48.

★ 积极成就的理论介绍
★ 积极成就的实证研究

积极成就（理论部分）

积极成就可从以下几个方面来展开。
1. 养成好习惯
什么是习惯？习惯有个简单的定义：稳定的甚至是自动化的行为。用心理学术语来说，习惯是刺激和反应之间稳固的联结。举个例子，对于经常使用手机的人来说，一天无数次地看手机，即使不是在接电话或处理要紧的事，每过一会儿就不由自主地看手机，这就是习惯。

美国心理学家威廉·詹姆斯说："播下一个行动，收获一种习惯；播下一种习惯，收获一种性格；播下一种性格，收获一种命运。"可以看出，习惯和命运是紧密联系的。根据美国南加州大学心理学教授温迪伍德的统计，人平均一天当中，大约有四成的行为属于惯性动作链，犹如一个个小模块相互拼接在一起。

习惯是在平时的生活中养成的，意味着规律地、持续地去做事。一件事养成习惯之后，我们在做的时候常常觉得是自然而然的，不需要花费很多努力了。养成好习惯会帮助我们把对自己有益的事情坚持下来。

生活当中每一个行为的发生大脑里都会刺激产生一个电波。当形成一个习惯之后，我们大脑当中的神经元之间就会形成一条通路，这个习惯坚持得越久，这个通路就越粗越宽，传递信息的速度就会越快。

关于习惯，我们大脑中的这个过程是一个由三步组成的回路。第一步，存在一个暗示，能让大脑进入某种自动行为模式，并决定使用哪种习惯。第二步，存在一个惯常行为,这可以是身体、思维或情感方面的。第三步则是奖赏,这让你的大脑辨别出是否应该记下这个回路,以备将来之用(图1-3)。

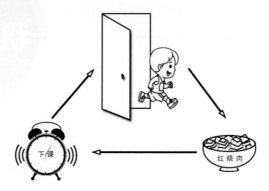

图1-3 "习惯"的回路

例如,每天上午最后一节课的下课铃响起后,小明的第一反应是起身冲出教室奔向食堂,因为这样小明就能够第一个到食堂吃到他最喜欢的红烧肉了。对这个例子进行分析:

(1)线索:下课铃。

(2)行为:冲出教室奔向食堂。

(3)奖赏:可以吃到最喜欢的红烧肉。

由于小明每次都这么做,久而久之就成了一种不需要思考就能行动的习惯。

这个简单的习惯回路的发现,其实是在生理学上得到验证的。科学家在人类的大脑中发现,人的习惯的形成,是一个神经回路不断强化的过程。当我们不断地采取相同的行为的时候,传导这一行为信息的神经链就会速度越来越快,线条越来越粗,你的神经链是在增长的。而暗示、采取行动、进行奖励能够帮助我们刺激神经链,产生这个行为。

熟悉教育的人会明白,在儿童教育中最重要的就是培养好习惯。所谓"好习惯",就是一个对人现在和可见的未来都有好处的、持续固定的行为。

既然培养好习惯十分重要,为什么人们还是容易在中途失败和放弃呢?我们一起来看看建立习惯会失败的原因:

①设定了目标,但没有设计行为;

②高估了自己的精力和体力,目标定得太高;

③没有预先想象过程中的困难,遇到困难就放弃了;

④方法枯燥、单一,完全凭自己的意志力来维持动力;

⑤无法从失败中学习调整。

那么，如何用心理学的方法有效地培养好习惯呢？

方法1：设定小而具体的行动。很多人热衷给自己设定宏大的目标，但并没有设定具体的行为。例如，加强英语听力（宏大模糊）；就不如每天听半小时VOA（美国之声）英语新闻，记住生词（小而具体）；多运动（宏大模糊），就不如每天运动30分钟（小而具体）；增加阅读量（宏大模糊），就不如每天读书15页（小而具体）等，前文中的SMART就是可以参考的目标设定法。

方法2：写下实施意向。英国《健康心理学》期刊曾发表过一个研究，研究的目的是看用什么方法能让人建立运动的习惯。研究被试分为三组，研究者告诉第一组人："我希望你们在接下来的两周中找时间运动，每人记录你自己运动了多久。"对第二组人说："我希望你们接下来两周中找时间运动。我也要让你们看一些资料，让你们了解运动健康的益处。"第三组人和第二组获得了同样的指令和健康信息，但同时他们被要求多做了一件事：填写一个计划。计划的内容是：

"接下来的一个月内，我将在每周（日期）在（时间）在（地点）进行20分钟的剧烈运动。"

两周之后，他们分别追踪这三组人。第一组中，只有38%的人在过去一周至少运动了一次。第二组中，35%的人在过去一周中至少运动了一次。显然，让人知道运动的好处，给予鼓励并没有什么效果。但是第三组就不同了：91%的人一周至少运动了一次。第三组人成功的关键，就是他们事先填写了那句话，称为实施意向（implementation intention），而很多研究显示，这么做会让我们完成计划的概率大幅提升。因为如果没有这个行为，人们常常会把"对自己好，但并不急迫"的事留到最后，并常常偷懒不做了。而预先写出了实施意向，计划好在什么时间、地点要做什么事情，就好比跟自己约定了日程，因此，使得计划更容易被执行。

方法3：移除干扰。例如，在工作和学习时把手机放到看不见的位置，在一段时间内不看手机；在学生学习时关掉电视、电脑等视听设备；如果准备早起运动，就提前准备好运动服装等，这些准备工作帮助我们节省精力资源专注于要做的事，事半功倍。

方法4：设定视觉化的显示。例如，为孩子培养习惯时可以在墙上贴上进度小海报，每次完成计划行为之后贴上一面小红旗，如果连续完成可以奖励孩子做感兴趣的事，如看个电影、吃顿美食、玩两小时游戏之类等，把小红旗换成小盒子和彩色曲别针，手账上的大拇指标记之类，这个方法也同样适用于成年人。

方法5：写下获益、预想的阻碍和解决方法。想清楚实现目标后自己的受益，例如保持好身材，获得好情绪，出国留学沟通无障碍，等等；然后思考过程中自己可能遇到的障碍，写出应对方法。例如，因为我想锻炼身体，所以每天跑步半小时。

如果下雨，就在家练习半小时俯卧撑和仰卧起坐；因为我想保持好身材，所以我每天练习半小时瑜伽。如果身体不适，那我就休息两天。（休息也是可以约定的）

方法6：找到支持者。支持者可以是希望一起调整的朋友，例如组成跑步圈、英语口语圈、读书圈等，大家约定习惯行为，定时打卡互相监督。通常，一种新行为坚持60~90天就会形成稳定的习惯。在这个过程中，如果遇到一些突发情况不得已中断一两天，仍然可以隔天再继续做，短暂的中断后坚持下来仍然是有意义的。

为自己设立一个短周期，如一周为一个单位，做到之后奖励自己，也可以帮助自己更好地坚持下来，养成好习惯。

2. 刻意练习

我们大部分人都会同意，要学会某种专业技能、达成某种成就，少不了需要勤学苦练。许多畅销书会以"练习1万小时成为专家""21天养成好习惯"等来激发读者的行为。但对于究竟有多少人能坚持1万小时，长时间的坚持是否真的能带来成功，勤学苦练的关键节点是什么，这种练习的本质是什么却鲜有人谈。

如今，更新近的研究带来了更深刻的揭示：即便是"天赋"，也并非一成不变。训练会改变大脑结构，潜能可以通过练习被构筑。但并非任何不加分辨的勤学苦练都能带来成果，而是一种被称为"刻意练习"（deliberatepractice）的方式在起作用。在某一领域的刻意练习，会让与该领域技能高度相关的脑区发生变化：脑灰质增多、脑神经元重新布线。

简而言之，刻意练习和盲目的苦练不同，具有以下特点：

（1）刻意练习发展的技能，是其他人已经想出怎样提高的技能，也是已经拥有一整套行之有效的训练方法的技能。训练的方案应当由导师或教练来设计和监管，他们既熟悉杰出人物的能力，也熟悉怎样才能最好地提高那种能力。

（2）刻意练习发生在人的舒适区之外，而且要求学生持续不断地尝试那些刚好超出他当前能力范围的事物。因此，它需要人们付出近乎最大限度的努力。一般来讲，这并不令人心情愉快。

（3）刻意练习包含一个清晰的目标，且包括目标表现的某些方面，而不是指向某些模糊的总体改进。一旦设定了总体目标，导师或教练就可以制订一个计划，以便实现一系列微小的改变，最后将这些改变累积起来，构成之前期望的更大的变化。

（4）刻意练习是有意而为的，专注和投入至关重要，它需要人们完全关注和有意识的行动。简单被动地遵照导师或教练的指示去做还不够，学生必须紧跟他练习的特定目标，以便能做出适当的调整，控制练习。如果在练习的时候很放松，甚至走神，又或者只为了好玩，这可能意味着并没有走到练习的舒适区之外，可能无

法带来进步。

（5）刻意练习包含反馈，以及为应对那些反馈而进行调整的努力。在练习早期，大量的反馈来自导师或教练，他们会监测学生的进步，指出存在的问题，并提供解决问题的方法。随着时间推移，学生必须学会自我监控，自己发现错误，并作出相应调整。

（6）刻意练习关注过去已获得的某些基本技能，致力于有针对性地提高某些方面，总是进一步建构或修改那些过去已经获取的技能。随着时间推移，这种逐步改进最终将造就卓越的表现。导师或教练为初学者提供正确的基本技能，使学生以后能在更高层面上重新学习那些基本技能。

温斯顿·丘吉尔不断地强迫自己练习演讲才成为了20世纪最伟大的演讲家之一。钢琴家弗拉吉米尔·霍洛维茨（Vladimir Horowitz）讲过："一天不练，我能听出来；两天不练，我妻子能听出来；三天不练，全世界都能听出来。"他是一位魔鬼练习者。同样的描述，也可用于作曲家伊格纳斯·帕德鲁斯基（Ignace Paderewski）和歌唱家卢奇亚诺·帕瓦罗蒂（Luciano Pavarotti）。同样，许多杰出的运动员都以日常训练严酷著称。在篮球方面，迈克尔·乔丹的训练强度超过了他的球队，尽管球队的训练已经十分艰苦。洛杉矶湖人队的科比在记者采访他时反问记者："你知道洛杉矶凌晨4点钟的样子吗？"在橄榄球方面，有史以来最伟大的接球手杰里·莱斯（Jerry Rice）先后被15支队伍弃用，因为它们觉得他太慢了。但通过极为刻苦的训练，他终于将其他选手甩在身后。泰格·伍兹的父亲在他很小的时候（18个月）就教他打高尔夫球，并鼓励他刻苦训练。直至他18岁成为美国业余冠军赛最年轻的冠军时，他已经练了至少15年，他坚持每天都长时间训练，从未停止过改进，甚至两次改变他的挥杆动作，因为这样可以提高成绩。这些例子都说明了长时间的练习，并"刻意"练习才会带来最好的结果。

3. 意志力

分心、走神的时候，将注意力拉回来，集中于正在做的重要事情上，控制愤怒不伤害他人，控制当众哭泣的冲动因为不想丢脸，为了减肥不吃甜食，为了身体健康不熬夜玩游戏等，做这些事情我们都要控制自己的思维、注意力、情绪等，会用到同一种能力，我们称为"意志力"。

我们的意志力像我们身上的肌肉一样，经常锻炼就会越来越强，过度使用就会疲劳酸痛，这是为何人们会在一些时候难以抵挡诱惑的原因，因为意志力耗光了。意志力就像银行账户里的钱一样，一天之内的总量是有限的，使用就会消耗。无论是控制思维、控制情绪，还是抵制诱惑，不同任务花费的意志力都来自同一个账户。好在意志力的总量是可以想办法提升的，就像我们可以想办法给银行账户增加存款。

研究发现，意志力强的学生的成绩更好，职场上自控能力强的人也更受欢迎，不仅工作做得好，而且更善于控制自己的情绪，更能站在别人的位置思考问题。

意志力是一种有限的资源，使用就会消耗。统计发现总能按时交作业的学生反而经常穿脏袜子，期末考试之前学生们更容易吸烟，更不注意饮食和个人卫生，因为他们的意志力消耗在学习上了，在生活卫生、戒烟这样的事上就容易因为意志力不够而无法很好地控制自己。

意志力总量是可以增加的。我们可以通过设置合适的目标、养成好习惯、刻意练习等方法来提高意志力。

合适的目标要是一个不能太容易也不能太难的目标，太容易的目标容易实现，合适难度的目标才能锻炼你的意志力。不过要注意，目标要清晰单一，不能贪多。

我们可以根据意志力消耗的规律，培养一些好的习惯。意志力是有限的，每次使用都会被消耗，在休息了一夜之后，早晨起来应该是一天里意志力最强的时候，你应该把需要耗费意志力的事儿，也就是有些难度的、重要的事情安排在早上。研究发现，上午10：30以前做完最重要的三件事是最简单、高效的自我管理技巧。

最后一种有效提升意志力的办法是刻意训练。意志力是一种通用资源，我们可以通过做一些日常小事来提高意志力，然后把它用在其他事情上。一个有效练习办法是做自己不习惯做的事。比如你习惯用右手，你可以有意识地用左手。还有就是有意调整身姿，即当你意识到你应该坐直的时候你就刻意地挺直腰杆。我们还可以强迫说的每一句话都是书面语的完整句子，不出现俚语、省略语和脏话。

意志力是一种有限的资源，使用就会减少。意志力像肌肉一样，经常锻炼就会增强，过度使用就会疲劳，我们可以通过设置合理目标、养成好习惯、刻意练习等手段增强意志力。

4. 心理韧性

让我们想一想，一个人要克服困难和打击，有哪些要素能帮助他更好地做到这一点？

我们可能想到许多：性格的坚强、情绪的稳定、目标的清晰、亲朋好友的支持，甚至好的运气。总的来说，可以分为内在要素和外在要素。当然，我们还会很自然地猜想："所以心理韧性这个词，是在概括所有的内在要素吗？是在宣扬一种可以培养的能力品质吗？"

答案是：不尽然。

让我们先来看看起源。心理韧性（resilience），这个说法始于20世纪70年代的西方。有一个叫维尔纳（Emmy Werner）的心理学家在一个条件非常艰苦的小岛上开展了一项调查研究，研究的对象是一群儿童，这些儿童都生长在问题家庭，跟

着有酒精成瘾或精神疾病的父母长大，其中许多父母都没有工作。这些在非常不利的环境下成长起来的儿童，三分之二在他们随后的青春期呈现出问题行为，例如长期失业、物质滥用、未婚生子等。然而，还有三分之一的儿童并没有出现这些问题，他们展现出良好的适应能力，维尔纳将他们形容为"有弹性的"（resilient）。随后，这个词引发了研究热点，有更多的研究者开始关注那些在各种逆境之中依然发展良好的人群，研究者们想知道，这种"弹性"到底是指什么，这样的人群到底是如何面对逆境的。

如今，近四十年过去了，心理韧性的研究遍地开花结果，结论无法简单穷尽，唯有一个观点大部分研究者们达成了共识，值得我们谨记于心，即尽管心理韧性涉及"心理"二字，但它不是指一个人的内心特质，而是在描述一种客观的过程。当一个人面对生活逆境、创伤、悲剧、威胁或其他生活重大压力时适应良好，能从困难的经历中恢复过来，我们便把这个过程称为展现了"心理韧性"。

这样的理解至关重要，因为这意味着，心理韧性是一个客观的过程，我们可以从内在要素和外在要素两方面来影响它，而不仅仅受限于天赋或是一个人在后天环境的磋磨中单打独斗只求让内心特质升级。我们的教育会富有意义，方针政策、社区学校、家庭环境的配合亦能极大促进"心理韧性"这个过程的出现。

换句话说，当一个人遭遇了逆境，他通过自己独特的内心力量克服困难恢复过来，我们当然认为这是心理韧性的表现；但与此同时，一个较为脆弱的人，他幸运地拥有支持他的亲朋好友，幸运地生活在一个社会保障机制完善的国家、社区、学校里，让他总是一次次渡过难关，我们也认为他的经历展现了心理韧性的过程。事实上，在这样支持性的环境中互动的人们，亦不会永远脆弱，他们会在良性循环中变得更加有弹性、更加坚强，逐渐将"心理韧性"真正内化。这也是积极教育与心理韧性的关联所在，不仅要从个体入手，更应看到积极教育所带来的，集体与个体相互促进、相辅相成的力量。

至此，我们对"心理韧性"有了一个初步的理解，但我们还需要走得更远。

先让我们来看几个例子：

> 汶川大地震那年，小莹8岁，她是地震中的幸存者，她的父母、弟弟、爷爷、奶奶都在地震中遇难了。小莹已经没有了别的亲人，她就这样突然成了孤儿……

> 小文是大城市一个普通的中产阶级家庭里的孩子，今年14岁，一直以来生活平顺，从未遇过大风浪，偶尔在学习上被老师批评，因为身材较

>　　胖有时被同学嘲笑几句，偷偷喜欢班上的一个女生，但那个女生对他并不在意……

>　　李叔是一家公司的老员工，因为公司合并重组进行了一轮裁员，李叔不幸失去了这份工作，他正值中年，上有老下有小，妻子还卧病在床，突如其来的失业让他大受打击……

>　　王姐是一家事业单位里在编的老职工，环境稳定，薪水尚可，同事们也尊敬她。只是日复一日的枯燥工作让她提不起兴趣，正巧儿子今年高中毕业，要离家去上大学……

　　你认为以上四人谁更需要心理韧性呢？

　　例子中的小莹和李叔正在遭遇巨大的逆境和困难，我们对此都不会有任何犹疑。但小文和王姐的经历，我们会如何看待呢？他们俩需要心理韧性吗？

　　研究者们倾向认为，心理韧性并非一项锦上添花的事物，只为预防人生当中的惊涛骇浪，每一个人都需要心理韧性，而不仅仅是那些一眼就能看出遭遇了巨大创伤和苦难的人。所有人在成长过程中都会面临挑战和压力，并且这种"挑战和压力"的感受界定时常具有浓厚的个人色彩。一件看上去似乎很小的消极事件，对于某个人可能不值一提，但对于另一个人可能会引发天翻地覆的心理过程。

　　为了更好地理解这一点，我们来简单学习一个心理咨询中常用到的理论：情绪的ABC理论，它是由美国心理学家阿尔伯特·艾利斯（Albert Ellis）提出的。艾利斯认为，激发事件A（activating event）只是引发情绪和行为后果C（consequence）的间接原因，而引起C的直接原因是个体对事件A的想法和信念B（belief）。面对同一件事，由于人们不同的分析、不同的信念、不同的看法，最后让人们产生了不同的情绪和行为后果（图1-4）。

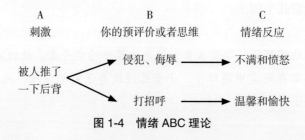

图 1-4　情绪 ABC 理论

　　当发生一件事之后，它是否成为当事人的"逆境和困难"、是否让当事人感觉"压力和挑战"，或者这个"压力和挑战"的影响程度到底有多深，很多时候取决于当事人的想法和信念B，事件本身往往只是一个诱因。已经发生的事件A虽然无法改变，但想法和信念B仍有变化的余地，一旦B有了变化，我们最后的情绪、行为都会发生相应的变化。从个体可控因素的角度来说，信念B即是我们获取心理韧性的关键奥秘。下文中会更详细地提到。

总而言之，心理韧性可以看作管理日常生活压力的基础。我们必须意识到，从反面来说，跨越逆境、从挫折中恢复需要心理韧性；从正面来说，拓展和丰富正常的生活，进一步提升幸福感，同样需要心理韧性。

5. 习得性无助、解释风格与习得性乐观

"习得性无助"是美国心理学家塞利格曼提出的，他用狗做了一项经典实验，把狗关在笼子里，只要音器一响，就给以电击，关在笼子里的狗逃避不了电击，多次实验后，音器一响，在给电击前，先把笼门打开，此时狗不会逃走而是不等电击出现就先倒在地上无助的呻吟和颤抖，本来应主动地逃避却变成绝望地等待痛苦的来临，这就是习得性无助。

后来的实验研究也证实了在人身上也存在这种习得性无助。习得性无助是一个放弃的反应，是源自"无论你怎么努力都于事无补"的想法的行为。

解释风格是个体对为什么事情会这样发生的习惯性解释方式。塞利格曼把解释风格分为两类：悲观的解释风格和乐观的解释风格。悲观的解释风格可以散播习得性无助，乐观的解释风格可以阻止习得性无助。在遇到挫折或暂时的失败时，你的解释风格能决定你会变得无助还是斗志昂扬。

解释风格有三个维度——个人化（Personalization）、普遍性（Pervasiveness）以及持久性（Permanence）。

个人化：事情进展不顺利或是我们面临失败，总要寻找原因。乐观解释风格的人不会把原因全部归结于自己，比如做事失败了，并不是因为我的能力不行，而是还可能存在其他因素影响。悲观解释风格则倾向于认为自己整个人都不行。

普遍性：我们在一件事情上遇到了障碍或是失败，并不代表我们在其他方面也是如此。例如，一个人的考试成绩不好，乐观的人会觉得我仅仅是在这方面暂时不行，其他方面的能力并不会受影响。悲观的人就会把一件事情上的失败泛化到自身的方方面面，最后觉得自己在所有方面都很失败。

持久性：一件事情进展不顺，仅仅是暂时的。乐观的人会认为这种糟糕的情况只是暂时的，情况会慢慢变好的。而悲观的人则会认为这样的境况会一直持续甚至会恶化下去。

普遍性和持久性控制着你的行为，你的无助感的持久性，以及无助感涉及的层面。人格化控制你如何看待自己，对自己的感觉。当不好的事情发生时，悲观的人怪罪自己，乐观的人怪罪旁人或环境。当好事情发生时，悲观的人归功于旁人或环境，而乐观的人归功于自己。

乐观是指人们对已发生的事件进行解释时，对好事件作持久的、普遍的和个人的归因，而对坏事情作短暂的、具体的和外在的归因。这种对事件的解释方式是后天习得的，个体可以通过学习，将悲观的解释方式转向乐观的解释方式，这就是习得性乐观。

悲观解释风格的人会越来越悲观，他们相信坏事都是因为自己的错，这件事会毁掉他的一切，会持续很久。乐观的人在遇到同样的厄运时，会认为现在的失败是暂时性的，每个失败都有它的原因，不是自己的错，可能是环境、运气或其他人为原因的后果。这种人不会被失败击倒。在面对恶劣环境时，他们会把它看成是一种挑战，更努力地去克服它。

6. 成长型思维

成长型思维和固定型思维

成长型思维："一个人的智力、才能、优势可以靠自己的努力去大幅提升。"

固定型思维："一个人的智力、才能、优势主要是天生的，后天的改变余地不大。"

斯坦福大学心理学教授卡罗尔·德韦克（Carol Dweck）经过多年的科学研究提出了成长型思维。下面是其做的一系列实验：

第一轮实验：让五年级的小学生做数学题，不管真正完成的情况如何，都给予他们这样的反馈"哇！这套题目完成得很不错！你做对了 × 道题目，分数很高"。

不同的是，A 组孩子还会听到："你一定是很聪明！"

B 组孩子听到"你一定是做题目的时候很努力！"

第二轮实验：让 A 组和 B 组继续做题目，但是有两套难度不同题目他们可以自由选择，一套题目的难度跟上一次一样，另外一套题目的难度比上一次大。

统计结果：被表扬聪明组大部分挑选容易的题目；表扬努力组 90% 选择了更难的测试题目。

结果解释：被表扬聪明的 A 组选择容易的题目是因为如果选择难题自己做不出来就说明自己是不聪明的了；被表扬努力的 B 组则大多选择了难度更高的挑战，因为他们被强调努力的重要，最终结果分数不是最重要的。

第三轮实验：A 组和 B 组还要继续做一个测试，告知他们这次测试的难度非常难，是比他们高两个年级的学生做的题目。

观察结果：①表扬努力的孩子非常集中精力，乐于尝试各种可能解决办法。

②表扬聪明的孩子，汗流浃背，相当痛苦。

结果解释：被表扬聪明的孩子汗流浃背很痛苦，因为题目很难不会做，他们会

认为是自己不聪明,他们也会把这次测试的失败归咎于他们不是真的聪明;被表扬努力的孩子则在测试中非常集中注意力,乐于尝试各种可能的解题办法,因为他们认为努力尝试最重要,他们会把失败归咎于自己还不够努力,不够集中精神。

第四轮实验:A 组和 B 组最后做一个测试题(没告知题目难度,其实难度跟第一轮实验难度相当)。

统计结果:被表扬努力的孩子成绩提高 30%,而被表扬聪明的孩子,成绩下降了 20%。

结果解释:被表扬努力的孩子们成绩提高了可能是因为他们被强调努力,从而在这次测试中更加努力,更集中注意力;而被表扬聪明的孩子成绩下降了 20%,可能是因为第三轮实验的失败让他们觉得自己不是真的聪明,从而打击了其自信心,最后连能够做对的题目也做错了。

德韦克教授经过一系列研究,最终区分出人类普遍存在的两种思维模式:固定型思维和成长型思维(表 1-4)。

表 1-4 固定型思维和成长型思维

	固定型思维	成长型思维
挑战	避免挑战	拥抱挑战
当看到别人成功	感到威胁	感到鼓舞、激励、学习的好机会
遇到困难	容易放弃	坚持、不懈奋斗
把努力当作	毫无用处	学习、提升、精进的途径
面对批评	忽略有用的负面评价、感觉受伤、被否定	从中寻找有用的反馈、学习的机会
考试成绩	智商的评价标准	有效的反馈

固定型思维:一个人相信他的基本特质,比如智慧、智商和天赋是固定不变的。他们花时间在为自己的天赋自豪或者自怜上而不是去发展自己的天赋。他们相信天赋就能带来成功而不是辛苦的努力。

成长型思维:一个人相信他的基本特质是能通过毅力、决心和辛勤努力而不断发展的。聪明和天赋只是一个起点。这种观点能引发对学习的热爱和发展抗逆力。几乎所有伟大的人身上都能找到这种思维(图 1-5)。

成长型思维的益处

①学业成绩更好、工作表现更好。

②更加乐观积极。

③意志力、自控力更强。

④人际关系更好。

⑤更加成功等。

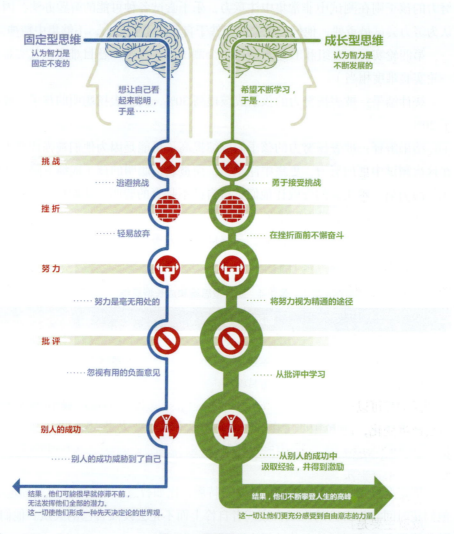

图1-5 思维展示

成长型思维测试题

①智商高低能基本代表你这个人,而你对于智商几乎无法加以改变。

②虽然你可以学习新事物,但却无法提高自己的智力水平。

③不管你目前的智商水平如何,你都能或多或少地改变它。

④你总能使自己的智商水平发生较大的改变。

⑤你天生就是某种类型的人,而且没什么能改变这一状况。

⑥不管你是哪种人,你都能有较大改变。

⑦你的做事方式可以不同,但是决定你个性特点的主要因素却无法改变。

⑧你总能改变那些决定你属于哪种类型的人的特质。

选择①、②、⑤、⑦题属于固定型思维，选择③、④、⑥、⑧题属于成长型思维。

上述这8题是从智力和个性品格方面进行的测试，两种思维模式你可能兼而有之，但大多数人都会倾向于其中一种类型。

成长型思维的神经生理机制

我们的大脑是心情、想法、记忆等的物质基础，也是行为实践行动的指挥中枢，我们传递乒乓球的游戏就需要大脑来指挥。我们知道大脑的基本单位是神经元，即神经细胞。如果，在游戏中，我们每一个人都是一个神经细胞的话，我们传递的乒乓球就相当于是传递的信号或信息（实际上是神经递质，一种化学物质）。

我们的一个简单的动作，比如传球，就需要一系列神经细胞彼此之间通力合作才能够完成；同样是传递一个乒乓球，第二次传递的用时就比第一次要短，这说明大家相互配合得更好了，也即大脑的一系列神经细胞之间的连接更紧密、更快，配合的更娴熟了。这就是联系带来的成长和进步，反应在大脑中，就是神经细胞之间的连接更紧密、彼此之间连接更多、神经递质传递速度更快，神经通道在不断地拓宽，甚至还会产生新的神经细胞。这就是练习的效果，熟能生巧。

我们看到同时传递两个球要比传递一个球更难一些，但是只要投入时间和针对性练习，总会越来越快、用时越来越短的。同样，不仅仅是动作，其他活动例如学习一门语言、学会一项技能、培养兴趣爱好、读懂一本书、学会编程或是踢足球等一切活动都可以通过练习慢慢学会、习得，练习的同时，相应区域的大脑神经细胞也会产生变化，比如神经细胞会变多、细胞之间连接更加流畅紧密，神经通道不断拓宽，这叫作神经可塑性或是大脑可塑性(Neuro-plasticity)。你的大脑就像肌肉一样，越是锻炼越是发达。这就是成长型思维的神经科学机制。

7. 成就、幸福与目标

成就主要是指达成个人的理想和目标。无论这个理想或目标与他人比起来是怎样的，只要它属于你自己，并且通过努力达成了，就是有所成就。塞利格曼将获得成就的最关键要素简化概括为一个公式：成就 = 技能 × 努力。他指出："成就的定义不仅是行动，还必须朝着固定的、特殊的目标前进。"

对于成就与幸福的关系，也有许多不同的流行的看法，比如"我现在不幸福是因为我还没有成功，等有钱有权了以后我就会幸福"，又或者"成功的人不幸福，他们压力很大，或者家庭不美满"等。其实，这些看法都还不够客观全面。诚然，幸福与成就密不可分，个人目标达成与否，是影响幸福感的关键因子之一。譬如心理学家爱德华·迪纳指出："幸福是在达成自己的目标和理想过程中所获得的满足感、感到的快乐。"华人心理学家陆洛和施建彬通过质性研究发现，中国成人幸福感的主要来源包括自我控制、自我实现和事业成就。但这不足以阐明成就与幸福的因果关系。

当今的研究更支持的一个结论是：不是成功带来了幸福，而是幸福带来了成功。这些研究发现：幸福的人更会追求梦想和成功。幸福之人对待事情的态度更为乐观，因此也更受他人和社会的欢迎。幸福之人也常常会有更健康的心理素质，对自己生活满意，并且会更加努力地追求梦想。美国一项对青少年的追踪研究也发现，那些在16~18岁时生活满意度和拥有更多积极情绪最高的一部分人在29岁时的平均收入比整体水平高10%，而最不幸福的一部分人在29岁时平均收入比整体水平低30%。在未婚阶段感到自己很幸福的人将来结婚的比例是幸福度为平均值的人的1.5倍。

塞利格曼提到："生命中有个目标是幸福的，即便是每天阅读一小时，或是努力完成人生目标，都是很重要的。"

目标可以将人类的需求转变为动机，使人们的行为朝着一定的方向努力。需求和动机是目标的前提，出于自主动机、符合自身需要、兴趣或个体发展阶段任务的目标，更能让人们感到愉悦、满足或自我实现。设定目标之后，人们会监控自己的行为，将结果与目标相对照，进行评估和调整，从而实现目标。这个过程被称为目标达成的自我调控的过程。行动在达成目标的过程中非常重要，不过更重要的是在目标的进行过程中不断地进行自我监控和调整。研究发现目标的顺利进行比达成目标对人的幸福感影响力更大（图1-6）。

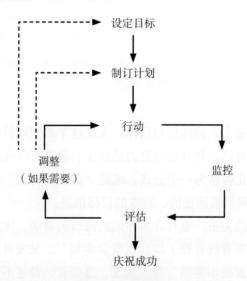

图1-6　目标的完成

因此，在教学过程中，首先，教师们需要依据学生的个人特点和需求，引导学生设定最适合自己的目标，这样才能激发学生的学习动机，获得最佳的效果。例如在教学中，教师应该根据不同学生对新知识的掌握程度布置不一样的练习任务，对于动手能力较强的儿童与动手能力较弱的儿童提供不同难度的手工作业尝试。其次，教师在学生实现目标的过程中需要协助学生进行自我调控，支持学生更好地完成这个循环，并建立学生自己的自我调控系统。

8. 如何达成目标

教师的角色应当是协助而非替代学生完成他的自我调控过程。在教学过程中，很多老师会有意无意地替代学生在这个循环中的一个或者多个步骤，比如替学生设订目标和计划，对他们的监控过于严格，强制他们做出调整等。这样会造成学生无法建立完整的自我调控系统，比如不会设定目标和计划，忘记监督和评估，或者不能根据具体情况做出调整，进而在未来离开学校后很难达成自己的目标。为了协助学生完成自我调节循环，教师可以参考以下注意事项和引导方法。

设定目标。目标一般要符合SMART原则，其中S、M、A、R、T分别代表一条"明智"（SMART）的目标应该满足的条件，分别是具体化（Specific）、可衡量（Measurable）、可实现（Achievable）、相关性（Relevant）和时限性（Time-bound）。如果学生的目标不具备这些性质，教师可以分别针对其中某项不断提问，帮助学生进一步思考出符合SMART原则的目标。例如，学生的目标如果是"好好学习"，教师可以问："好好学习具体是指什么""用什么衡量""是否可以实现""为什么想实现这个目标""准备在什么时间内达到"等，帮助学生形成一个SMART的目标。

计划和行动。任何成就的实现都离不开行动，但是很多学生又会迟迟不开始行动，得了所谓的"拖延症"。造成这种情况的原因有许多，其中比较典型的有：①学生想要有一个完美的计划后才愿意开始行动；②目标过于庞大，不知从何下手；③动力不足或担心失败。这时老师的应对方式可以是：①引导学生理解整个自我调控循环的模型，认识到计划是可以在行动过后不断调整的；②帮助学生切分目标，制订更具体的计划，让学生知道"下一步我可以做什么"；③激发学生的兴趣，鼓励尝试，容忍尝试过程中的错误，不断给予学生鼓励。

监控、评估和调整。监控、评估和调整是自我调控模型的关键环节，也是学生最需要培养和提高的能力。许多时候即使是成人也不能很好地进行自我调控，更不要说是学生。这时就需要教育者有足够的耐心，不断地提示学生思考："过去一周目标进展怎么样？""获得了什么成功或失败的经验？""下一步我要做出哪些改变？"等。这样可以促进学生形成自我监控、评估和调整的习惯。

庆祝成功。当儿童在幼儿园中表现得较差时，教师一般会严格更正，与之相对，当幼儿取得了一些成就时，往往重视程度会较低。这样的现象很常见，因为大多教师担心学生会骄傲，但这却不是最好的方式。教师及时地对学生所取得的成绩表示祝贺，或者鼓励学生奖励自己，都可以提高学生的兴趣和信心，促进他们取得更多的进步。只是这种鼓励和奖赏应当针对他们在过程中付出的努力，以及取得的进步，而非成就本身，这样可以促进学生形成成长型思维。例如，教育者可以说："你的成绩有进步，这跟你最近的努力分不开，老师替你感到高兴！"而尽量不要说："因为这次你是全班前十个完成任务的，所以老师奖励你一朵小红花！"

➢ 积极成就模块参考学习书单

《坚毅》《刻意练习》《习惯的力量》《终身成长》《成功、动机与目标》《意志力》《幸福的科学》《活出最乐观的自己》《教出乐观的孩子》《幸福的最小行动》。

实证研究

成功是什么？如果你问一个运动员，他可能会告诉你，成功是在领奖台上意气风发的演讲，是周围人艳羡的目光和激烈的掌声；如果你问一个商人，也许他会说，成功是丰厚的产业，富足的生活；如果你问一个刚刚学会独自系鞋带的幼儿，也许他会指着自己系好的鞋带给你一个大大的微笑；如果你问我，那么我会说成功只是每一次突破自我后会心而欣慰的微笑。每个时代，每个个体对成功的定义都很不同，甚至千差万别，但是始终不变的是人们对于成功的追求与渴望。"成就感"可以激励人们走向成功、突破自我，它是每个人生活过程中必不可少的一种感受，更是幼儿健康快乐成长的一种关键情感。

一、提升成就感对幼儿成长的益处

成就感是指一个人在付出努力后达成目标，完成一件事情后心里愉悦快乐的感觉。一个人想要获得成就感需要有足够的成就动机。成就动机是指个体在完成与成就相关的活动或任务的过程中，努力寻求达到既定目标的内部驱动力，也是个体把时间和精力投入到自己认为的有意义、重要的事情当中，并期望收获理想结果的推动力量。

1. 积极的成就感可以提升幼儿的主观幸福感和自尊感

积极成就感的提升可以促进幼儿的主观幸福感和自尊的提升。主观幸福感（subjective well-being，SWB）是个体依据自我内化的标准对其生活状态做出的总体认知判断，具有主观性、整体性、稳定性和平衡性等特征。主观幸福感包括生活满意度、积极情绪和消极情绪三个维度。生活满意度是个体对生活状态的认知性评价，比如个体觉得现在的生活状态很满意，想要维持，或很不满意，想要改善；积极情绪和消极情绪则倾向于个体对生活状态的主观情绪体验，例如个体在当前生活状态中处于开心的情绪中或者悲伤愤怒的情绪中。

积极成就的主要推动力是积极动机。积极的成就动机就像是一种助燃剂，推动着积极成就的产生。一项关于成就感与主观幸福感的研究表明，成就动机与主观幸福感呈显著正相关，并且相比于外部因素，内在的价值目标和需要会对幸福产生更大影响。这也就是说明当一个人有更强的成就动机时，他们就会有更积极的情绪，对于现阶段生活的满意度也会越高，从而有更强的主观幸福感。另一项国外的研究也表明，当幼儿具有足够的成就动机后，他们在校的表现会更加积极主动，对于自我的评价会更自信，从而提升了他们在学校的幸福感。

另外，积极的自我成就也可以提升幼儿的自尊感。一项研究表明，具有较强成就动机的幼儿会有更强的自信心与自我效能感，他们在面对挫折和苦难时更愿意相信自己有足够的能力去应对，继而提升他们的自尊。另一项研究表明，具有较高自我成就感但是自尊感较低的参与者可以用其自我成就感来缓冲他们的低自尊，以此对抗他们的消极情绪，拥有更多积极的情绪体验，提升他们的自尊感。

2. 积极的成就感可以提升幼儿的学业成就和在校表现

积极的成就动机可以促进幼儿的学习积极性从而提升幼儿的积极成就。一项研究发现，比起较低成就动机的学生，具有较高成就动机的学生会有更积极乐观的情绪，而这种情绪可以促进他们在学业上的表现和成就。

同样，积极的成就感也会促进幼儿在校的活动参与度与提升幼儿的表现。一项研究表明，如果幼儿具有较高的成就动机，那么他们则更乐于参与到学校的各项活动中，包括行为上、情绪上和认知上的参与与投入，这也就是说，如果幼儿能够有较强的内驱力，达成某种目标，那么在教师组织的活动中他们会表现得更加主动，参与度也会更高。相反，如果幼儿的成就感较低，那么他们对于教师组织的活动会更加排斥，无法真正融入其中，有所收获。

另外，具有较高成就动机的儿童在校期间会有更好的同伴关系，会有更多的亲社会行为，比如为同伴提供帮助等。一项研究表明，具有较高成就动机的孩子，在学业上会有更好的表现，这可以很好地预测他们与同伴的相处，他们在与同伴相处时也会更倾向于表现出助人等亲社会行为。另一项针对自我成就感与社交能力的研究也表明，具有较高自我成就的被试会有更好的社交能力和更亲密的同龄人关系，同样，良好的同龄人关系也会更好地提升他们的社交能力，促进他们的成就感。

二、如何提升幼儿的积极成就？

提升幼儿的积极成就，可从以下三个方面入手。

1. 增加刻意练习，提升幼儿的能力

个体成就感的高低与个体能力大小密不可分。往往完成任务能力比较强的幼儿会具有更高的成就动机，完成任务时投入也会更多，从而收获更强的成就感。提升幼儿的能力是促进幼儿积极成就的一种方法。教师可以帮助幼儿用刻意练习的方式提升幼儿的能力。

刻意练习（deliberate practice）是指为了习得或培养某种能力而参与一种固定的活动，它是一种快速提升学习能力的学习方法，可以帮助个体高效的掌握一门技能。刻意练习并不是用机械的重复来增加个体完成任务的流畅度，而是包含大量的思考，问题解决以及反思，帮助个体提升表现。一项研究表明，对比没有进行刻意练习的被试，经过一定时间刻意练习的被试在游戏、体育和音乐等领域的能力都有显著提升。刻意练习帮助他们提升了能力。另一项关于刻意练习对幼儿能力影响的研究也表明，5岁的幼儿经过刻意练习后会更好地理解未来可能会使用到的技能，并且可以根据他们的练习更好的预测其他相关领域的技能改变。刻意练习对他们的能力提升起到了显著效果。

教师可以在日常教学中设计一些包含刻意练习的活动，帮助幼儿提升能力。例如，在学习系鞋带等生活技能的课程中增加一些小组练习和比赛的活动，让幼儿首先进行自我练习，其次进行小组里的相互练习，最后进行班级的系鞋带比赛。这样就在无形中增加了幼儿的练习次数。每次幼儿的练习也不是孤立机械的练习，而是带有思考、内化和反思的练习。比如自我练习是幼儿自我内化系鞋带技能的环节；小组练习是幼儿通过教别人或者相互学习而反思改进这项技能的过程；最后的比赛环节则是幼儿巩固加强这项技能的关键。这样便可以通过三种不同的活动帮助幼儿提升这项新技能，而随着幼儿技能的提升，幼儿也会对相关的生活类技能学习更有信心，收获更大的成就感。

2. 鼓励幼儿形成成长型思维，促进习得性乐观

思维模式是指个体对智力、性格等个人属性如何形成以及是否可塑的内隐信念。幼儿的思维模式也与幼儿的成就感有着紧密的关系。经过多年研究，德威克

将思维模式概括为两类,即成长型思维(growth mindset)和固定型思维(fixed mindset)。持有成长型思维的个体倾向于认为智力可以通过努力加以提升,而持有固定型思维的个体倾向于将智力视为一种固定的心理属性。研究表明,成长型思维模式的幼儿面对学业和生活中的挫折和困难会有更积极乐观的表现,他们的成就动机也更强。而那些具有固定型思维模式的幼儿面对失败和挫折时更会进入刻板的反应模式,从而自暴自弃。

习得性乐观(learned optimistic)是积极心理学中的一个重要概念,它与习得性无助相对应。习得性无助是指经历挫折和困难时将所有问题都归结于自己的能力、智力等,并且认为事情无法解决。与此相反,习得性乐观是指个体在遇到挫折和困难后,运用恰当的解释风格,将其归纳为通过自己努力可以改变的原因上。研究表明,具有习得性乐观的幼儿在面对困难时,他们的表现会更加勇敢,也会尝试更多的策略,还具有更强的坚韧性。

作为教师,应该帮助幼儿形成成长型思维模式,从而让他们面对挫折时更加乐观积极,提升他们的成就动机,促进积极成就。

教师在学校可以鼓励幼儿用成长型的思维模式对自己的学业生活等方面的失败进行归因。比如当幼儿完成系鞋带这个任务失败时,教师可以鼓励幼儿多加练习,引导幼儿知道自己失败并不是因为比别人笨,而是因为练习不够,多加练习就可以成功。研究表明,进行面对面现场干预的方式传递成长型思维理念,可以帮助被试有效提升成就动机和表现。

同样,教师还可以"线上干预",利用计算机和网络技术,培养幼儿的成长型思维模式。比如每周进行30分钟左右的网络课程,让幼儿和家长一同观看,从而传递成长型思维模式。一项美国研究表明,在对中学生进行每天45分钟的线上思维模式传递后,学生的思维模式得到了显著改善。他们认为自己的智力是可以通过不断练习重塑的,因此他们的学习动机与效率都等到了显著提升。

3. 提升幼儿的心理韧性,增强幼儿意志力

心理韧性是指个体在面对生活逆境或压力时的适应能力,包含已经表现出来的才能(ability)和未表现出来的潜能(capacity)。研究表明具有较强心理韧性的幼儿在面对挫折和困难时可以更快速地从困境中恢复,具有更强的抗压性。

意志力是指个体能够自觉确定目的,并根据目的调节自己行动克服困难实现目的的品质,它是人类能动性的集中体现。研究表明,具有更强意志力的个体因为自己完成某种任务有充分的动机,所以在面对困难和挫折时有更强的勇气和信心克服它们。比如在成绩不理想时,他们会更加努力刻苦学习,当学习内容枯燥无聊时,他们也能选择不放弃,让自己专注学习达到最终目标。

教师在教学中应该注重幼儿心理韧性和意志力的培养，从而促进幼儿的积极成就。教师可以开展一些体育类的互动，如早晨跑步等，并且采用评比积分的方式记录幼儿的参与进程，帮助幼儿制定相应目标，对幼儿进行鼓励。另外，在设计活动时，教师也应该注重活动设计的趣味性与参与性，多采取游戏的形式进行教学，让幼儿的主观参与度得到提升，提升他们的参与动机。

在幼儿遇到挫折与困难时教师也要使用温和的、讲道理的态度鼓励幼儿，帮助幼儿制定合理的目标促进幼儿的成就动机形成。

成就对于每个孩子来说，其实不仅仅物质上的收获，更多的是心理上的满足与精神上受到的鼓舞。每个教师和家长都有义务帮助孩子在成长之路上收获属于他们的成就，帮助他们健康快乐成长。

参考文献

［1］Baumeister R F, al-Ghamdi N. 2014. Relevance of willpower dynamics, self-control, and ego depletion to flawed student decision making[J]. International Journal of Education and Social Science, 1(3): 147-155.

［2］Wang M T, Eccles J S. 2013. School context, achievement motivation, and academic engagement: A longitudinal study of school engagement using a multidimensional perspective[J]. Learning and Instruction, 28: 12-23.

［3］Baumeister R F, Tice D M, Vohs K D. 2018.The strength model of self-regulation: Conclusions from the second decade of willpower research[J]. Perspectives on Psychological Science, 13(2): 141-145.

［4］Campitelli, G., Gobet, F. 2011. Deliberate practice[J]. Current Directions in Psychological Science.

［5］Dweck C S, Yeager D S.2019. Mindsets: A view from two eras[J]. Perspectives on Psychological science, 14(3): 481-496.

［6］Claro S, Paunesku D, Dweck C S.2016. Growth mindset tempers the effects of poverty on academic achievement[J]. Proceedings of the National Academy of Sciences, 113(31): 8664-8668.

［7］Anders Ericsson K. 2008. Deliberate practice and acquisition of expert performance: a general overview[J]. Academic emergency medicine, 15(11): 988-994.

［8］Diener E, Oishi S, Lucas R E. 2015. National accounts of subjective well-being[J]. American psychologist, 70(3): 234.

［9］Dweck C S. 2012. Mindsets and human nature: promoting change in the Middle East, the schoolyard, the racial divide, and willpower[J]. American psychologist, 67(8): 614.

［10］Hecht C A, Yeager D S, Dweck C S, et al. 2021. Beliefs, affordances, and adolescent development: Lessons from a decade of growth mindset interventions[M]. Advances in child development and behavior. JAI, 61: 169-197.

［11］Davis J T M, Cullen E, Suddendorf T. 2016.Understanding deliberate practice in preschool-aged children[J]. Quarterly Journal of Experimental Psychology, 69(2): 361-380.

［12］Aronson J, Fried C B, Good C. 2002. Reducing the effects of stereotype threat on African American college students by shaping theories of intelligence[J]. Journal of experimental social psychology, 38(2): 113-125.

［13］Kyoung, Mi, Kim, Seung, Ah, & Ryu, et al. 2014. Happiness improves academic achievement[J].THE KOREAN JOURNAL OF CULTURE AND SOCIAL ISSUES, 20(4), 329-346.

［14］Di Giunta L, Alessandri G, Gerbino M, et al. 2013. The determinants of scholastic achievement: The contribution of personality traits, self-esteem, and academic self-efficacy[J]. Learning and individual Differences, 27: 102-108.

［15］Lehtinen E, Hannula-Sormunen M, McMullen J, et al. 2017. Cultivating mathematical skills: From drill-and-practice to deliberate practice[J]. ZDM, 49: 625-636.

［16］Macnamara B N, Hambrick D Z, Oswald F L. 2014. Deliberate practice and performance in music, games, sports, education, and professions: A meta-analysis[J]. Psychological science, 25(8): 1608-1618.

［17］Masten A S, Reed M G J. 2002. Resilience in Development[J]. Handbook of Positive Psychology. 74: 88.

［18］Oh S Y. 2013. The Structural Relationship among Self achievement, Peer Relationship and Social Intelligence of College Club Participants[J]. Journal of Sport and Leisure Studies, 54(1): 651-659.

［19］Paunesku D, Walton G M, Romero C, et al. 2015. Mind-set interventions are a scalable treatment for academic underachievement[J]. Psychological science, 26(6): 784-793.

［20］Shim S S, Wang C, Cassady J C. 2013.Emotional well-being: The role of social achievement goals and self-esteem[J]. Personality and Individual Differences, 55(7): 840-845.

［21］Shiner R L, Masten A S. 2012. Childhood personality as a harbinger of competence and resilience in adulthood[J]. Development and psychopathology, 24(2): 507-528.

［22］Story P A, Hart J W, Stasson M F, et al. 2009. Using a two-factor theory of achievement motivation to examine performance-based outcomes and self-regulatory processes[J]. Personality and Individual differences, 46(4): 391-395.

［23］Woodward L J, Fergusson D M. 2000. Childhood peer relationship problems and later risks of educational under-achievement and unemployment[J]. Journal of child psychology and Psychiatry, 41(2): 191-201.

［24］Yoon N, Shin N. 2014. The effects of children's perceptions of parental expectations, self-esteem, and achievement motivation on school happiness[J]. Korean Journal of Child Studies, 35(3): 157-176.

［25］高峰，白学军. 2021. 越努力越幸福：中国背景下成就动机与主观幸福感的元分析 [J]. 心理与行为研究，19(4): 466.

［26］李满仓. 蒙台梭利日常生活技能教育对幼儿生活技能教育的启示 [J]. 2012. 学前教育研究 (7): 46-48.

第二部分

教案设计部分

- 小班课程设计
  - ★ 秋季学期课程
  - ★ 春季学期课程
- 中班课程设计
  - ★ 秋季学期课程
  - ★ 春季学期课程
- 大班课程设计
  - ★ 秋季学期课程
  - ★ 春季学期课程

教案部分简介

"如何成为一个幸福的人?"是一个在现代社会中日渐受到重视的话题,随着积极心理学的兴起,我们可能离回答这一问题越来越近。根据积极心理学之父塞利格曼的 PERMA 模型(2011),幸福具有以下五个要素:积极情绪、积极投入、积极关系、意义和成就,这也许就是成为一个幸福的人需要努力的方向。

幼儿早期教育对终身学习和发展至关重要。积极的早期学习环境,向幼儿灌输幸福感、价值观和意义感,是支持幼儿一生健康发展的重要环节。积极教育是积极心理学在实际应用中的一种形式,使用不同的策略来教孩子主动提升积极情绪、积极关系、韧性和性格优势。幼儿的早期发展阶段,是可塑性最强的"发展关键期",在这一期间内,家长应该如何进行引导,园所配套以什么样的教学法和课程内容,能够让孩子积极探索和学习,成为教育和政策关注的焦点。因此,开发出一套既有理论基础又有实证依据,并且能贴合幼儿园教学实践的教案设计具有重要的时代意义。

积极教育已在世界各地被广泛采用,成千上万的教师和学校在积极教育的框架下为儿童发展提供了干预措施(Seligman,2019)。在儿童发展早期,教师和养育者提供积极的回应、有效的互动和支持性环境是积极教育干预框架的基础。目前中国国内受到教育部承认的幼儿园共计 291 715 所(截至 2021 年 8 月的数据),其中大部分为民办园所(167 956 所)。这一庞大的数字足以体现幼儿早期教育,尤其是心理健康相关的课程具有极大的社会需求。根据调查,目前幼儿教师在日常备课时,除了园所内部的交流及讨论外,大部分依靠上网查询相关的教案完成教学任务(张连霞,2012),导致园所的教学变得较为零散,不成体系,且主要依托教师的个人经验或教学风格,缺乏理论依据。目前市场上面向幼儿园阶段的教材大部分以汇编、优质课程整理记录为主,很难契合积极心理教育的实践需求,为了填补这一空缺,也为了使积极心理学能更好地应用于学龄前阶段的教育实践,我们根据幼儿的心理发展特点和塞利格曼的幸福心理学五要素,编制了这套将积极心理学融合本土文化的幼儿课程教案。

本书教案部分的设计依托 3 ~ 6 岁儿童心理发展的特点,在园所的教学场景下提供了积极心理教育的一种可能性。教案设计基于积极心理学的六个重要维度展开,以积极自我、积极关系、积极情绪为主要内容进行具体教案设计,在实际教学中强调成就、投入以及意义这几个较为抽象的积极心理学概念的感知。通过对自我、关系和情绪的探索，来融入对成就、投入和意义的理解与感知。本书旨在通过完整的、系统性的教案设计，帮助教师在认知和理解积极心理学基础理论的基础上，开展操作性强且能灵活发挥的教学实践。我们也期待积极心理学能浸润幼儿的心田，让孩子们未来无论面对悲伤，还是压力都能学会珍视点滴的美好，学会感恩，构建良好的关系，在潜移默化中成长为一个积极、阳光、幸福的人。

同时，为了减轻教师的实际教学压力，教案设计部分完整呈现了幼儿在小班、中班、大班阶段每学期及每个月的课程安排，便于教师参考本教材提供的课程框架和具体的教案设计，进行有个性化、连续性的教学工作。教案的中班、小班采用了主题式的课程设计，部分环节融入了项目式课程的理念，帮助教师从最熟悉的主题课程入手，学习项目式课程的思维方式，来引导幼儿的学习与探索。中班和大班则采用了项目式课程的设计形式，这一形式能够帮助教师跳出传统课程设计的束缚，寓教于乐，让幼儿在教师的带领下最大化地发挥自己的好奇心与想象力，从问题入手，将学习新鲜知识变成一种习惯。项目式教学的形式同时能够帮助教师掌握应对幼儿天马行空的想象力与好奇心的办法，给予教师灵活的教学实践选择，学会在幼儿的"十万个为什么"中抽丝剥茧，找到合适的切入点，因时、因地制宜地进行课程预设，更加全情地陪伴孩子成长。我们衷心地希望通过本教材实现积极教育与幼儿早期教育的有机整合，并实践对教师的专业培训，推动全国范围内幼儿的积极教育干预，让早期教育课程的未来逐步满足提高幼儿和家庭幸福的需求。

秋季学期课程

课程一：爱上幼儿园

一、课程结构

二、课程设计

爱上幼儿园

（建议课时：8课时）

【主题说明】

九月入园，是幼儿刚刚步入幼儿园最为关键的阶段。在这个阶段，我们将带领幼儿探索幼儿园这个崭新又略带陌生的新环境。希望可以通过绘本与游戏结合的方式，让幼儿对幼儿园的环境产生熟悉感，更快地适应新一阶段的生活。在本章节的学习中，我们将带领幼儿熟悉并了解幼儿园中的教师、同学和规则，帮助幼儿探索并建立关系和处理关系的办法，希望能帮助幼儿顺利度过这一关键阶段。

【主题总目标】

1. 了解幼儿园的生活，熟悉园所的环境与日常活动。
2. 能够通过语言使幼儿表达自己对幼儿园的感受，喜欢上集体生活。

第一课时　参观幼儿园

（一）课程目标

1. 了解幼儿园中的不同区域以及区域中的设施。
2. 找到自己在幼儿园中最喜欢的角落。
3. 初步建立起对幼儿园的喜爱之情。

（二）课程准备

1）物质准备：各参观区域的照片（如滑梯、沙池、角色区等）。

2）经验准备：幼儿能够用语言表达自己的喜爱。

（三）过程预设

1. 导入

小朋友们，你知道幼儿园都有哪些好玩的地方吗？你最喜欢幼儿园的哪个地方呢？为什么呢？

★鼓励幼儿根据自己的经验，大胆表达，教师记录幼儿的表达。

小结　幼儿园里还有很多好玩的地方，今天老师就带大家去参观一下我们美丽又好玩的幼儿园吧。

2. 参观幼儿园

1）参观顺序：

首先，参观游戏区，如滑梯、沙池、水池、消防局、小医院、动物农场等能够触发孩子的游戏情感、迅速与孩子建立联结的部分，教师规划好参观路线。

其次，可参观哥哥姐姐的教室，观察哥哥姐姐的游戏与日常生活，让哥哥姐姐和弟弟妹妹建立情感联结，帮助孩子们在情感上产生信任和依恋。

最后，可参观保安室、保健室、食堂等功能室，让孩子们熟悉日常在幼儿园中这些为孩子们服务的人和场所。

2）参观要点：

教师带领幼儿，排好队，手牵手参观幼儿园，并对幼儿园的各个空间进行简单介绍。

3. 参观分享

小朋友们，你们最喜欢幼儿园的什么地方呢？跟我们一起分享一下吧。

★鼓励幼儿大胆分享，并说明原因，如"我喜欢，因为……"。

大家可以给自己最喜欢的区域贴上一枚小贴纸哦，我们来选一选最受小朋友们欢迎的角落。（出示所参观区域的照片）

★教师可将提前打印好的区域角落照片张贴在背景板上，供小朋友选择。主题可以命名为"我喜欢玩……"。

4. 延伸活动

区域探索　接下来就带大家到投票最多的区域去游戏吧。

第二课时　幼儿园的一天

（一）课程目标

1. 了解幼儿园的一日活动安排，愿意参与幼儿园的活动。
2. 能够按照时间顺序回顾幼儿园的一日活动。

（二）课程准备

1）物质准备：绘本《爱上幼儿园》（［中］代冉 著；［中］星星鱼 绘）；一日活动图示卡。

2）经验准备：幼儿熟悉并了解园所的一日安排。

（三）过程预设

1. 导入

小朋友们，在幼儿园的一天是丰富多彩的，我们会一起做许多好玩的事。你最喜欢在幼儿园里做什么呢？

★幼儿自由发言。

今天我们就来一起了解一下幼儿园的一天吧。

2. 我在幼儿园的一天

我们在幼儿园的一天都是怎么度过的呢？首先我们一起来听一个小故事，跟随故事中的小朋友，看看他在幼儿园中的一天都会做些什么事吧。

★教师阅读绘本《爱上幼儿园》。

我们一起来回顾一下，刚刚故事中的小朋友在幼儿园都做了哪些事情呢？

★教师引导幼儿回顾故事。

★教师展示一日活动的情境卡片，引导幼儿进行观察描述。（图 2-1 ～图 2-9）

图 2-1　吃早餐

图 2-2　做早操

图 2-3　吃午餐

图 2-4　小朋友们围在一起上课

图 2-5　睡午觉

图 2-6　娱乐时间

图 2-7　手工时间

图 2-8　吃加餐

图 2-9　放学啦

我们在幼儿园的一天会做这么多事，你们知道我们会先做哪件事再做哪件事吗？下面，我们一起来为这些事情排一排顺序吧。

★ 教师将情境卡片打乱顺序，邀请幼儿上台对其进行排序。

小结　这就是我们要在幼儿园做的事情，你都记住了吗？希望你们回家后，也可以把幼儿园做的事情讲给你们的家人们听一听，因为爸爸妈妈们也很想知道你们在幼儿园都做了些什么哦。

3. 延伸拓展

稍后，老师会把这些"一日活动图示卡"放在游戏区，课后大家也可以到区域中自己去玩一玩，排一排顺序哦。

小结 今天我们一起迈出了成为幼儿园小主人的重要一步，知道了我们在幼儿园的一天是什么样的。下次活动，我们将带领大家一起去探索幼儿园的角角落落，大家期待一下吧。

第三课时　老师，我想上厕所

（一）课程目标

1. 知道上厕所的时候可以向教师寻求帮助。
2. 能够勇敢地提出自己的需求，大胆地向教师寻求帮助。
3. 能够克服对陌生环境的恐惧，与教师建立安全的情感联结。

（二）课程准备

1）物质准备：绘本《老师，我想上厕所》（［中］代冉 著；［中］星星鱼绘）。
2）经验准备：幼儿有向教师寻求帮助的经历。

（三）过程预设

1. 导入

当我们在幼儿园想尿尿的时候，你会怎么办呢？

★幼儿自由发言，引出本次讨论的场景。

可是，有一个小朋友，TA 在幼儿园里却一直不敢去尿尿，究竟是什么原因呢？TA 有没有尿裤子呢？我们一起去看看吧。

★教师阅读绘本故事《老师，我想上厕所》至"嗯，有点儿憋不住了"。

2. 老师，我想上厕所

小朋友们，朵朵遇到了什么样的问题呢？
你有没有像朵朵一样的时候呢，你是怎么做的呢？
大家有什么好办法，可以帮助朵朵吗？
猜猜看，朵朵尿裤子了吗？为什么呢？

★教师继续阅读绘本至结尾，引导幼儿回答问题。

★朵朵说完"老师我想上厕所"的时候，她内心的感觉是怎样的呢？（勇敢）

★如果我们不小心尿湿了裤子，该怎么办呢？可以怎样寻求帮助呢？

3. 勇敢表达自己

小朋友们，除了想上厕所要告诉老师以外，还有哪些事情，我们可以勇敢地告诉老师呢？

★鼓励幼儿大胆发言，教师记录幼儿的表达。

我们向老师请求帮助的时候，可以怎么说呢？

★结合句式"老师，我想……"，鼓励幼儿幼儿大胆表达。

4. 总结

★在幼儿园里，除了上厕所外，我们还会有许多事情需要寻求教师的帮助。只要在你有需要的时候举起小手或者直接跑到老师身边，大声地跟老师说，"老师，我需要帮助？"这样你的问题就能得到解决哦。

第四课时　百变老师

（一）课程目标

1. 认识和了解幼儿园里与自己朝夕相处的老师。
2. 通过回忆老师为小朋友做的事情，初步建立对教师的信任感。

（二）课程准备

1）物质准备：教师们的照片，绘本《百变老师》（［中］哈皮童年编绘）。

2）经验准备：幼儿在幼儿园有熟悉的老师，并能讲述老师是怎样照顾自己的。

（三）过程预设

1. 导入

在幼儿园里，你都认识哪些老师呀？你是怎么认识他们的呢？

今天，老师要跟小朋友们分享一个关于老师的故事——《百变老师》。原来，老师是个魔法师哦，找一找故事中的莎莎老师都变成了什么呢？我们一起来听故事吧。

★教师完整讲述绘本《百变老师》。

2. 魔法老师

莎莎老师都变成了什么呢？

★引导幼儿根据绘本回忆故事内容。

幼儿园里的老师，都有什么样的魔法呢？他们都会变成什么呢？

★鼓励幼儿结合经验讲述，教师记录幼儿的语言，整理成散文诗《魔法老师》。

皮皮跟莎莎老师学会了什么魔法呢？你跟自己的老师学会了什么魔法呢？

★引导幼儿说一说自己在幼儿跟老师学会的魔法（或本领）。

3. 我喜欢老师

皮皮喜欢莎莎老师吗？他为什么喜欢莎莎老师呢？

你喜欢自己的老师吗？为什么呢？

★引导幼儿大胆表达自己对教师的情感，鼓励幼儿说出原因。可以参考句式："我喜欢××老师,因为……"。教师记录幼儿的语言,并整理成儿童散文诗《我喜欢老师》。

4. 作品展示

老师刚刚把大家的语言汇集成了一首好听的小诗,我们一起来分享一下吧。

★教师阅读儿童诗《魔法老师》,与幼儿分享。

小结 小朋友们,老师们是不是很厉害?我们要不要给厉害的老师们送一份感恩小礼物呢?下次活动,我们就一起来为老师准备一份小惊喜吧。

第五课时　我为老师做造型

(一)课程目标

1. 能够使用基本的装饰性材料,为老师制作小礼物。
2. 初步感受和同学合作制作礼物的乐趣。

(二)课程准备

1)物质准备:人型纸板模型若干;可以用来进行装饰的各类材料(毛线、串珠、线、扭扭棒、彩纸、彩泥等教室内可用的装饰性材料)。

2)经验准备:能够用简单的语言描述老师的相貌。

(三)过程预设

1. 导入

上次活动我们一起讨论了老师的魔法,你还记得老师有哪些魔法吗?

今天,我们也为老师们准备了一首好听的儿歌,我们一起唱给我们的老师听一听吧。

★教师带领幼儿一起做手指律动儿歌"老师,老师,本领大"。(老师老师本领大,会折纸、会画画。唱歌、跳舞顶呱呱,我们大家都爱他。)

2. 我为老师做造型

今天我们还有一个任务:为了表达对老师的喜爱和感谢,我们要为班级的每一位老师制作一套美丽的造型,包括发型、服装、项链、鞋子等。

★教师提前准备好纸板人,向幼儿介绍制作的内容及相关材料(可以采用剪成不同形状的卡纸为脸、头发、五官等,并使用材料进行上色与装饰)。

★纸板人的脸部可以贴老师的大头贴,增加孩子们参与设计的趣味性和体验感。

接下来我们就要来为我们老师设计新造型啦,你想做什么呢?

★引导幼儿分组,每个小组完成一个纸板人的装饰。

★教师观察幼儿,适时给予幼儿指导和帮助。

作品完成后,小组之间互相展示分享。

3. 献礼老师

作品做好啦，我们一起把设计好的崭新造型送给自己的老师们吧。

★幼儿以小组的形式将作品送给教师，并与教师合影。

小结 魔法老师们会在幼儿园里一直陪伴着大家，感谢小朋友们为老师们做的美丽造型哦。

4. 作品展示与总结

★教师与幼儿共同整理作品，将作品张贴展示。

第六课时 "古里古怪"在哪里？

（一）课程目标

1. 能够初步了解幼儿园里的规则。
2. 愿意主动遵守幼儿园里的规则。
3. 感受和小朋友共同遵守规则的成就感。

（二）课程准备

1）物质准备：绘本《幼儿园里守规则》，规则场景的情境卡片。
2）经验准备：幼儿具备初步的规则意识，能够理解教师的指令。

（三）项目预设

1. 故事导入

最近，我发现班级里来了一只小妖怪，我们叫它"古里古怪"，而且他还有奇怪的魔法。这是一只什么妖怪呢？它叫什么名字？它又有什么样的魔法呢？我们来听一个小故事，一起来找一找这只小怪物吧。

★教师讲述绘本，第2页至第17页。

小朋友们，这只小妖怪叫什么名字啊？它有什么魔法呢？

★教师引导幼儿认识到，"古里古怪"的目的是破坏幼儿园里的所有规则。

2. "古里古怪"在哪里？

小朋友们，如果"古里古怪"钻进了大家的身体里，在下面的情景中会发生什么事呢？我们一起来想一想。

★教师出示特定场景的情境卡片，鼓励幼儿开动想象力，思考可能出现在该场景中的后果。（图2-10～图2-15）

小朋友们找一找，我们的教室里有没有发现"古里古怪"呢？为什么呢？

★引导幼儿观察，大胆分享自己的发现。

图 2-10　小朋友们一起排队

图 2-11　大口吃饭

图 2-12　玩小汽车

图 2-13　洗手

图 2-14　画画

图 2-15　娱乐时间

3. 打败"古里古怪"

"古里古怪"好可恶呀，我们怎样才能打败"古里古怪"呢？

★幼儿自由发言，讲述自己的观点。

我们去故事中找一找，"古里古怪"有没有被赶走呢？故事中的小朋友是怎样做的呢？

★老师继续阅读绘本第16页至结尾。

★教师针对重点情节，引导幼儿回顾赶走"古里古怪"的办法。

我们的教室里有"古里古怪"吗？我们能战胜"古里古怪"吗？

★教师结合教室中的真实场景，帮助幼儿实践演练赶走"古里古怪"的办法。

小结　　当幼儿园里出现了不遵守规则的小朋友时，"古里古怪"就会悄悄地出现，把幼儿园搞得乱七八糟，所以为了保护我们的幼儿园，我们要时刻记住遵守规则，不让"古里古怪"来幼儿园里捣乱。

4. 延伸拓展

区域拓展　　"古里古怪"创意装饰。

★教师可将"古里古怪"的图片或者纸板图形放置在美工区域内。引导幼儿运用区域材料创意装饰"古里古怪"，为作品展做准备。

第七课时　我和新同学

（一）课程目标

1. 愿意向周围的小伙伴大胆地介绍自己。

2. 学会使用礼貌用语来表达自己的想法和需求。

（二）课程准备

1）物质准备：情境卡片，小猴子手偶玩具。

2）经验准备：幼儿有与周围同伴进行交流的经验。

（三）过程预设

1. 情境导入

小朋友们，今天我们班来了一位新朋友——小猴子（手偶）。可是，它还不认识大家，你们可以向小猴子介绍一下自己吗？

★教师戴上小猴子的手偶，与幼儿进行情景互动。

★引导幼儿进行自我介绍，教师可以首先进行自我介绍，给小朋友们做示范。

2. 我的同学

班级里，你都认识了哪些同学呢？你有找到一起玩的小伙伴吗？说一说他们是谁？

★鼓励幼儿说出自己认识的小朋友的名字，增加孩子们之间的熟悉感。

3. 我想和你做游戏

小猴子也很想和大家一起做游戏。只是他有点儿害怕和害羞，不知道该怎样告诉大家？你们可以帮帮它吗？

★教师出示情境卡，鼓励大家大胆分享如何加入下面的游戏。根据小朋友的分享，老师做总结提炼一些简单的方法，如："我可以和你一起玩吗？"，或使用自己的玩具和小朋友交换分享；还可以夸奖小朋友的游戏玩得好。

你愿意和小猴子分享你的玩具或游戏吗？为什么呢？

★教师引导幼儿表达自己真实的想法，如果拒绝，注意引导幼儿说一说拒绝的理由，表示尊重。（图 2-16～图 2-19）

图 2-16　拥有漂亮气球

图 2-17　堆沙子

图 2-18　一起玩玩具

图 2-19　好朋友的生日派对

小结　如果小朋友愿意与你分享玩具，你要说谢谢。如果被拒绝，也不用怕，我们可以再想想别的办法。

4. 被拒绝，不用怕

想一想，如果你被拒绝了，你会怎么办呢？

★鼓励幼儿在遭到拒绝时，一起探讨尝试新的办法加入游戏，或者寻找新的游戏机会。

5. 回顾总结

当你想要加入他人的游戏时，你可以有什么好办法呢？

当我们被拒绝时，我们还可以怎么办呢？

总结 希望大家都能在新的环境里，和你的同学友好相处，成为好朋友。

第八课时　爱上幼儿园作品发布会（半天）

（一）课程目标

1. 整理已有的作品。

2. 向周围人介绍自己的作品。

3. 在课程中感受到自己的收获与成长，并为自己感到骄傲。

（二）课程准备

1）物质准备：之前完成的所有作品。

2）经验准备：幼儿能够在教师的帮助下布置并实现作品展。

（三）过程预设

1. 作品回顾

★带领幼儿回忆和熟悉自己创作过的作品。

作品形态：

照片展板	《我最喜欢的幼儿园角落》
儿童诗	《我喜欢老师》
手工作品	《老师的新造型》《"古里古怪"的创意装饰》

★和幼儿一起讨论作品展的相关事宜，如邀请谁来参加作品展、如何设计邀请函。

2. 布展方案

★和幼儿一起在幼儿园寻找展示区，并制订展示区的布置方案。

3. 设计邀请函、入场券

★教师带领幼儿制作邀请函及观看会场展览的入场券，为后续的展览做准备。

4. 进行会展的分工——接待员、检票员、解说员等

★教师协助幼儿进行分工，分别担任检票员、解说员等可能在展览过程中需要的角色任务。

★教师可协助需要帮助的幼儿完成任务。

5. 观展

★邀请家长及其他班级的老师前来观看展览。

课程二：快乐与生气

一、课程结构

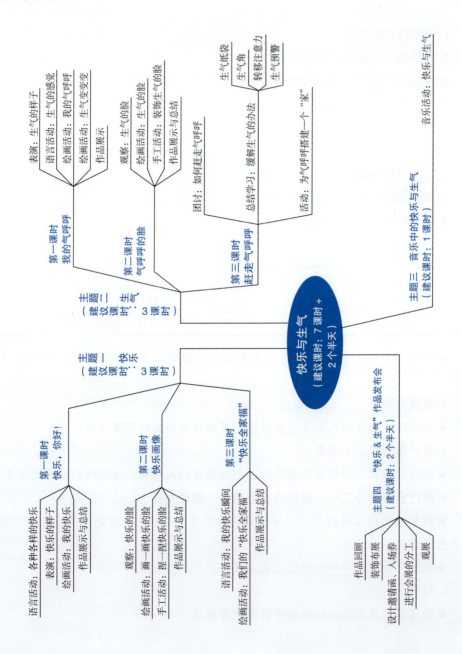

二、课程设计

主题一 快 乐

（建议课时：3课时）

【主题说明】

快乐是人类最基本的情绪之一，本课程旨在通过语言表征、艺术、戏剧表演等多种方式，带领幼儿生动且深入地探索和体验快乐这一基本情绪，并使用集体讨论等方式，让幼儿找出自己感到开心的瞬间，制作出属于自己的"开心小精灵"。

【主题总目标】

1. 知道"快乐"是一种情绪，能够说出快乐的原因。
2. 感知快乐时的心理感受，并能够运用多种手法对"快乐"的感受进行表达表征。
3. 愿意与班级幼儿分享让自己感到快乐的事情。

第一课时 快乐，你好！

（一）课程目标

1. 了解"快乐"的含义。
2. 能够回忆起快乐的事情以及心情感受。
3. 能够使用各种方式表达自己的快乐。

（二）课程准备

1）物质准备：纸、相机、彩色笔或颜料。

2）经验准备：幼儿能够进行基本的绘画涂鸦，并能够使用语言进行表达。

（三）过程预设

1. 导入——各种各样的快乐

小朋友们，你们今天的心情是什么样的呢？为什么呢？

★引导幼儿感受此刻的心情，表达当下即时的心理感受。

★引出本节课的情绪"快乐"，带领幼儿初步认知这一情绪。

2. 说一说快乐的事

小朋友们，你们在什么时候会感觉到快乐呀？跟我们分享一下吧。

★鼓励每一位幼儿讲述让自己感到快乐的事，如"穿新衣服的时候，我很快乐"，教师记录幼儿的语言，可整理为散文诗。

3. 快乐变变变

小朋友们，你们知道什么是快乐吗？

★幼儿进行发言，教师进行总结，确保幼儿了解快乐的定义。

快乐的时候，身体是一种什么样的感觉呢？

★幼儿自由发言，教师记录幼儿发言。

那你们快乐的时候是什么样子的呢？可以表演一下吗？

★语言表征：幼儿自由发言，讲述自己快乐的样子。

★幼儿可以表演自己快乐的样子，教师使用相机记录下幼儿快乐的样子并打印出来。

4. 快乐的色彩

小朋友们，如果用一种颜色来代表快乐，你们觉得快乐是什么颜色的呢？

让我们一起来涂一涂、画一画我们的快乐吧。

★提供给幼儿可自由选择的颜料或彩色笔，引导幼儿选择自己认为可以代表快乐的颜色进行涂鸦。

为什么你的快乐是这种颜色呢？

★幼儿自由发言，讲述自己选择这一颜色的理由，教师进行记录。

★教师可以适度引导幼儿对情绪色彩进行初步感知，但不需要过度强调，尊重幼儿自己的选择与体验。

5. 作品展示与总结

★教师带领幼儿共同将快乐的颜色画作进行整理并张贴。

★教师将拍摄到的幼儿快乐的样子打印并张贴在墙上。

★鼓励幼儿讲解自己的画作，并邀请其余班级儿童或父母前来观赏。

第二课时　快乐画像

（一）课程目标

1. 能够辨识快乐的面部表情。
2. 能够使用不同的形式表征快乐的面部表情。

（二）课程准备

1）物质准备：人物表情照片、幼儿日常生活中快乐的照片（或镜子）、纸、笔、黏土。

2）经验准备：幼儿能进行简单的绘画涂鸦和黏土创作。

（三）过程预设

1. 导入

当你感到快乐的时候，我们的脸上是什么样的表情呢？

你们看看下面这些可爱的脸，哪一个是快乐的脸呢？

★教师提前准备带有不同表情的图片，引导幼儿进行观察。

2. 快乐的脸

★出示班级里幼儿们的快乐表情照片。"我们来观察一下，当我们感到快乐的时候，我们的眼睛、嘴巴、眉毛都是什么样的呢？它们有什么共同点吗？"

★教师展示提前准备好日常抓拍的幼儿快乐的表情照片，引导幼儿进行观察。

★幼儿用语言讲述自己的观察发现。

3. 快乐画像

我们一起来画一画自己快乐的脸吧。

★幼儿通过照片或者镜子观察自己的表情，绘画自己快乐的脸。

★作品完成，鼓励幼儿展示自己的画作并进行讲解。

尝试用黏土来捏一捏我们的脸吧。

★教师引导幼儿运用黏土创作作品。

★作品完成后鼓励幼儿进行展示分享。

4. 作品展示与总结

教师整理幼儿的绘画作品及黏土作品，进行张贴展示，并记录幼儿的介绍，张贴在作品旁边。

第三课时 "快乐全家福"

（一）课程目标

1. 幼儿尝试在合作中绘制班级的"快乐全家福"。
2. 幼儿能享受绘画的乐趣并愿意与他人进行分享。

（二）课程准备

1）物质准备：长卷画纸（约15张A4纸短边粘贴在一起形成的），教师根据幼儿对快乐场景的语言描述，对幼儿语言进行整理，做成儿童散文诗歌，附在长画卷内，黑色马克笔（每人一支）、蜡笔（或彩色颜料和笔刷）。

2）经验准备：幼儿在绘画中能专注自己的绘画，不打扰他人。

（三）过程预设

1. 导入

小朋友们，你们在什么时候会感觉很快乐呢？

★鼓励幼儿分享让自己感觉到快乐的事情或情境。

在前面的活动中，老师也把小朋友们的"快乐"整理成了一首好听的散文诗歌，我们一起来欣赏一下吧。

接下来我们要把每一个人的快乐画像画在一张大纸上，来制作一张属于我们班级的"快乐全家福"。

2. 合作绘画"快乐全家福"

介绍绘画材料：长画卷、黑色马克笔、彩色笔。

介绍绘画要求：接下来请每位小朋友将自己感到最开心、快乐的表情画在画纸上吧。

3. 合作装饰全家福

如何能让我们的全家福变得更加漂亮呢？

★可引导幼儿对画面进行装饰或者涂上好看的颜色。

★涂色涂料可选用蜡笔或水粉颜料，也可以使用其他装饰性材料进行粘贴装饰。

★欣赏作品，分享合作完成作品的感受。

4. 作品展示与总结

★教师与幼儿共同整理快乐这一课程下的所有作品，为作品展做准备。

★将班级的"快乐全家福"和儿童散文诗悬挂展示，可以提示教师或家长哪些事会让幼儿感觉到快乐，有助于在日常生活中帮助幼儿提升这一积极情绪。

主题二 生 气

（建议课时：3课时）

【主题说明】

生气是人们经常会出现的一种基本情绪，那么生气的时候会有怎样的情绪感受和表现呢？生气是好的情绪还是不好的情绪呢？本课程旨在带领幼儿深入挖掘生气这一情绪，找到解决的办法，并在教室中搭建生气角，帮助引导幼儿正确面对生气情绪，并使用语言、艺术戏剧等多种表征方式引导幼儿对"生气"进行表达表征。

【主题总目标】

1. 知道生气是什么。
2. 知道如何控制生气的情绪。

第一课时 我的气呼呼

（一）课程目标

1. 了解"生气"的含义。
2. 能够回忆起生气时的心理感受。

（二）课程准备

1）物质准备：生气的图示卡；彩色笔；A4纸；长卷画纸。
2）经验准备：幼儿能够描述自己的感受。

（三）过程预设

1. 导入

小朋友们仔细观察一下图中的两位小朋友，他们怎么了呀？

★教师展示生气的图示卡，引导幼儿观察。（图2-20、图2-21）

图2-20　生气地噘嘴

图2-21　生气地跺脚

你们知道他们现在的心情是什么样的吗？

小结　生活中，我们也会常常因为一些事情而生气，那究竟因什么生气？生气的感觉是怎样的呢？生气时候我们该怎么办呢？今天老师就带领大家一起来探索一下"生气"的情绪。

2. 生气的感觉

小朋友们，你们知道什么是生气吗？你们生气的时候是什么样子呢？

★鼓励幼儿分享或者表演自己生气时的样子。

你们知道为什么会生气吗？有哪些事情会让你感到生气呢？

★鼓励幼儿大胆表达，如"小朋友抢我玩具的时候，我感到很生气"，教师适时记录和整理幼儿的表达。

生气的时候，我们的身体里是一种什么样的感觉呢？和平常有什么不一样？

★引导幼儿感受生气状态时的身体感受以及心理的变化。

★语言表征：幼儿自由发言，教师记录幼儿发言。

3. 我的气呼呼

小朋友们，生气时我们身体里的感觉会是什么样的呢？我们来尝试画一画吧。

★引导幼儿使用绘画的方式画出生气时身体里的感觉，可以使用点线等符号表征，不一定是具象的图画。

让我们来分享一下，你画的生气是什么样子呢？

4. 生气变变变

小朋友们，如果我们的生气都集合在了一起，会发生什么有趣的事呢？

★教师尝试引导幼儿将自己对生气的表征全部画在一起，感受生气聚集在一起时的变化。

如果用一种颜色来代表生气，你觉得生气会是什么颜色呢？为什么呢？

★幼儿选择代表生气的颜色，并为自己的生气涂上色彩（描边即可）。

5. 作品展示

★将班内幼儿的绘画作品进行张贴展示，邀请幼儿进行介绍。

第二课时　气呼呼的脸

（一）课程目标

1. 能够识别生气的面孔。
2. 能够使用材料对生气的面孔进行表征。

（二）课程准备

1）物质准备：镜子，可供幼儿使用的材料（如黏土、碎纸片、彩纸等），彩笔。

2）经验准备：幼儿能够识别生气的表情并能进行创作。

（三）过程预设

1. 导入

小朋友们，生气的时候我们的脸是什么样的呢？你可以表演一下吗？

★邀请幼儿表演生气时的样子，其余幼儿进行观察。

小朋友们，生气的时候，我们脸上的表情是什么样的呢？

★教师展示生气的脸的照片，引导幼儿进行观察。

★幼儿进行观察，并分享自己的发现。

小结　生气的时候我们的眉毛会皱在一起，眼睛会瞪得大大的，嘴巴有时候会鼓起来，有时候会噘起来。

2. 气呼呼的脸

接下来我们就来画一画自己生气时的表情吧。

★教师引导幼儿通过镜子观察自己生气时的表情，并进行绘画。

★画完以后邀请幼儿进行分享。

3. 五彩气呼呼

气呼呼的小脸蛋让人感觉有点儿害怕，我们有没有办法，让生气的脸变漂亮、变可爱呢？

接下来我们可以选择自己喜欢的材料，来制作一幅"五彩气呼呼"的脸。

★教师鼓励幼儿选择自己喜欢的材料，结合自己的绘画作品，使用拼贴或捏黏土的方式创作一张生气的脸。

★制作完成后，鼓励幼儿与班级分享自己的作品。

4. 作品展示与总结

★教师与幼儿共同整理作品如散文诗、图画和立体材料作品等，将作品展示在公共区域供幼儿欣赏和讨论。

第三课时　赶走气呼呼

（一）课程目标

1. 幼儿能觉察生气的情绪。

2. 幼儿知道克服生气情绪的方法。

（二）课程准备

1）物质准备：建造生气角的材料（帐篷、抱枕、幼儿喜欢玩偶及绘本）。

2）经验准备：幼儿能够使用语言表达自己的感受。

（三）过程预设

1. 导入

小朋友们，你们还记得生气的时候，我们的身体里是一种什么样的感觉吗？

你觉得，我们的身体喜欢生气吗？为什么呢？

小结　我们在生气的时候会感觉到身体里面胀胀的，整个人像一个快要爆炸的气球一样，经常生气也会伤害我们的身体。

2. 赶走气呼呼

我们一起来想一想，生气的时候，我们有什么好的办法可以赶走气呼呼的情绪呢？

★幼儿自由发言，教师记录幼儿的语言。

★教师帮助幼儿总结缓解生气情绪的好方法。（界定好方法的原则是不伤害自己和他人）

① 转移注意力：带领幼儿先去进行别的活动，之后再进行事件的复盘与解决

问题。

②生气纸袋：大口气吹纸袋，把生气都吹进袋子里，扎起来，给他画上画，把生气变开心。引导孩子有意识地深呼吸。

③生气预警：引导幼儿在感知到生气情绪的时候运用语言进行表达。

④生气角：幼儿可以在觉察到自己的生气情绪时，进入生气角放松。（下文将引导教师与幼儿共同搭建生气角）

3. "气呼呼"的家

生气的时候一直气呼呼可不行，其实气呼呼也有自己的家，我们来一起给生气搭建一个家，再生气的时候我们就可以把它送回家啦！

★教师带领幼儿共同选择教室里的某个角落，放置柔软的抱枕，幼儿喜欢的玩偶、书籍等，在可以供涂鸦的白纸上写"气呼呼的家"。

小朋友们，如果你感觉生气的时候，就可以躲到里面去，把生气送回家，这样自己就不会气呼呼啦。

4. 作品展示

★教师整理幼儿提出的缓解生气的好办法，并进行展示。

主题三　音乐中的快乐与生气

（建议课时：1课时）

【主题说明】

音乐感受力是儿童与生俱来的能力，在音乐中，他们可以辨别音乐的情绪色彩，并能将音乐的喜怒哀乐带入自己的情绪中。在幼儿初步认知了"快乐"与"生气"两种情绪后，我们将带领幼儿进入更深层次的情绪体验——音乐情绪感知。本阶段课程希望通过感受音乐的方式，帮助幼儿深化对情绪的认知，并通过肢体、语言等不同的方式来表达自己对音乐的理解，在音乐中展开丰富的想象与联想，充分感受音乐中的情绪。

（一）课程目标

1. 倾听音乐，感知音乐中蕴含的情绪。
2. 根据音乐情绪展开大胆的联想和想象，创编情景故事。
3. 能够结合语言和肢体表演来表达音乐中的情绪，感受音乐表演的乐趣。

（二）课程准备

1）物质准备：海洋里的生物图片或摆件（小虾、贝壳、海草、珊瑚）作为背景布置;角色头饰或手偶(小鱼若干,男孩手偶一个);音乐素材包,海洋场景图片可以提前做成PPT。

★音乐素材包

①《Three little fishies》,由The kiboomers演奏的版本至1分22秒处;

②《Three little fishies》,由The kiboomers演奏的版本至1分27秒处;

③《命运交响曲》,由Ludwing van Beethoven演奏的交响乐版本,0至6秒处;

④《命运交响曲》,由Ludwing van Beethoven演奏的交响乐版本,0至46秒处。

2)经验准备:幼儿能跟随音乐进行肢体律动。

(三)过程预设

1. 音乐导入,肢体呈现,引发幼儿对音乐情绪的思考与表征

小朋友们,我们首先来听一段音乐,猜猜看,这首音乐表达的是什么样的情绪?

★播放音乐素材包①,请小朋友们感受音乐的情绪。

是不是很想跳舞?让我们跟着音乐一起来动一动吧!

★播放音乐素材包①,鼓励幼儿用肢体自由表现。

想象一下,这段音乐讲述的是关于什么样的故事呢?

★鼓励幼儿大胆猜想音乐描绘的场景。

★教师出示图式卡,揭晓答案。(图2-22)

原来,这是一个海底小鱼的音乐故事。小鱼在海底有什么事情让它们这样开心呢?

★鼓励孩子大胆想象,表达和分享自己的想法。

小鱼是怎样表达开心的情绪的呢?谁能来表演一下?

★鼓励幼儿大胆用肢体来表现快乐的情绪。

接下来,我们跟随音乐,和小鱼一家快乐地起舞吧?

★播放音乐素材包②迅速切换音乐素材包③。

★教师观察和捕捉幼儿听到音乐的临场反应。

图2-22 小鱼和妈妈

2. 变换音乐情绪，引发音乐中的戏剧冲突

播放音乐素材包③：猜猜发生了什么事情呢？

★教师播放音乐，观察捕捉幼儿听到音乐的第一反应，引导幼儿进一步想象，发生了什么？

继续播放音乐素材包④：我们来听一听，你觉得谁来了？他的心情是怎样的？他做了什么事情呢？

★教师引导幼儿想象音乐中的人物、情绪和故事，鼓励幼儿大胆地想象表达。

你可以用动作和表情来表演一下他的情绪状态吗？

★鼓励幼儿跟随音乐一起来用肢体呈现音乐中的人物、情绪和发生的故事。

"接下来我们看一看，究竟是谁来了？发生了什么事情呢？"

★教师出示图示卡，揭晓答案。（图2-23）

"原来是一个生气的小男孩。他为什么生气呢？"

★引导幼儿进一步想象小男孩生气的原因，并鼓励幼儿大胆表达自己的见解。

我们一起来跟随音乐，表演一下这个小男孩生气的样子。

★播放音乐素材包④，鼓励幼儿根据自己的想象和理解，用肢体和表情进行表演。

小鱼会对他说什么呢？有没有什么办法可以帮助这个男孩变得开心呢？

★鼓励幼儿想办法，帮助小男孩走出生气的情绪。

图2-23 小朋友生气地拍打着船桨

3. 快乐狂欢

接下来我们邀请小男孩一起来跳舞吧，希望欢乐的音乐能够让他变得开心一些哦。

★此环节可以分角色表演，一人扮演生气的男孩，多人扮演小鱼，小鱼带领男孩一起跳舞，感受音乐欢乐的气氛。

小结 当我们感觉生气的时候，可以跟着快乐的音乐一起跳一跳。这样也可以赶走我们的坏情绪，帮助我们变快乐哦。

4. 音乐剧展示

刚刚我们一起玩的音乐情境剧好不好玩呀？我们跟随音乐一起来表演一下吧。

★音乐素材包①：感受小鱼在水中自由自在快乐舞蹈的样子。

★音乐素材包③：小男孩出场，在小船里生气的样子。

★音乐素材包②：小鱼邀请小男孩一起快乐得跳舞。

想一想，可以给我们的音乐剧取一个好听的名字吗？

★鼓励幼儿大胆想象，为自己的音乐作品命名，如《快乐鱼和生气男孩》。（参考）

5. 作品展示与总结

★今天我们跟随音乐一起感受了快乐和生气两种情绪，并通过音乐情景剧的形式表演了出来。下课后，我们可以和小朋友们继续玩这个游戏哦。月末，我们将要举办一场《快乐与生气》作品发布会，到时候，我们也要邀请爸爸妈妈们来观看大家的作品和表演哦。我们一起加油，好好准备吧。

主题四 "快乐&生气"作品发布会

（建议课时：2个半天）

【主题说明】

在完整学习了快乐与生气这两种情绪以后，我们建议教师设置"作品发布会"环节，集中整理、展示幼儿在这两个大主题下的作品，并让幼儿自己动手与教师合作布置展览，在讲解的过程中进一步感受情绪的魅力，并且为自己的成就感到自豪。

（一）课程目标

1. 整理"快乐"与"生气"主题下的相关作品。

2. 能够在教师的协助下完成展览的布置与讲解。

（二）课程准备

1）物质准备：前期完成的所有作品，装饰时需要使用的材料。

2）经验准备：幼儿能在教师的协助下进行场地的布置与作品讲解。

（三）过程预设

1. 作品回顾

★教师带领幼儿进行整体的项目总结，梳理作品，并将所有作品进行展示。

作品形态:

画作	《快乐的脸》《快乐的全家福》《生气的感觉》《生气变变变》《五彩气呼呼》
儿童诗	散文诗《快乐》
手工作品	《快乐的脸》(黏土作品)
其他	音乐剧《快乐鱼和生气男孩》、生气角

2. 装饰布展

教师带领幼儿对作品进行布置及场馆设计与装饰。

★幼儿的作品旁由幼儿进行讲解、教师进行记录,附上作品说明。

3. 设计邀请函、入场券

教师带领幼儿制作邀请函及观看会场展览的入场券,为后续的展览做准备。

4. 进行会展的分工

教师协助幼儿进行分工,分别担任检票员、解说员等可能在展览过程中需要的角色任务。

教师可协助需要帮助的幼儿完成任务。

5. 观展

首先邀请园内教师、幼儿,观展、观剧,让幼儿熟悉场馆的大致状态及自己的工作任务内容。

邀请家人来园观展、观剧,作为本主题内容的最终展示阶段。

课程三：五官的秘密

一、课程结构

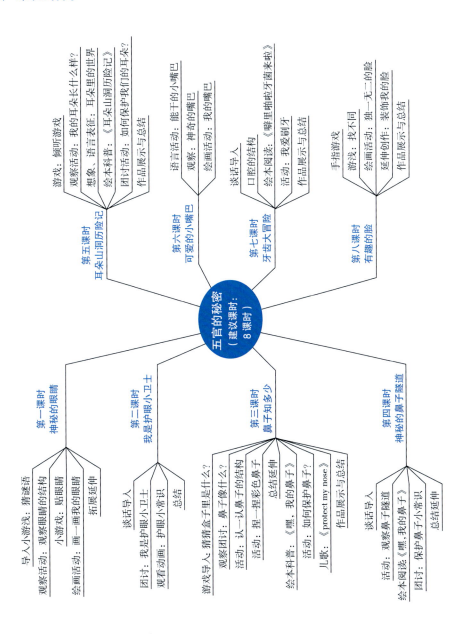

二、课程设计

五官的秘密

（建议课时：8课时）

【主题说明】

五官，是幼儿自我认知的重要组成部分。幼儿对于五官的探索，首先从嘴巴开始——吮吸手指，意味着孩子开始用嘴巴探索世界。其次是鼻子——挖鼻屎、吃鼻屎，总能够带给孩子无限的好奇与"乐趣"。眉、眼、耳、鼻、口，共同组成了人脸，而每一个人的脸，虽然由相似的五官构成，可是长相却千差万别。本项目旨在通过对五官的探索，帮助孩子们更深刻了解五官的功能、五官的意义和如何更好地保护五官。同时在"有趣的脸"这个部分，又将五官完整结合，通过自我画像，帮助幼儿对自己的脸部结构有一个完整的认知，初步感知每一张脸都是独一无二的。

【主题总目标】

1. 认识五官，感知五官的结构特征、功能。
2. 知道如何保护五官。
3. 观察脸部的细节特征，知道每一张脸都独一无二，各不相同。

第一课时　神秘的眼睛

（一）课程目标

1. 认识眼睛的构成，知道眼睛各部分的名称。
2. 愿意尝试用绘画的方式画一画自己的眼睛。
3. 感受用游戏方式探索眼睛的乐趣。

（二）课程准备

1）物质准备：绘画纸笔，眼睛的图示卡，眼睛各部分结构的图示卡。
2）经验准备：幼儿有观察自己眼睛的经历，对眼睛有好奇心。

（三）过程预设

1. 导入——猜谜语

在我们的脸上有一个神秘的部位，它的周边长满了长短不一的毛毛，它的上边有毛，下边有毛，中间还有一颗黑黑的葡萄，你们猜猜，这是我们脸上的哪个部位呢？

★引导幼儿互相观察同伴的脸，找出这个神秘的部位。

小朋友们，你们认真地观察过自己的眼睛长什么样吗？

★鼓励幼儿用语言描述眼睛的特征。

我们一起来两两分组互相观察一下对方的眼睛吧，猜猜眼睛的每个部分都分别叫什么名字呢？

★教师将幼儿进行分组，互相观察对方的眼睛。

★分享：幼儿分享自己的观察结果。

2. 观察眼睛的结构

眼睛是由哪些部位组成的？它们分别叫什么名字呢？我们今天一起来认识一下吧。

★教师展示眼睛的图示卡，引导幼儿进行观察，说说你都看到了什么。

★教师介绍眼睛的各个部分的名称（眼睫毛、瞳孔、眼球、眼白、眼皮等）。

3. 游戏：贴眼睛

下面我们来玩一个小游戏，看看你能不能贴对眼睛的部位吧。

★教师提前准备好眼睛的各部分结构材料（眼皮、眼睫毛、瞳孔、眼球、眼白），鼓励幼儿尝试根据老师的口令将眼睛的各部分贴好。

4. 画一画我的眼睛

接下来，我们要用笔来画一画我们的小眼睛，看一看，谁画的最仔细呢？

★教师引导幼儿认真观察眼部结构，并绘画，教师观察幼儿的情况适当给予指导。

★幼儿创作完成后，教师引导幼儿分享展示作品。

5. 拓展延伸

大家还记得眼睛是由哪些部分组成的吗？

活动结束后，我们可以拿着自己的作品和小朋友们对比一下，看一看，你们的眼睛长得一样吗？

第二课时　我是护眼小卫士

（一）课程目标

1. 了解眼睛的功能，知道眼睛对我们非常重要。

2. 知道保护眼睛的正确方法，愿意做护眼小卫士。

（二）课程准备

1）物质准备：护眼短片，眼睛的图示卡，保护眼睛的图示卡。

2）经验准备：幼儿能够具备初步的语言表达能力与动手能力。

（三）过程预设

1. 谈话导入

小朋友们，你们知道，眼睛可以帮助我们做哪些事吗？

★幼儿自由发言，教师进行总结。

如果有一天我们的眼睛看不见了，会发生什么事呢？

★鼓励孩子们大胆表达，教师记录幼儿语言，整理成儿童散文。

2. 游戏体验：盲人走路

下面我们来玩一个小游戏：盲人走路。体验一下，如果我们的眼睛看不见，会是一种怎样的感受呢。

★游戏规则：两人一组，一人蒙眼扮演盲人，一人牵着盲人的手走路。

分享感受 说一说刚刚蒙上眼睛走路的时候，你是什么感受。

★幼儿自由发言，表达游戏的体验及心情，教师对幼儿的表达进行再次记录。

3. 我是护眼小卫士

小朋友们，刚刚我们已经感受到了，如果没有了眼睛我们的世界会变得一片黑暗，很多事情都做不了。所以眼睛对我们来说非常重要。那你们知道我们应该怎么样保护眼睛吗？

★幼儿自由发言，说说自己了解的保护眼睛的小妙招。

下面老师要给大家展示几个小朋友的用眼方式，看看他们的用眼方式正确吗？

★教师展示情境卡片，让幼儿进行判断。（图2-24～图2-28）

图2-24　用脏手揉眼睛

图2-25　看书时离得很近

图2-26　长时间玩手机

图2-27　眼睛与书本保持距离

图 2-28 时常远眺

4. 护眼小常识

那我们应该怎么样保护眼睛呢？我们一起来看一个动画片。

★教师播放护眼短片，并带领幼儿认真观看。

说一说动画里都说了哪些保护眼睛的好办法呀？

★教师与幼儿共同进行总结，教师出示图示卡进行提示，辅助幼儿回忆。

5. 总结

★我们已经了解了眼睛的作用和保护眼睛的好办法，希望小朋友们都可以成为眼睛的小主人，好好保护自己的眼睛。

★收集整理幼儿的作品（对眼睛的绘画表征以及语言表征："如果没有眼睛……"）张贴在墙上，与家长及全校师生分享。

第三课时　鼻子知多少

（一）课程目标

1. 认识鼻子的结构，知道鼻子各部分的名称。
2. 愿意尝试用材料来制作鼻子。
3. 感受动手探索材料的乐趣。

（二）课程准备

1）物质准备：橘子、苹果、香蕉、醋等物品，盒子若干，放大镜、彩泥。

2）经验准备：幼儿有通过嗅觉判断气味的经验。

（三）过程预设

1. 游戏导入——猜一猜

小朋友们，这里有一些神秘的盒子，我想邀请小朋友们用鼻子来闻一闻，猜一猜这里面装的是什么？

★教师分别出示装有各种气味物品的盒子，让小朋友们依次闻一闻，猜一猜。

刚刚我们是通过脸上的哪个部位来辨别出这些东西的呢？（鼻子）

小结 鼻子可以帮助我们辨别不同的气味，那我们今天就一起来探秘一下我们的小鼻子吧。

2. 说一说：鼻子像什么？

小朋友们，我们的鼻子长什么样呢？像什么呢？大家可以观察一下旁边小朋友的鼻子，一起来说一说吧。

★教师引导幼儿仔细观察鼻子的形态结构，并用语言表达出来。

★教师记录幼儿的语言表达，可整理成小散文《鼻子》。

3. 认一认：鼻子的结构

小朋友们，你们的鼻子由哪些部分组成呢？我们一起来认识一下吧。

★教师引导幼儿结合鼻子的结构图，认知鼻子各部分的结构及名称。

4. 捏一捏：彩色鼻子

接下来，老师要分给每位小朋友一块彩泥，你看看，能不能尝试用彩泥捏出一个鼻子呢？

★教师发放橡皮泥，带领幼儿一起使用橡皮泥表征看到的鼻子。

★作品完成后，引导幼儿分享自己的作品。

5. 总结延伸

我们再来回顾一下，我们的鼻子是由哪些部分组成的呢？

我们每个人的鼻子都长得一样吗？哪里不一样呢？活动结束后，小朋友们可以一起比一比，说一说哦。

第四课时　神秘的鼻子隧道

（一）课程目标

1. 认识自己的鼻子的内部结构，了解鼻子隧道的各个组成部分。

2. 知道如何爱护鼻子。

（二）课程准备

1）物质准备：绘本《嘿，我的鼻子》（［中］廉东星 编著），保护鼻子的图示卡、放大镜。

2）经验准备：幼儿有挖鼻孔的习惯。

（三）过程预设

1. 谈话导入

小朋友们，你们知道鼻子上的两个洞叫什么吗？（鼻孔）我们的鼻子上为什么会有两个鼻孔呢？你们觉得这两个小孔有什么用途呢？

★幼儿自由表达观点，教师进行记录。

鼻孔里面黑黢黢的，像两个长长的隧道，你们觉得鼻子的隧道里会有什么呢？

★鼓励幼儿发挥想象力，说一说鼻子隧道里面的样子，并在班级分享。

今天，老师就带领小朋友们一起来探索一下我们的鼻子隧道。

2. 观察鼻子隧道

接下来我们就用放大镜来看一看我们的鼻孔，看看你能发现什么？

★教师将幼儿两两分组，每组一个放大镜，两人交替使用。

★教师讲解放大镜的作用及使用方法，引导幼儿互相观察鼻孔。

说说你们在这两条鼻子隧道里发现了什么呢？

★幼儿分享自己的观察结果，教师认真聆听。

小朋友们都观察得很仔细，我们发现呀，在鼻子隧道里有长长的鼻毛，有鼻涕，还有鼻屎。你们知道鼻屎是从哪里来的吗？为什么我们的鼻子里会有鼻屎呢？

★幼儿自由分享，讲述自己的猜测。

小结　接下来我们来通过一个小故事，了解一下鼻子隧道吧。

3. 绘本阅读：《嘿，我的鼻子》

大家要听仔细哦，鼻子隧道里究竟有什么呢？它们又有什么作用呢？我们一起到绘本里去寻找答案吧。

★教师完整阅读绘本，引导幼儿了解鼻子的内部构造以及各个结构的功能。

小朋友们，刚刚故事中提到，鼻子中有两个秘密武器可以对付灰尘和细菌，它们分别是什么呀？（鼻毛和鼻黏膜）

★教师出示绘本图片，带领幼儿一同回忆。

我们的鼻屎是谁变的呢？现在你知道了吗？

★教师引导幼儿结合绘本进行回忆。

小结　通过绘本，我们了解到：鼻毛和鼻黏膜帮助我们打败了很多灰尘和细菌，这些灰尘和细菌残留在鼻子里就变成了鼻屎，所以鼻屎是很脏很脏的东西，我们要记得一定不能把鼻屎放进嘴巴里哦。

4. 保护鼻子小常识

鼻子对我们来说很重要，那我们应该怎么保护我们的鼻子隧道不受伤呢？

小朋友，你们看看下面这些行为会不会伤害到鼻子隧道呢？

★教师展示情境卡片，注意让幼儿进行判断，并讲解其危害。（图2-29～图2-32）

图 2-29　使劲擤鼻涕

图 2-30　把手放进鼻子里

图 2-31　把玩具放进鼻子里

图 2-32　鼻子受到猛烈撞击

那我们应该如何正确地保护自己的鼻子呢？我们通过一首儿歌来学习一下吧。

★教师播放保护鼻子的儿歌（protect my nose），带领幼儿共同观看。

5. 总结延伸

我们再回顾一下，鼻子隧道里面，是谁在保护我们的身体呢？

怎样才能正确地保护好我们的小鼻子呢？

总结　希望大家都能在生活中互相监督，爱护好自己的小鼻子，做一个健康快乐的小宝贝。

第五课时　耳朵山洞历险记

（一）课程目标

1. 认识自己的耳朵，了解耳朵的内部结构。

2. 了解耳朵的功能并知道如何爱护耳朵。

（二）课程准备

1）物质准备：保护耳朵的图示卡，大自然的音乐，绘本《耳朵山洞历险记》。

2）经验准备：幼儿能够聆听环境中的声音并进行辨别。

（三）过程预设

1. 导入：倾听游戏

小朋友们，今天我们要来玩一个倾听游戏：请小朋友们闭上眼睛，老师播放一段声音，大家听一听，你能听到什么声音呢？

★教师计时30秒，引导幼儿认真聆听。

★邀请幼儿分享自己听见的声音。

咦，是哪个部位帮助我们听到了这么多声音呢？（耳朵）没错，是我们的小耳朵，今天我们就来一起了解一下神奇的小耳朵吧。

2. 观察

我们的小耳朵长什么样呢？耳朵摸起来是什么感觉呢？接下来，你和你旁边的小朋友一起观察一下，摸一摸吧。

★将幼儿两两分组，互相观察对方的耳朵。

★幼儿自由分享自己的观察结果，与大家讨论。

★教师总结幼儿的观察发现，并记录。

小结 我们的小耳朵像小喇叭一样向外张开，里面有很多高低起伏的耳骨。有的耳朵摸起来硬硬的，有的耳朵摸起来软软的。

3. 想象：耳朵里的世界

小朋友们，你们有没有发现，耳朵上有一个黑黑的小洞，猜猜看，这个小洞里面藏着什么呢？

★补充提问：我们的耳朵为什么能听到声音呢？为什么有时候耳朵会感觉痒痒的呢？为什么耳朵里会有耳屎呢？

★幼儿大胆想象耳朵里面的世界，进行语言表征，给每位幼儿发言的机会，教师记录幼儿的表达。

4. 绘本阅读：《耳朵山洞历险记》

接下来，我们通过一个小故事《耳朵山洞历险记》，一起来解密神秘的耳朵世界吧。

★教师阅读绘本《耳朵山洞历险记》，带领幼儿初步了解耳朵里的世界。

5. 如何保护耳朵

想象一下，如果没有耳朵，会发生什么事情呢？

★教师引导幼儿大胆想象表达，给每一位幼儿发言的机会，教师记录幼儿的表达。

下面我们来看一看，这些小朋友的行为是在破坏我们的耳朵世界还是在保护它呢？

★教师展示以下情境卡片，带领幼儿进行判断。（图 2-33～图 2-35）

图 2-33　音乐放得很大声

图 2-34　把玩具塞进耳朵里

图 2-35　待在噪声很大的地方

所以，怎样才能更好地保护我们的耳朵不受伤呢？

★教师引导幼儿一起总结保护耳朵的方法。

6.作品展示

★教师将幼儿充满想象力的语言表征进行收集整理，制作成有关耳朵里的世界的展览。

★也可为幼儿提供各种材料，进行以耳朵里的世界为主题的创意制作。

第六课时　可爱的小嘴巴

（一）课程目标

1.认识自己的嘴巴的基本结构，了解嘴巴各个部位的名称和它所在的位置。

2.知道如何爱护嘴巴。

（二）课程准备

1）物质准备：嘴巴结构图、纸笔、彩色蜡笔，各种装饰材料。

2）经验准备：幼儿对嘴巴的各部位功能具有初步的认知。

(三) 过程预设

1. 活动导入——能干的小嘴巴

小朋友们，你知道我们的小嘴巴能帮助我们做些什么事情吗？

★引导幼儿大胆猜想，可以准备小道具，引导幼儿尝试体验（如风车、小喇叭、话筒、小零食等）。

哇，我们的小嘴巴可真能干，除了能吃东西以外，还能做好多好多的事情。今天老师将带领大家一起去探秘嘴巴的世界。

2. 观察嘴巴

首先，我们和旁边的小朋友互相观察一下，嘴巴是什么样子的呢？

★幼儿进行分组，张大嘴巴互相观察，说一说嘴巴里有什么。

★教师出示嘴巴结构图式卡，引导幼儿观察并认识嘴巴的各部分的结构和名称。

小朋友们，我们仔细看一看，每个人的小嘴巴长得是一样的吗？有什么不一样呢？

★引导幼儿观察小朋友的嘴型大小、颜色、嘴唇的薄厚等，进行简单比较与描述。

3. 图画小嘴巴

接下来，我们来尝试画一画我们的小嘴巴，并给它涂上漂亮的颜色吧。

★教师引导幼儿观察嘴巴的细节，并使用图画进行表征。

★绘画完成后，教师引导幼儿给嘴巴涂颜色或用材料进行装饰。

4. 作品展示与分享

★作品完成后，鼓励幼儿一起分享作品。

★将作品粘贴展示，帮助幼儿建立自我成就感。

第七课时　牙齿大冒险

（一）课程目标

1. 认识口腔的基本结构，了解口腔各个部位的名称和它所在的位置。

2. 知道如何保护牙齿。

（二）课程准备

1）物质准备：口腔结构图，牙齿教具，橡皮泥（可选）、纸笔、牙刷、绘本《噼里啪啦牙菌来啦》（布克 编著）、正确刷牙视频。

2）经验准备：幼儿能通过观察描述自己看到的场景，并对嘴巴的各部位功能具有初步的认知。

（三）过程预设

1. 谈话导入

你们知道嘴巴里面藏着什么吗？你能说出它们的名字吗？

小结 今天，我们就要一起来走进嘴巴里的世界，来一场嘴巴大探险。（图2-36）

2. 口腔的结构

嘴巴里面，我们叫它口腔。口腔是由牙齿、牙龈、舌头、咽喉一起构成的。猜一猜，它们有什么用途呢？

小结 牙齿和舌头配合用来咀嚼和捣碎食物；牙龈则保护牙齿；咽喉用来吞咽食物。

3. 牙齿大冒险

口腔中最坚硬的部位是谁呢？

如果我们吃完东西不刷牙，那将会发生什么事情呢？

★幼儿发挥想象，自由表达。

接下来我们将通过一个绘本故事，来看一看，如果不刷牙，会有什么后果呢？

图2-36 口腔

★绘本阅读《噼里啪啦牙菌来啦》，可带领幼儿更加深入地了解保护牙齿的重要性。

小结 原来不刷牙，牙齿细菌就会在我们的牙齿里造房子。那么我们该怎样保护自己的牙齿呢？

4. 我爱刷牙

为了保持嘴巴乐园的安全和卫生，我们需要认真刷牙，不让牙细菌有机会进来捣乱，小朋友们，你们知道我们应该怎么样正确地刷牙吗？

★播放正确刷牙视频，带领幼儿共同学习正确的刷牙方式。

现在，让我们一起来动手尝试刷牙吧。

★教师分发牙齿模具，三人一组，领取一个模具，发放牙刷，让幼儿进行练习，教师进行巡视，检查幼儿的刷牙方法，进行纠正指导。

5. 作品展示与总结

好的，今天我们一起学习了保护牙齿的好办法，希望小朋友们能好好爱护自己的牙齿，每天刷牙哦。

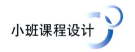

第八课时　有趣的脸

（一）课程目标
1. 观察自己的五官的位置结构，能够绘画自己的脸。
2. 能够运用材料对五官进行个性化的表征。

（二）课程准备
1）物质准备：镜子，幼儿的大脸照，彩笔、纸、彩泥及教室内可用的装饰性材料，贴五官游戏所需的材料准备。
2）经验准备：幼儿对脸有一定的探索兴趣，能够说出脸部的五官名称，能够分辨基本的面部表情。

（三）过程预设

1. 儿歌导入

小朋友们，我们先和老师一起做一个好玩的手指游戏吧。

★教师播放儿歌，与幼儿共同聆听。（教师提前准备好五官歌的音乐）

贴五官游戏　"有个小朋友醒来发现脸上的五官都不见了，他很着急，现在想请大家帮帮忙，帮他找到五官，并贴在正确的位置上。"

★教师将五官散落在教室比较明显的角落里，邀请小朋友找回五官，并贴回到正确的位置。

我们每个人的脸都有鼻子、眼睛、嘴巴和耳朵，可是，我们的脸长得一样吗？究竟哪里不一样呢？今天，让我们一起来做个游戏吧。

2. 找不同

接下来老师邀请小朋友们一起来找不同。我们一起来找一找，每个人的脸究竟哪里不一样呢？

★教师邀请两名幼儿做示范，鼓励其他幼儿仔细观察这两位幼儿的脸，发现他们脸上的不同，并说一说他们的特点。

3. 独一无二的脸

原来我们每个人的脸长得都不一样。接下来我们有一个小任务——画一画自己的脸。

★幼儿提前准备好镜子，教师引导幼儿仔细观察自己的五官，然后把它们画下来。

★在使用镜子前，教师需要向幼儿讲解镜子的使用方法以及注意事项，包括安全的使用方法，以及如何保护好自己的镜子等，避免出现意外，划伤小朋友。

★在幼儿观察绘画过程中，教师适时指导幼儿的观察与表征活动，但不干预幼儿的活动。

分享与展示：邀请幼儿分享展示自己的作品。

4. 延伸创作

接下来我们可以选择自己喜欢的材料，来装饰一下我们的脸，让它变得更加漂亮。

★鼓励幼儿使用丰富的材料对自己进行完绘画的脸增加不同的装饰，教师提前准备好可以使用的各种材料。（彩纸、黏土、吸管、树枝等，可根据区域中实际有的材料进行选取。）

5. 作品展示与总结

★将幼儿绘制的自主作品收集整理，进行展示。

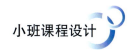

春季学期课程

课程一：我爱我家

一、课程结构

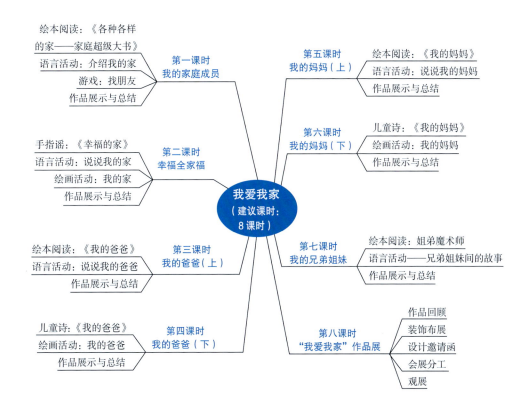

二、课程设计

我爱我家
（建议课时：8课时）

【主题说明】

家庭是幼儿在出生后最为重要的活动场所及情感联结环境。在本阶段的学习中，我们将通过介绍各种各样的家庭形态，带领幼儿认识到家的形态不只有一种，也学会尊重和理解不同形态的家庭。同时也将引导幼儿重新认识自己的家，进一步感受自己对家的感情以及与家人之间的联结，并用心去感受家的温暖。

【主题总目标】

1. 了解各种各样、不同形态的"家"，能够理解和尊重每一种家庭形态。
2. 认识自己的家庭成员，喜欢讲述与家庭成员相关的趣事。
3. 能用语言简单表达自己对"家"的理解，并能感受到家人之间的温暖与爱。

第一课时　我的家庭成员

（一）课程目标

1. 认识各种各样的家庭类型。
2. 能够用语言描述自己的家庭类型。
3. 能够清晰地知道自己的家庭成员都有谁。

（二）课程准备

1）物质准备：教师的全家福，幼儿的全家福，绘本《各种各样的家——家庭超级大书》（［英］玛丽·霍夫曼 著；［英］罗丝·阿斯奎思 绘）（可以制作成PPT帮助幼儿理解）或使用教案中提出的场景图片。

2）经验准备：幼儿能够对"家"的概念有初步的理解。

（三）过程预设

1. 导入

这是一张老师家庭的全家福，你们看看我的家庭成员都有谁呢？一共有多少个人？

★教师展示自己的全家福照片，向幼儿进行介绍。

你的家里都有谁呢？

你都和谁住在一起呢？每个人的家都是一样的吗？

小结 今天我们就要和小朋友们一起来分享一下《各种各样的家——家庭超级大书》。

2. 各种各样的家

家究竟有哪些不同的样式呢？让我们跟着绘本故事一起来了解一下吧。

★ 教师阅读绘本《各种各样的家——家庭超级大书》至"两个人也能组能一个家"。

小朋友们，故事中的家都一样吗？你还记得故事中有哪几种不一样的家庭吗？

★ 教师带领幼儿，结合下面的情境卡片来回顾绘本中各种各样的家（将各种各样的家庭成员展示出来）。（图 2-37～图 2-39）

图 2-37　爸爸和孩子

图 2-38　妈妈和孩子

图 2-39　爷爷奶奶和孩子

有的家庭也会把宠物当成自己的家人，你的家有自己的宠物吗？

3. 介绍我的家

你的家里都有谁呢？你和谁住在一起呢？

★ 鼓励幼儿展示介绍自己的全家福，并进行介绍，引导幼儿使用"我的家里有……有……，我的家里一共有……个人。"句式来表达。

★ 幼儿介绍完毕后，可以对比故事中的家庭形态图示卡，将自己的全家福贴在相应的家庭类型下。

4. 找朋友

小朋友们，我们一起找一找，谁的家和你的家是一样的呢？

★教师带领幼儿一起来认一认、数一数每种家庭形态的个数。

5. 小结

家庭的形态有很多种，每一种家庭都有各自的小幸福，下一次活动，我们将一起来分享一下每个家庭中的小幸福。

第二课时　幸福全家福

（一）课程目标

1. 幼儿能够使用简单的语言表达自己的家庭趣事，进一步理解家的含义。
2. 幼儿能够根据自己的家庭成员，绘制出自己的全家福。
3. 感受并体验在分享家庭趣事时候的幸福与快乐。

（二）课程准备

1）物质准备：幼儿家的全家福照片，班级可用的装饰性材料、纸、彩色笔。

2）经验准备：有过和小伙伴分享发生在家里的趣事的经验。

（三）过程预设

1. 导入

小朋友们，我们一起来伸出手指玩一个有趣的手指谣吧。

★手指谣原文：

《幸福的家》

我有一个幸福的家，（双手手指交叉握拢代表家庭）

有爸爸有妈妈，（分别伸出左手掌和右手掌张开、握拳反复两下）

我们相亲又相爱，（十根手指相互触碰）

快快乐乐笑哈哈。（拍手数次）

今天我们来一起聊一聊在家里发生的有趣的事儿吧。

2. 说说我的家

你的家里都有谁呢？你最爱的人是谁呢？为什么呢？

★鼓励幼儿分享自己的全家福照片，说一说自己最爱的人。

你和家人之间有发生过什么有趣的事情吗？可以和我们分享一下吗？

★鼓励幼儿大胆表达，教师记录儿童语言，并在之后的环节进行整理与展示。

小朋友们，你觉得家是什么呢？

★问题有点儿深，但是可以听一听孩子们对于家的理解，或许会有意想不到的收获。

3. 幸福全家福

刚刚我们分享了自己的全家福和家里的趣事。接下来我们要来画一张自己家里的全家福吧。首先我们来观察一下自己的家人，他们都长的什么样子呢？

★引导幼儿观察图片中人物的特征。

接下来，我们就要把家人的这些特点都要画在画纸上哦。

★引导幼儿观察照片中家人的特征进行绘画。教师针对幼儿的情况适时给予指导。

4. 作品展示与分享

我们一起来展示分享一下我们的作品吧。

总结 每个人都有自己温暖的家，每个人的家也都不一样。但一样的是，我们都很爱我们的家人，我们的家人也很爱我们。希望每个宝贝都能在家中感受到与家人在一起的幸福与美好。

第三课时 我的爸爸（上）

（一）课程目标

1. 倾听绘本故事，能够使用简单的语言讲述爸爸的本领。
2. 能够大胆地讲述自己和爸爸之间有趣的事情感受爸爸的爱。
3. 感受和他人分享爸爸的本领时内心的快乐与自豪。

（二）课程准备

1）物质准备：绘本《我的爸爸》（［英］安东尼·布朗 著）。

2）经验准备：幼儿能够使用语言进行基本的描述与表达。

（三）过程预设

1. 导入

小朋友们，你觉得自己的爸爸厉不厉害？你觉得爸爸做什么事情最厉害呢？

（出示绘本《我的爸爸》封面）老师这里也有一个非常厉害的爸爸，这位爸爸有什么本领呢？我们一起来听一听吧。

2. 我的爸爸

★教师阅读绘本《我的爸爸》，幼儿认真聆听。

故事中的爸爸有什么厉害的本领呢？他都像什么呢？

★幼儿结合绘本说一说故事中的爸爸的本领，教师带领幼儿再次回顾绘本。

在你的心目中，自己的爸爸有什么厉害的本领呢？你觉得爸爸像什么呢？

★鼓励幼儿大胆表达对爸爸本领的分享，教师记录幼儿的言语，整理成一首散文诗。

3. 我和爸爸

你和爸爸一起做过什么有趣的事情呢？

★鼓励幼儿结合问题进行分享，教师记录并整理幼儿的语言，形成相应的语言作品，如《有趣的爸爸》《爸爸的爱》《我爱爸爸》。

爸爸爱你吗？他是怎么表达爱你的呢？

你爱爸爸吗？你会怎么表达爱爸爸的呢？

4. 总结

小朋友们，我们对爸爸的爱已经藏在了每一个说出来的句子当中啦，爸爸是我们每个人心中不可替代的超级英雄。下节课我们会继续讨论我们的爸爸，并且准备一份小礼物送给他哦。

第四课时 我的爸爸（下）

（一）课程目标

1. 能够根据爸爸的照片，绘画爸爸的头像。
2. 尝试使用陶泥（或轻黏土）材料，制作立体的人像。
3. 通过艺术作品表达对爸爸的爱。

（二）课程准备

1）物质准备：提前整理好前一个活动中儿童的语言作品、爸爸的照片；陶泥或轻黏土。

2）经验准备：幼儿能够表达自己对爸爸的爱，并且有绘画人脸的经验。

（三）过程预设

1. 导入

上次的活动中，我们一起分享了爸爸的本领，老师已经把大家的话都记录了下来，整理成了好听的散文诗，我们一起来欣赏一下吧，听的时候猜一猜这是谁的爸爸。

★教师分别阅读整理好的儿童诗，邀请幼儿猜测，并且在最后公布答案。

既然我们的爸爸这么厉害，我们就为爸爸画一幅画像送给他吧。

2. 绘画爸爸

（出示爸爸的照片）我们先来观察一下自己的爸爸长什么样。

★老师引导幼儿观察脸部的五官细节，如脸的形状、五官的形状和大小、是否戴眼镜等等。帮助幼儿在绘画中呈现更丰富的细节。

接下来我们就来画一画自己的爸爸吧。

★教师结合幼儿的情况给予针对性的指导，绘画结束后引导幼儿分享展示。

3. 材料拓展

接下来，我们要尝试用彩泥，把爸爸的头像捏出来，我们一起来试一试吧。

4. 展示分享

下面我们一起来分享一下自己的作品吧。

★鼓励幼儿大胆讲述自己的作品，勇敢地表达自己。

★分享结束后，将幼儿作品放入展示区进行展示。

第五课时　我的妈妈（上）

（一）课程目标

1. 倾听绘本故事，能够使用简单的语言讲述妈妈的本领。
2. 能够大胆地讲述自己和妈妈之间有趣的事情，感受妈妈的爱。
3. 感受和他人分享妈妈的本领时内心的快乐与自豪。

（二）课程准备

1）物质准备：绘本《我的妈妈》（［英］安东尼·布朗 著）
2）经验准备：幼儿能够使用语言进行基本的描述与表达。

（三）过程预设

1. 导入

前两次活动我们聊过了爸爸，今天我们要和大家聊一聊妈妈。你觉得妈妈有什么厉害的本领吗？

有一位小朋友，她很爱很爱自己的妈妈，也想跟我们分享一下妈妈的厉害本领，我们先一起来听一听吧。

2. 我的妈妈

★教师阅读绘本《我的妈妈》，幼儿认真聆听。

故事中的妈妈有什么厉害的本领呢？她像什么呢？

★幼儿结合绘本说一说故事中的妈妈的本领。

在你的心目中，妈妈有什么厉害的本领？你觉得妈妈像什么呢？

★鼓励幼儿大胆表达自己对妈妈的认知，教师记录幼儿的言语，整理成一首散文诗。

3. 我和妈妈

你和妈妈一起做过什么有趣的事情呢？

你觉得妈妈爱你吗？她是怎样爱你的？

你爱妈妈吗？你会怎么爱妈妈呢？

★鼓励幼儿结合问题进行分享，教师整理并记录幼儿的语言，形成相应的语言作品，如《有趣的妈妈》《妈妈的爱》《我爱妈妈》。

4. 总结

小朋友们，我们对妈妈的爱已经藏在了每一个说出来的句子当中啦，妈妈是我们每个人心中最爱的人。下次活动我们会继续讨论我们的妈妈，并且会准备一份小礼物送给她。

第六课时 我的妈妈（下）

（一）课程目标

1. 能够根据妈妈的照片绘画妈妈的头像。
2. 尝试使用陶泥（或轻黏土）材料，制作立体的人像。
3. 通过艺术作品表达对妈妈的爱。

（二）课程准备

1）物质准备：提前整理好前一个活动中儿童的语言作品、妈妈的照片；陶泥或轻黏土。

2）经验准备：幼儿能够表达自己对妈妈的爱，并且有绘画人脸的经验。

（三）过程预设

1. 导入

上次活动，每位小朋友都讲述了自己妈妈的本领，老师已经把大家的话都记录了下来，整理成了好听的散文诗，我们一起来听一听吧，猜猜这是谁的妈妈。

★教师阅读儿童诗，邀请幼儿猜测，并且在最后公布答案。

今天，我们也要为妈妈画一张画像，送给妈妈做礼物。

2. 绘画妈妈

（出示妈妈的照片）我们先来观察一下自己的妈妈长什么样。

★老师引导幼儿观察脸部的五官细节，如脸的形状、五官的形状和大小、是否戴眼镜等。帮助幼儿在绘画中呈现更丰富的细节。

接下来，我们就来画一画自己的妈妈吧。

3. 材料拓展（用陶泥或黏土捏一捏妈妈）

下面我们尝试用陶泥，把妈妈的头像捏出来，我们一起来试一试吧。

★鼓励幼儿探索陶泥或轻黏土材料，制作立体人物。

4. 展示分享

接下来，我们一起来分享一下自己的作品吧。

★鼓励幼儿大胆讲述自己的作品，勇敢地表达自己。

★分享结束后，将幼儿作品放入展示区进行展示。

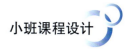

第七课时　我的兄弟姐妹

（一）课程目标

1. 愿意向他人分享，并能够介绍自己的兄弟姐妹。
2. 能够使用语言讲述自己与兄弟姐妹之间的故事。
3. 能够初步感知兄弟姐妹间的亲情与爱。

（二）课程准备

1）物质准备：绘本《姐弟魔术师》（［美］奥黛丽·伍德 唐·伍德 绘／著），纸、画笔。

2）经验准备：幼儿有和兄弟姐妹相处的经历。

（三）过程预设

1. 导入

小朋友们，你们有哥哥姐姐或者弟弟妹妹吗？你们会在一起玩些什么呢？

你喜欢他（她）吗？为什么呢？

★幼儿真实表达自己的情感。

小结　今天我们就来一起聊一聊我们的兄弟姐妹吧。

2. 我和兄弟姐妹

今天我们要一起来听一个有趣的故事，故事的名字叫《姐弟魔术师》，他们之间会发生什么好玩的事情呢？我们一起来听听吧。

★教师阅读绘本《姐弟魔术师》。

故事中的姐弟二人，刚刚经历了什么事情呢？

小朋友们，你们有没有和兄弟姐妹发生过有趣的故事呢，能和我们分享一下吗？

★幼儿讲述自己与兄弟姐妹之间相处的故事，教师记录幼儿的表达，并整理为《儿童趣事摘记》。

你们之间有发生过不愉快的事情吗？你们是怎样解决这些不愉快的呢？你们最后和好了吗？

3. 珍贵的礼物

接下来我们要制作一件小礼物送给你的兄弟姐妹，你想送给他什么呢？

下面我们用彩泥来为他做一份小礼物吧。

★鼓励幼儿用材料进行表征，教师记录幼儿表征的过程以及幼儿的语言表达。

4. 作品展示与总结

你做了什么礼物呢？你想把它送给谁呢？

★教师整理幼儿作品、张贴展示，附上幼儿的语言表征。

总结 小朋友们，兄弟姐妹是我们生命中很重要的人，他们陪着我们一起经历了很多有趣的冒险，虽然有些时候我们会发生一些争吵，但他们总是我们最爱的家人和朋友，我们要一起和睦相处。

第八课时 "我爱我家"作品展

（一）课程目标

1. 整理有关于"我爱我家"的所有作品。
2. 能够在教师的协助下完成展览的布置与讲解。

（二）课程准备

1）物质准备：前期完成的所有作品，装饰时需要使用的材料。
2）经验准备：幼儿能在教师的协助下进行场地的布置与作品讲解。

（三）过程预设

1. 作品回顾

教师带领幼儿进行整体的项目总结，梳理作品，并将所有作品进行展示。

作品形态：

画作	《全家福》《我的爸爸》《我的妈妈》
儿童语言记录表征	《我的爸爸》《我的妈妈》《儿童趣事摘记》
手工作品	《我的爸爸》《我的妈妈》《珍贵的礼物》

2. 装饰布展

教师带领幼儿对作品进行布置及场馆设计与装饰。

★幼儿的作品旁由幼儿进行讲解、教师进行记录，附上作品说明。

3. 设计邀请函、入场券

教师带领幼儿制作邀请函及观看会场展览的入场券，为后续的展览做准备。

4. 进行会展的分工——检票员、解说员等

教师协助幼儿进行分工，分别担任检票员、解说员等可能在展览过程中需要的角色任务。

教师可协助需要帮助的幼儿完成任务。

5. 观展

首先邀请园内教师、幼儿观展、观剧，让幼儿熟悉场馆的大致状态及自己的工作任务内容。

邀请家人来园观展、观剧，作为本主题内容的最终展示阶段。

课程二：伤心与害怕

一、课程结构

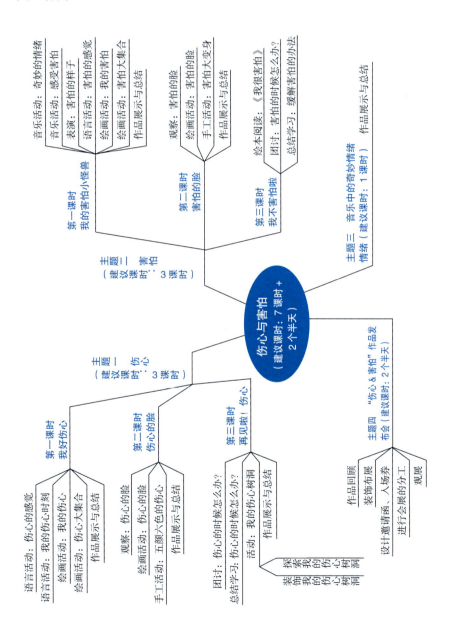

二、课程设计

主题一　伤　心

（建议课时：3 课时）

【主题说明】

伤心是人类的基本情绪之一，小班的孩子经常会出现伤心的情绪，本课程旨在通过各种体验和表征活动，带领幼儿回忆自己伤心时的经历，感受"伤心"这一种情绪状态，并愿意与老师和同学分享自己伤心的情绪，同时，也将通过团讨的方式带领幼儿探讨和寻找缓解伤心的办法。

【主题总目标】

1. 知道"伤心"是一种情绪，并能解释伤心的原因。
2. 感知伤心时的心理感受，并能够运用多种方法来表达表征"伤心"的感受。
3. 愿意与他人分享自己伤心的情绪，并愿意尝试缓解伤心情绪的方法。

第一课时　我好伤心

（一）课程目标

1. 了解"伤心"的含义。
2. 敢于回忆伤心的事情，分享伤心时内心的感受。
3. 能够使用各种方式表达自己的伤心。

（二）课程准备

1）物质准备：伤心的小兔子图示卡，A4 纸、活动眼珠、12 色颜料。

2）经验准备：幼儿有过伤心等情绪，能够用语言表达自己伤心时的感受。

（三）过程预设

1. 情境导入

（展示伤心的小兔子图示卡）大家猜一猜，这只小兔子它怎么了呀？发生了什么事情呢？

★教师展示图示卡片，邀请幼儿说一说小兔的心情，猜一猜小兔伤心的原因。（图 2-40）

图2-40 伤心的小兔子

小兔子此时此刻的心情是什么样的呢?

小结 生活中我们可能会因为很多事情感到伤心,今天,我们就一起来探索一下"伤心"这种情绪。

2. 伤心的感觉

小朋友们,你们知道什么是伤心吗?你们伤心的时候是什么样子的?

★幼儿自由发言,分享或表演自己伤心时的状态。

小朋友们,哪些事情会让你感觉很伤心呢?

★鼓励幼儿表达自己的想法,如"和妈妈分别的时候,我很伤心",教师适时记录儿童的语言,并整理成散文诗。

伤心的时候我们的身体里是什么样的感觉呢?

★引导幼儿感受伤心时的身体的感觉,如"伤心的时候,会流眼泪""伤心时,身体没有力气",等等,关注身体的感觉。可以通过观察小兔子的伤心,帮助孩子们观察和共情小兔子此时此刻的感受和感觉。

3. 伤心变变变

如果用一种颜色来代表伤心,你的伤心会是什么颜色的呢?为什么呢?

★鼓励幼儿自主表达,如"我的伤心是蓝色的,因为……"教师记录幼儿的表达,整理成儿童散文诗。

伤心也可以变化出各种形状哦,我们一起来试试看吧。

★教师引导幼儿将A4纸横向对折,纸张中间滴入颜料(幼儿自主选择伤心的色彩),然后对折按压。

接下来,我们来为伤心贴上小眼睛吧。(出示活动眼珠)

我们来看一看,伤心变成了什么?

★幼儿根据颜料的形状,展开想象,如"我的伤心变成了蝴蝶",教师针对幼儿的表达进行记录。

小结 好啦，这就是我们全班同学的"伤心"，我们把它展示起来吧。

4. 作品展示与总结

将幼儿的作品进行张贴展示，邀请幼儿互相分享。

第二课时 伤心的脸

（一）课程目标

1. 能够识别伤心的面孔。
2. 能够使用材料对伤心的面孔进行表征。

（二）课程准备

1）物质准备：黏土、纸、彩笔，其余可以进行装饰的材料。
2）经验准备：幼儿能够识别伤心的情绪并能使用材料进行创作。

（三）过程预设

1. 导入

小朋友们，我们伤心的时候，是什么样子呢？

★鼓励幼儿表达或表演自己伤心的样子。

我们来看一看，伤心的时候，我们脸上的表情是什么样的呢？

★教师发放镜子，向幼儿讲述使用镜子的安全注意事项。

★引导幼儿模仿伤心的表情，并进行观察，观察结束后讲述自己的发现。

2. 伤心的脸

我们每个人伤心的样子好像都不太一样，接下来我们对着镜子画一画自己伤心的表情，看一看每个人的伤心都是什么样子呢。

★教师鼓励幼儿观察镜子中自己伤心时候的表情，并进行绘画。

★创作结束后，邀请幼儿与大家分享展示。

3. 五颜六色的伤心

伤心的时候，心情感觉灰蒙蒙的。我们有没有什么好办法，帮助我们的"伤心"变漂亮呢？

★教师引导幼儿运用五颜六色的材料，通过拼贴等方式来表现伤心，寻找让伤心变漂亮的方法。

★鼓励幼儿选择自己喜欢的材料，来装饰伤心的脸。

展示分享：说一说你是怎样把自己的伤心变漂亮的呢？

★鼓励幼儿进行作品展示，与大家分享。

4. 作品展示

教师与幼儿共同将制作好的作品进行整理，并展示。

第三课时　再见啦！伤心

（一）课程目标
1. 幼儿能觉察伤心的情绪。
2. 幼儿能掌握克服伤心的方法。

（二）课程准备
1）物质准备：挂在树上的牌子，伤心的情境卡片。
2）经验准备：幼儿能够使用语言表达自己的感受。

（三）过程预设
1. 情境导入

今天有一些小朋友来向老师求助了，他们很需要我们的帮助，让我们一起去看看发生了什么事情吧。

★教师展示情境卡片，邀请幼儿根据观察来描述情境卡的内容。（图2-41、图2-42）

你觉得图片中的小朋友此时此刻的心情是怎样的呢？

图2-41　两个抢玩具的小朋友

图2-42　被妈妈教育的小朋友

2. 伤心的时候怎么办？

伤心的时候，我们心里会感觉不舒服、很想哭，那我们有什么办法可以赶走伤心的情绪呢？

★鼓励幼儿大胆表达或者表演赶走伤心的方法，教师适时记录，并对幼儿提出的办法进行总结。

★参考方法：针对小班幼儿的伤心情绪，可以通过肢体接触的方式进行安慰，比如拍拍后背、摸摸头、拥抱、转移注意力等方式。

3. 我的伤心树洞

小朋友们，当我们感觉伤心的时候，除了刚刚提到的很多好办法外，我们还可以找一个小角落，让我们的伤心休息一会儿。

听说啊，伤心精灵最喜欢黑黑的树洞了，只要我们把自己的伤心跟黑黑的树洞说，让伤心精灵躲进去，它就会感觉好一点。我们现在就一起在幼儿园里选一棵大树作为我们的伤心树洞吧。

★教师带领幼儿在幼儿园里寻找一棵身上有圆形疤痕的大树，贴上"伤心树洞"的标志。

其实，伤心树洞也不想一直伤心，他有时候也想开心一下。我们想一想，有什么好办法来帮助他变开心吗？

★教师引导幼儿一起想一想让伤心树洞变开心的办法，引导幼儿实践教学中的方法。

不如我们一起来给伤心树洞做一张微笑的脸吧。

★教师可引导幼儿利用大自然的材料，如花草、树枝、树叶、泥巴等，为树洞做一些开心的表情。

小结 以后如果遇到伤心的事，我们都可以来找伤心树洞，抱一抱它，跟它说说让你难过的事，自己心情也会一点一点变得好起来。当然，老师、爸爸妈妈还有你们周围的小朋友们也都是你们永远的树洞，在伤心的时候也要记得来找我们哦！

4. 作品展示与总结

教师通过拍照或录像等方式记录幼儿探索如何缓解伤心的过程，并将图像、作品等进行张贴展示。

主题二　害　怕

（建议课时：3课时）

【主题说明】

害怕，是人类的基本情绪之一。小班的孩子已经能够清晰地感知和表达害怕的情绪，本课程旨在通过游戏活动带领幼儿深入探索"害怕"这一基础情绪。通过团讨等方式，帮助幼儿深入感受害怕的感受，并尝试探寻克服害怕的好办法，同时引导幼儿尝试使用语言、艺术、戏剧等多种表征方式讲述自己对这一情绪的理解与思考。

【主题总目标】

1. 知道"害怕"是一种情绪。
2. 感知害怕时心里的感受，并能够运用多种方法对"害怕"的感受进行表达表征。
3. 愿意与他人分享让自己害怕的事情，探寻克服害怕的方法。

第一课时　我的害怕小怪兽

（一）课程目标

1. 了解"害怕"的含义。
2. 能够回忆起害怕时的心里感受。

（二）课程准备

1）物质准备：音乐素材包⑤（Flummox，歌手 Robert D.Sands Jr.），A4 纸以及模板的长纸，彩笔。

2）经验准备：幼儿能够用语言表达自己的感受。

（三）过程预设

1. 导入

（播放音乐素材包⑤）小朋友们，你刚刚听到了什么？心里是什么感觉呢？

为什么你会有这样的感觉呢？

★鼓励幼儿根据自己的经验进行分享。

小结　今天我们就一起来探索的情绪就是"害怕"。

2. 害怕的感觉

小朋友们，你们知道什么是害怕吗？你们害怕的时候是什么样子呢？

★鼓励幼儿自由表达或表演，分享自己害怕时的状态。

你会因为什么事情感到害怕呢？可以分享一下吗？

★鼓励幼儿大胆表达，如"从高高的地方滑下来，我感觉很害怕"，教师适时记录幼儿的语言，并整理成关于"害怕"的散文诗。

当我们害怕的时候，我们的身体有什么样的变化呢？

★引导幼儿感受害怕时的身体的感受及变化，如"害怕的时候，我的身体会发抖"，教师适时记录。

3. 害怕变变变

（播放音乐素材包⑤）小朋友们，如果把害怕画出来，你觉得害怕会是什么样的呢？

★引导幼儿使用图画来表现害怕，可以使用点线等符号表征，不一定是具象的图像。

作品分享：接下来我们来分享一下大家的害怕吧。

★引导幼儿说一说自己画的害怕为什么是这样的，教师进行记录，附在幼儿的画作上。

4. 害怕大集合

小朋友们，如果我们的害怕都集合在一起，害怕又会变成什么样子呢？

★教师尝试引导幼儿将自己的害怕画在同一张大纸上。

★引导幼儿观察当害怕被集合在一起之后的样子。

如果用一种颜色来代表害怕，你觉得害怕会是什么颜色呢？为什么呢？

★引导幼儿为害怕选择颜色，并为自己的害怕涂上颜色。

小结 好啦，这就是我们全班同学的"害怕"，我们把它展示起来吧。

5. 作品展示与总结

将班内幼儿的绘画作品进行张贴展示，邀请幼儿进行介绍。

第二课时 害怕的脸

（一）课程目标

1. 能够模仿并识别害怕的面孔。
2. 能够使用材料对害怕的面孔进行表征。

（二）课程准备

1）物质准备：镜子，可供幼儿使用的材料（如黏土、扭扭棒、彩纸等），纸，彩笔。

2）经验准备：幼儿能够识别害怕的表情及特征。

（三）过程预设

1. 导入

小朋友们，你们知道害怕的时候我们的脸是什么样的吗？

★教师展示情境卡片，引导幼儿观察并分享自己的发现。（图2-43、图2-44）

图2-43 害怕（一）　　　　图2-44 害怕（二）

小结 当我们害怕的时候，我们可能会把眼睛和嘴巴张得很大，也可能会把眼

睛和嘴巴闭得紧紧的，生怕自己被发现，你害怕的时候是什么样子呢？

2. 我很害怕

每个人害怕的时候，表情都不一样，我们来画一画自己害怕的表情吧。

★鼓励幼儿观察图片或镜子中的自己，模仿害怕的表情进行绘画。

★绘画完成后鼓励幼儿进行分享。

3. 害怕大变身

接下来，我们用自己喜欢的材料来制作害怕的表情吧。

★教师引导幼儿使用各种各样的材料，对照自己的图画作品，通过拼贴或捏的方式呈现害怕的表情。

★鼓励幼儿分享、讲述自己的作品。

4. 作品展示与总结

教师与幼儿共同整理作品（包括散文诗、图画及立体表征作品等），在墙面展示区域进行作品展示。

第三课时　我不害怕啦

（一）课程目标

1. 幼儿能了解让自己感到害怕的情境、人、事物。
2. 幼儿能基本掌握克服害怕的方法。

（二）课程准备

1）物质准备：绘本《我很害怕》（［韩］金岁实 著；［韩］崔显默 绘）
2）经验准备：幼儿能够使用语言表达自己害怕的感受。

（三）过程预设

1. 导入

小朋友们，害怕的时候我们的身体会有什么样的感觉呢？

当我们感觉害怕的时候，我们能做什么呢？

★幼儿自由表达，分享自己打败害怕的好办法，教师协助幼儿进行记录。

2. 赶走害怕小怪兽

我们每个人都有不一样的害怕，今天老师要带领大家一起来认识一个新朋友，看看他是谁，都害怕些什么吧。

★教师阅读绘本《我很害怕》，至"我最害怕的是，小朋友们都笑我是胆小鬼"。

小朋友们，小幽灵都害怕些什么呀？你有什么好办法可以帮帮它吗？

★幼儿自由发言，教师进行记录。

那我们来看一看，小幽灵最后是怎么解决这些烦恼的呢。

★教师阅读绘本至结尾，带领幼儿找到战胜害怕的办法。

小朋友们，你们学会了战胜害怕的办法吗？

★幼儿进行发言，教师总结：只要我们把心里的害怕说出来就可以战胜害怕。

3. 说出心里的害怕

小朋友们，我们来试一试，每个人都说出自己害怕的事情，大家来帮他想办法，我们一起来打败害怕！

4. 总结

教师鼓励幼儿说出心里的害怕，幼儿团讨如何打败害怕，帮助幼儿战胜害怕，日常生活中观察、认识自己的情绪。

主题三　音乐中的奇妙情绪

（建议课时：1课时）

【主题介绍】

幼儿通过两个学期的学习，对喜、怒、哀、惧四大基本情绪已经有了基本的认知和理解。本阶段旨在对前面已经学过的四种基本情绪作一个总结，旨在通过音乐的方式带领幼儿回顾之前学习到的基本情绪，并运用感官、想象和肢体语言进行表达与展现。

（一）课程目标

1. 幼儿能够感知并识别音乐所要表达的基本情绪（喜、怒、哀、惧）。
2. 幼儿能根据音乐所表达的情绪，用想象性语言或肢体语言的方式进行表达。
3. 感受和音乐一起互动的乐趣。

（二）课程准备

1）物质准备：白天鹅与黑天鹅头饰若干，芦苇丛等背景装饰道具；

白天鹅与黑天鹅跳舞的图片若干；音乐素材包：

⑥《四小天鹅舞曲》全段，作曲家 Wendy Anderson。

⑦《四小天鹅舞曲》，作曲家 Wendy Anderson，片段中 1～2 分钟的部分。

⑧《Opposites Attract》，歌手为 Clint Mansell，1 分 28 秒至 2 分 39 秒处。

⑨枪声音效。

⑩《天鹅》（大提琴主奏版），作曲家：圣桑，全段音乐。

2）经验准备：幼儿能够根据音乐进行身体的律动。

（三）过程预设

1. 欢乐白天鹅

小朋友们，我们首先来听一段音乐，猜猜看，这首音乐表达的是什么样的情绪？

★播放音乐素材包⑥，请小朋友们感受音乐的情绪。

从音乐中，你感受到他们在干什么呢？我们一起来说一说吧。

★鼓励幼儿大胆猜想音乐描绘的场景。

★教师出示图式卡（跳芭蕾舞的图片），揭晓答案。

我们尝试跟随音乐一起来跳一跳吧。

★鼓励幼儿跟随音乐大胆使用肢体表现音乐的情绪和情境。

2. 愤怒的黑天鹅

在幼儿沉浸在欢乐的氛围中时，教师播放音乐素材包⑦。

小朋友们，又发生什么事情？你觉得谁来了呢？

★鼓励幼儿大胆猜想。

★教师出示图片（黑天鹅芭蕾舞的剧照）揭晓答案。

黑天鹅为什么会出现？它的心情是怎样的呢？它为什么不开心或者为什么生气呢？它会对白天鹅说些什么呢？

★再次播放音乐素材包⑦，教师引导幼儿想象、演绎故事情节。

3. 危险临近

孩子们，听一听，这是什么声音？你有什么样的感觉呢？猜猜发生了什么事情呢？

★播放音乐素材包⑧⑨。

★教师引导幼儿根据音乐，想象故事情节。

音乐的最后，我们听到了什么声音？（枪声）猜猜，这次是谁来了？他们来做什么呢？

★引导幼儿想象构建音乐故事。

你可以跟随音乐表演一下他们来捕捉天鹅的情景吗？

★引导幼儿跟随音乐，大胆地使用肢体表情等展现故事。

4. 天鹅之死

天鹅们究竟有没有安全脱离危险呢？我们来听一听这段音乐，猜一猜故事的结局吧。

★教师播放音乐素材包⑩，引导幼儿根据音乐的情绪，猜测故事情节。

你想对小天鹅们说些什么呢？

★鼓励幼儿用语言表达自己的情绪情感和对天鹅的同情怜悯。

5. 音乐剧展示

小朋友们，我们尝试来跟随音乐表演一下这个故事吧。

★音乐素材包⑥：白天鹅快乐地跳舞。

★音乐素材包⑦：黑天鹅愤怒出场，与白天鹅对话。

★音乐素材包⑧：猎人出场，捕猎天鹅。

★音乐素材包⑩：天鹅之死，小伙伴伤心哭泣。

你们喜欢这部音乐剧吗？我们一起来给这部音乐剧取个好听的名字吧。

★鼓励幼儿大胆想象，给音乐剧命名。如《天鹅》。

6. 小结

小朋友们，今天我们在音乐中一起感受了快乐、愤怒、害怕和忧伤的情绪，并且跟随音乐想象了天鹅的故事，用音乐情景剧的方式表演了出来。之后我们也可以继续玩这个好玩的游戏哦，在不久之后，我们会举办一场作品发布会，把我们所有的作品都整理好向大家展示，到时候，我们也会邀请爸爸妈妈来到幼儿园一起观看我们的作品和表演哦，我们一起加油，好好准备吧！

主题四 "伤心&害怕"作品发布会

（建议课时：2个半天）

【主题说明】

在新学习了伤心与害怕这两种基本情绪以后，我们建议教师设置"作品发布会"环节，集中整理、展示幼儿在这两个大主题下的作品，并让幼儿自己动手与教师合作布置展览，在讲解的过程中进一步感受情绪的魅力，并且为自己的成就感到自豪。

（一）课程目标

1. 整理"伤心"与"害怕"主题下的相关作品。
2. 能够在教师的协助下完成展览的布置与讲解。

（二）课程准备

1）物质准备：前期完成的所有作品，作品展示所需要的装饰材料，课程中幼儿的照片、视频等过程展示资料。

2）经验准备：幼儿能在教师的协助下进行场地环境的布置，能够认识自己的作品。

（三）过程预设

1. 作品回顾

教师带领幼儿进行整体的项目总结，梳理作品，并将所有作品进行展示。

★带领幼儿回忆和熟悉自己创作过的作品。

★和幼儿一起讨论作品展的相关事宜：如邀请谁来参加作品展，如何设计邀请函等。

作品形态：

画作	《伤心变变变》《伤心的脸》《害怕的脸》《害怕变变变》
儿童诗	《害怕》散文诗
手工作品	《伤心的脸》《害怕大变身》
其他	伤心树洞、音乐剧《天鹅》

2. 装饰布展

和幼儿一起在幼儿园寻找展示区，并制订展示区的布置方案。

教师带领幼儿对作品进行布置及场馆设计与装饰。

★幼儿的作品旁由幼儿进行讲解、教师进行记录，附上作品说明。

3. 设计邀请函、入场券

教师带领幼儿制作邀请函及观看会场展览的入场券，为后续的展览做准备。

4. 进行会展的分工——检票员、解说员等

教师协助幼儿进行分工，幼儿分别担任检票员、解说员等可能在展览过程中需要的角色任务。

教师可协助需要帮助的幼儿完成任务。

5. 观展与表演

首先邀请园内教师、幼儿，观展、观剧，让幼儿熟悉场馆的大致状态及自己的工作任务内容。

邀请家人来园观展、观剧，作为本主题内容的最终展示阶段。

在展览中间，教师可穿插舞蹈表演，播放音乐鼓励幼儿根据音乐进行舞蹈。

课程三：身体的秘密

一、课程结构

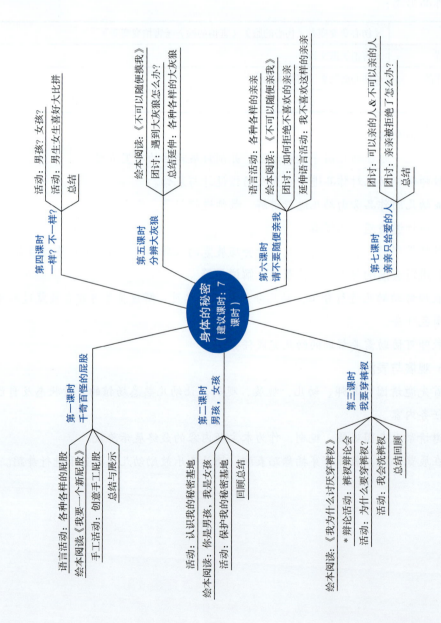

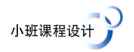

二、课程设计

身体的秘密

（建议课时：7课时）

【主题说明】

性别意识的觉醒是幼儿心理成长过程中的一个非常重要的阶段。在小班阶段，幼儿逐渐对自己和他人的身体产生好奇。特别是上厕所时，会互相观察小朋友解小便的方式，并进行模仿。这种性别之间的差异促使孩子们产生强烈的好奇心及探索欲望，所以在幼儿成长的早期阶段，如何正确进行引导，帮助幼儿更好地探索身体、认识身体并学会保护好自己的身体是十分重要的。本课程将以人体的隐私部位作为切入点，教师带领幼儿了解、学习男女生在生理结构上的异同，以便更好地认识自己和他人的隐私，从而萌生保护身体的意识。

【主题总目标】

1. 认识人体的隐私部位。
2. 了解男孩女孩在生理结构上的异同，增强自我性别认知。
3. 了解自己和他人的身体隐私，萌生保护身体隐私的意识。

第一课时　千奇百怪的屁股

（一）课程目标

1. 了解并认识屁股的形态结构。
2. 愿意用诙谐幽默的语言表达"我想要一个……屁股"。
3. 愿意用黏土等材料来创造一个新屁股，感受创意的乐趣。

（二）课程准备

1）物质准备：绘本《我要一个新屁股》（［新西兰］唐·麦克米莲 著；［新西兰］罗丝·金奈尔德 绘）、黏土、教室中各种美工材料。

2）经验准备：幼儿对屁股话题感兴趣，有和他人谈论过"屁股"相关的话题。

（三）课程预设

1. 谈话导入

你们知道我们的屁股是什么样子的吗？为什么我们的屁股是这个样子呢？屁股都是一样的吗？你还见过哪些不一样的屁股吗？

★引导小朋友打开思路，可以拓展到动物、车子，各种有屁股的事物，帮助幼儿打开想象。

你觉得我们的小屁股长得像什么呢？

★引导幼儿用想象的语言表达自己的想法，教师进行记录。

你见过穿着铠甲的屁股吗？你见过装有汽车保险杠的屁股吗？你见过装着火箭的屁股吗？有个小朋友，他想换一个屁股，我们一起去看看，他最后有没有成功呢？

2. 绘本阅读《我要一个新屁股》（教师完整阅读绘本，并引导幼儿回答以下问题）

小男孩为什么想要一个新屁股呢？

他想要一个什么样的屁股呢？

★引导幼儿回忆故事中各种各样的屁股，感受语言的诙谐与幽默。

这么多新屁股，你觉得哪一种新屁股最好呢？

★引导幼儿结合图片思考，你觉得哪种屁股好，说明原因。

除了上面这些屁股外，你还能想到和他不一样的新屁股吗？

★激发幼儿的想象，引导幼儿用"我想要一个……的屁股"来表达自己的想法。教师记录并整理幼儿的语言，作为故事的拓展创编。

3. 创作手工屁股

刚刚我们说了那么多不一样的新屁股，接下来我们要选择一种你最想要的屁股，我们要用黏土把它做出来，然后用漂亮的材料把它装饰成你喜欢的样子。

★介绍材料：黏土、各种装饰材料。

★教师引导幼儿使用材料来创作屁股，并指导和记录幼儿的创作过程。

★作品完成后引导幼儿为自己创作的新屁股命名。

4. 作品分享

接下来，我们要邀请小朋友们来分享一下，你做了一个什么样的屁股呢？

★逐一邀请幼儿来展示和介绍自己创作的新屁股：如名字、功能等。

5. 总结

总结1 今天我们一起创造了这么多漂亮的屁股，你觉得绘本中的小男孩会喜欢哪一种屁股呢？最后他有没有成功地换上新屁股呢？为什么呢？

总结2 我们的屁股是用来做什么事情的呢？为什么屁股会有两瓣呢？

★引导幼儿思考并表达自己的想法，了解屁股的功能。

作品展示：将小朋友们的作品公开展示在作品展，并将作品的名字和幼儿的想法附在作品旁边作为解释说明。

第二课时 男孩、女孩

（一）课程目标

1. 了解男孩和女孩身体的隐私部位。
2. 知道身体的隐私部位不能给别人看，萌生自我保护的意识。

（二）课程准备

1）物质准备：绘本《你是男孩，我是女孩》（［中］三三 著；［中］刘绪龙 绘）、彩泥。

2）经验准备：幼儿初步具有了分辨性别的意识。

（三）课程预设

1. 情境导入

小朋友们，你们是怎样分辨出男孩和女孩的呢？

★邀请幼儿发言，讲述自己判断的根据。

可是这里有一群小朋友，老师也分辨不出究竟是男孩还是女孩，你们有什么好办法吗？

★教师出示角色图卡，邀请幼儿一起想办法。（图2-45）

小结 当我们穿的一样的时候，确实很难区分，这个时候我们可以在身体的隐私部位来寻找线索。

图2-45 穿着玩偶服的小朋友排排站

2. 我身体的隐私

小朋友们，你们知道什么是隐私部位吗？我们身上有哪些隐私部位呢？

小男孩和小女孩的身体有什么不一样呢？我们一起来听故事了解一下吧。

★绘本阅读《你是男孩，我是女孩》（从开头至"隐私部位"一页），引导儿童从故事中寻找问题的答案和线索。

我们身体的隐私部位是什么呢？小男孩和小女孩的隐私部位有什么不一样呢？

★注意女孩的隐私部位除了"尿尿的地方"还有"乳房"，注意与男孩进行区分。

当我们尿尿或大便的时候，可以给别人看我们的身体吗？为什么呢？

那么当我们想大便或者小便的时候该怎么保护身体隐私呢？

★教师引导幼儿进行讨论，并进行总结：上厕所要关门。

但是如果幼儿园的厕所没有门该怎么办呢？

★教师进行总结：男孩和女孩要分开入厕。

尿尿和大便的部位，还有一个好听的名字，刚刚在故事中有告诉大家，你还记得吗？（隐私部位）

3. 保护身体隐私

小朋友们，现在你们知道自己身体的隐私部位是哪里吗？请小朋友们指一指。

★教师带领幼儿指一指自己的隐私部位，确保幼儿已了解。

有两个小朋友，没有穿衣服，光溜溜溜地就跑出来了，我们一起想想办法，帮助他们制作一件衣服，来保护好他们的隐私部位吧。

★教师出示彩泥和材料，邀请幼儿，为两位小朋友制作衣服。（图2-46、图2-47）

图2-46　女生

图2-47　男生

作品分享：你给两位小朋友添加了什么样的衣服呢？分享一下吧。

4. 回顾总结

你还记得我们的身体都有哪些隐私部位吗？隐私部位可以被别人看到吗？我们可以怎样保护隐私部位不被看到呢？

总结　今天的故事就跟大家分享到这里啦，下次活动我们将和大家继续分享，如何保护好自己隐私部位的安全与健康。

第三课时 我要穿裤衩

（一）课程目标
1. 知道穿裤衩可以保护好我们的隐私部位。
2. 愿意主动地穿上小裤衩。
3. 尝试自己动手清洗自己的小裤衩。

（二）课程准备
1）物质准备：绘本《我为什么讨厌穿裤衩》（礒深雪 文/绘）、每人准备一条白色小短裤和一块小肥皂。
2）经验准备：幼儿有穿小裤衩的习惯。

（三）课程预设

1. 谈话导入

小朋友们，你们知道这是什么吗？你喜欢穿小短裤吗？为什么？（出示白色小短裤）

可是，有一个小朋友他很不喜欢穿小短裤，他为什么不喜欢穿小短裤呢？我们一起去看看吧。

2. 绘本阅读《我为什么讨厌穿裤衩》（教师完整阅读绘本，引导幼儿回答以下问题）

故事中的小朋友为什么讨厌穿裤衩呢？（小动物都不穿裤衩；裤衩松紧带太紧了）

你同意故事中的小朋友的观点吗？

★教师根据幼儿的观点可将幼儿分为两组：赞同穿裤衩组 vs. 不赞同穿裤衩组。

小结 有些小朋友喜欢穿裤衩，有些小朋友讨厌穿裤衩。每个人都有自己的理由。接下来，我们一起来一场"裤衩辩论会"，大家一起发表一下自己的观点吧。

3. 裤衩辩论会（教师可根据幼儿能力，灵活选择本环节）

我们究竟要不要穿裤衩呢？请赞同的小朋友站在老师的左手边，不赞同的小朋友站在老师的右手边。每次一位小朋友站出来表达自己的观点，如"我喜欢穿裤衩，因为……" vs. "我讨厌穿裤衩，因为……"。

★引导幼儿积极思考，发表自己的看法，教师倾听并记录幼儿的表达。

4. 我要穿裤衩

我们究竟要不要穿裤衩呢？接下来我们一起来了解一下裤衩的作用吧。

★教师展示绘本中讲述裤衩作用的部分，带领幼儿共同学习。

小结

①穿裤衩可以保护我们的隐私不被人看见,特别是夏天当我们穿的裤子和裙子比较短的时候,小短裤就可以把我们的隐私部位藏起来。

②小裤衩可以防止细菌进入我们的生殖系统(小鸡鸡或者小屁屁),保护我们隐私部位的健康。

③小裤衩可以防止我们的肚子着凉。

④小裤衩可以隔离硬硬的衣服,防止衣服摩擦我们的隐私部位,保护隐私部位的皮肤。

5. 我会洗裤衩

小朋友,你会自己洗裤衩吗?你知道洗裤衩重点要清洗哪个位置吗?我们一起来学一学,洗一洗吧。

★教师引导观察小裤衩的裆部,重点揉搓清洗。引导幼儿两只小手配合清洗小短裤。

6. 总结回顾

今天我们了解了小裤衩的作用,小朋友们,现在你知道我们为什么要穿裤衩了吗?

希望每个小朋友都能做清洗裤衩的小能手,回家以后希望大家自己清洗自己的小裤衩哦。

第四课时 一样?不一样?

(一)课程目标

1. 通过调查的方式,了解班级中男孩和女孩在喜好、衣着、性格上的相同与不同。
2. 感受男孩和女孩可以和谐友好地相处。
3. 学会尊重他人的喜好。

(二)课程准备

1)物质准备:服装、玩具、发型、物品的图示卡,喜好调查分类卡。

2)经验准备:幼儿了解了性别的概念,并愿意进行更加深入的探索。

(三)课程预设

1. 游戏导入:请你照我这样做

现在我们穿着衣服,你可以分清楚自己是男孩还是女孩了吗?下面我们玩一个小游戏,看一看你能不能快速地分辨自己是男孩还是女孩?

★游戏口令：

（师）请你照我这样做，

（幼）我就照你这样做。

（师）小男生请起立／摸头发……小女生请蹲下／摸耳朵……

（幼）跟随指令做动作。

★游戏过程中，教师可自由更改指令，进行多次游戏，帮助幼儿通过指令游戏，分辨自己的性别。

上次我们聊到，男孩和女孩身体隐私部位的不同，你还记得是什么不同吗？

小结 今天我们要来讨论一下男孩和女孩喜欢的玩具、游戏、发型和衣服有什么相同与不同。

2. 我喜欢的衣服

你们觉得男孩子喜欢穿什么衣服？女孩子喜欢穿什么衣服？（从款式、颜色等进行比较）

你觉得会不会有男孩也喜欢穿裙子，女孩也喜欢穿裤子呢？

★举例：世界上有一个叫苏格兰的地方，在这个地方男孩们都是喜欢穿裙子的哦。（老师可以找相关视频给孩子们欣赏）

小结 每个小朋友都可以选择自己喜欢的衣服，穿什么衣服是每个要朋友的权利和自由哦。我们要尊重每个小朋友的选择。

3. 我喜欢的玩具

你觉得男孩会喜欢什么玩具？女孩又会喜欢什么玩具呢？

会不会有男孩和女孩喜欢相同的玩具呢？他们可以在一起玩吗？

4. 喜好大调查

今天我们通过一个小游戏，来探索一下，我们班级里的男孩和女孩，你们喜欢的东西到底一样还是不一样呢？

★规则：老师将生活中经常会看到的物品展示在黑板上，请小朋友们选择自己喜欢物品，贴到展示板上，如果你是男孩就贴在男生喜欢的区域中，如果你是女孩，就贴在女孩喜欢的区域中。

★教师展示表格，左边为男生列，右边为女生列。（图2-48）

★教师展示图卡，邀请幼儿选择自己喜欢的图卡，粘贴到相应的区域中。

★图示卡及分类如下：

服装类：（图2-49～图2-54）

发型：（图2-55、图2-56）

玩具：（图2-57～图2-61）

图 2-48　展示表格

图 2-49　短袖

图 2-50　连衣裙

图 2-51　背带裤

图 2-52　短裤

图 2-53　男孩泳衣　　　　　　　　　图 2-54　女孩泳衣

图 2-55　女孩发型　　　　　　　　　图 2-56　男孩发型

图 2-57　积木　　　　　　　　　　　图 2-58　玩偶

图 2-59　玩具车　　　　　　　　　　图 2-60　玩具沙桶

图 2-61 涂鸦

小结 现在我们一起来看一看我们的调查结果吧!

★教师引导幼儿观察展板中,男生和女生喜欢物品的相同和不同。

总结 小朋友们,我们发现了男孩子和女孩子喜欢的物品有相同也有不同,但是要特别注意,女孩子不能只穿一条泳裤,因为女孩的胸部也是隐私部位,要注意保护哦。

5.总结

小朋友们,我们发现男孩子和女孩子可以喜欢很多一样的东西。比如男孩子也可以喜欢娃娃,也可以爱玩过家家;女孩子也可以喜欢小汽车,喜欢穿酷酷的衣服。男孩子和女孩子喜欢的东西都差不多,除了身体以外,可能并没有很多不一样。

★教师总结本节课的发现,帮助孩子更好地了解自己、了解他人,并且强调打破性别的刻板印象。

注:教师可在课前自行了解性别相关知识,避免在日常生活中带给孩子错误的性别刻板印象,也可将相关资源与家长同步共享。

第五课时 分辨大灰狼

(一)课程目标

1.能够分辨侵犯自己身体隐私的行为。

2.遇到侵犯身体隐私的行为,要学会大声拒绝。

3.知道保护身体隐私很重要。

(二)课程准备

1)物质准备:绘本《不可以随便摸我》([中]胡媛媛 编著)及图示卡。

2)经验准备:幼儿能够了解自己的身体界限,并愿意掌握保护自己的办法。

（三）课程预设

1. 导入

在我们的生活中，总是有一些叔叔阿姨喜欢抱抱我们，摸摸我们，亲亲我们。你知道哪些拥抱和触摸是安全的吗？哪些触摸是不安全的吗？

★幼儿根据自己的经验，尝试发表自己的见解。

生活中总会有一些人，对我们的身体有一些恶意的触摸，这些人就像大灰狼一样，非常危险。今天我们就通过一个故事，来帮助大家找一找生活中的大灰狼。

2. 绘本阅读《不可以随便摸我》

我们一起来听一听丁丁小朋友的故事，看看他经历了什么，他有没有遇到大灰狼呢？

★教师阅读绘本《不可以随便摸我》至"他伸手制止了这个叔叔的行为，然后转身跑进单元楼，一口气冲回了家"。

丁丁他刚刚经历了什么事呢？

★鼓励幼儿复述故事经过，教师可展示绘本图片帮助幼儿进行回忆。

你觉得丁丁有没有遇到大灰狼，他遇到的大灰狼是谁呢？

★教师引导幼儿进行回忆，找出丁丁遇到的大灰狼。

这个大灰狼是什么样的呢？

大灰狼做了什么事呢？

★教师引导幼儿回忆，讲述绘本情节。

如果我们遇到了这样的大灰狼，应该怎么办呢？

★幼儿自由发言，教师帮助幼儿进行记录与整理。

我们一起来看一看，遇到这种事情，丁丁是如何保护自己的呢？

★教师继续阅读绘本，至"你可以提高音量引来路人的帮助或立即离开"。

小结 小朋友们，当我们在遇见大灰狼的时候，要去找爸爸妈妈或者警察叔叔帮助，在幼儿园里，也可以找老师帮忙。要记住，只要勇敢大声地对大灰狼说不，马上跑开，大灰狼一定会被打败！

★教师可以结合绘本《不可以随便摸我》，进行总结与延伸。

小朋友们，现在你们知道大灰狼是什么样的了吗？

★幼儿自由发言，并进行总结。

3. 总结与延伸：你还知道哪些大灰狼？

小朋友们，除了不经同意摸我们隐私部位的人以外，生活中还有各种各样的大灰狼，你还知道哪些人是大灰狼呢？他们都是什么样的？会做一些什么事？

★教师继续阅读绘本至结尾，总结故事中出现的各种各样的大灰狼。

如果你遇到这样的大灰狼，你可以怎么做呢？

★教师引导幼儿再次回顾遇到大灰狼时的解决办法，强调幼儿的安全意识和自我保护意识。

第六课时　请不要随便亲我

（一）课程目标

1. 知道亲亲是一种表达喜爱的方式，但是亲亲也有界限。

2. 知道如何拒绝自己不喜欢的亲亲。

3. 知道不能与陌生人亲亲。

（二）课程准备

1）物质准备：绘本《不可以随便亲我》（［中］胡媛媛 编著）及其情境卡片。

2）经验准备：幼儿对自己具备初步的了解，并愿意探索自己与他人的身体界限。

（三）课程预设

1. 导入

小朋友们，你们喜欢亲亲吗？亲亲是一种什么样的感觉呢？

你最喜欢谁的亲亲呢？为什么呢？

★幼儿自由发言。

2. 各种各样的亲亲

除了亲人外，你还有被谁亲亲过呢？和我们分享一下吧。

★幼儿讲述自己被亲亲的经历。

★教师对幼儿发言进行记录，收集幼儿经验中的生活里的亲亲。

这些亲亲你都喜欢吗？有没有你不喜欢的亲亲呢？

今天我们要一起来认识一个可爱的小女孩，她叫妮妮，她也收到了各种各样不同的亲亲，有一些妮妮很喜欢，有一些妮妮不喜欢，我们一起来听一听吧。

★教师阅读绘本《不可以随便亲我》至"这些亲吻都让我觉得不舒服"处为止。

3. 请不要随便亲我

妮妮今天都收到了什么样的亲亲？你们喜欢这样的亲亲吗？

★教师结合绘本辅助幼儿回忆各种形式的亲亲，并进行感受的表达。

当你收到不喜欢的亲亲时，你内心是什么样的感受和感觉？

如果你是妮妮，你会怎么做呢？

★邀请幼儿进行分享，演绎自己在不同情境中可以采用的做法。

小结　我们每个人都有自己的身体界限，对于别人的接触都有拒绝的权利。亲亲也是一样的，如果这个亲亲让我们感觉不舒服了，甚至会让我们生病，那我们就可以，也应该勇敢、大胆地说不。

4. 延伸总结

小朋友们，我们平常也会像妮妮那样收到许许多多的亲亲，哪些是你喜欢的亲亲，哪些是你不喜欢的亲亲呢？我们也一起来说一说吧。

★幼儿自主表达，如"我喜欢妈妈的亲亲，因为妈妈爱我""我不喜欢爸爸的亲亲，因为爸爸的胡子会扎人"，教师记录并整理幼儿的表达。

第七课时　亲亲只给爱的人

（一）课程目标

1. 知道亲亲只能给最爱的人。
2. 知道亲亲他人时，须征求对方的同意。
3. 知道尊重他人的身体界限。

（二）课程准备

1）物质准备：人物图示卡。
2）经验准备：幼儿能够理解当遇到自己不喜欢的身体触碰行为时的感受。

（三）课程预设

1. 导入

小朋友们，日常生活中，你们有没有亲亲过别人呢？比如同学、伙伴、弟弟妹妹等。

在什么时候你会想亲亲别人呢？

★幼儿自由分享自己的亲亲故事，如"我亲过妹妹，因为妹妹很可爱"，教师记录并整理。

2. 不可以随便亲亲

我们可以随意亲亲别人吗？有没有人拒绝过你的亲亲呢？

★鼓励幼儿进行回忆自己的经历。

（出示人物图说一说）哪些人我们可以随意亲亲呢？哪些人不能随意亲亲。

★教师出示角色图示卡（如爸爸、妈妈、老师、同学等），幼儿根据自己的理解自主判断，并说明原因。（图2-62～图2-65）

为什么爸爸妈妈可以随意亲亲，而其他人却不可以呢？

★ 幼儿根据自己的理解，阐述理由。

图 2-62　阿姨

图 2-63　同学

图 2-64　老师

图 2-65　爸爸

小结　我们每个人都有属于自己的身体界限，我们不希望也不允许别人随便地进入这个区域。就好像我们在和别人并排走路的时候，不会和那个人紧紧地贴着一样，因为这样会让我们感到不舒服，我们需要和别人的身体保持一些距离，这就是我们的身体界限。跟不同的人我们会有不一样的身体界限，我们和家人之间的身体界限很少，但是和其他人之间却有很多的身体界限，亲亲是一种打破身体界限的亲密行为，所以是不能随意对他人亲亲哦。

3. 亲亲许可证

如果我们特别想要亲亲别人，我们可以怎么做呢？

★ 鼓励幼儿通过表演的方式来呈现。

小结　因为我们每个人都有着属于自己的身体界限，所以当我们想要亲亲他人的时候，首先要征求对方的同意，对方同意后才可以亲亲哦，如果对方拒绝，那一定不能再亲亲。另外，和不认识的人一定不能亲亲，我们要学会尊重人与人之间的身体界限。

4. 总结

亲亲被别人拒绝了是很正常的，因为我们每个人都有自己的身体界限，当我们的行为让别人感觉不太舒服的时候，他有权利对你说"不可以"。就像男孩子和女孩子，每个人除了性别以外也会有许许多多的不同，也会有自己的隐私，所以我们在面对自己不喜欢的亲亲的时候可以拒绝，别人也可以拒绝你的亲亲。不仅是亲亲，拥抱、牵手等会触碰到别人的身体的行为都需要征求对方的同意，我们不仅要做好自己身体的主人保护好自己，也要尊重别人的身体，保护好他人。

秋季学期课程

课程一：分享与冲突

一、课程结构

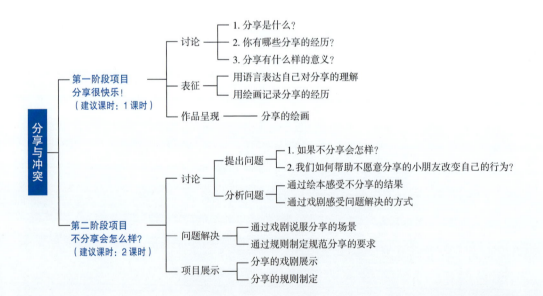

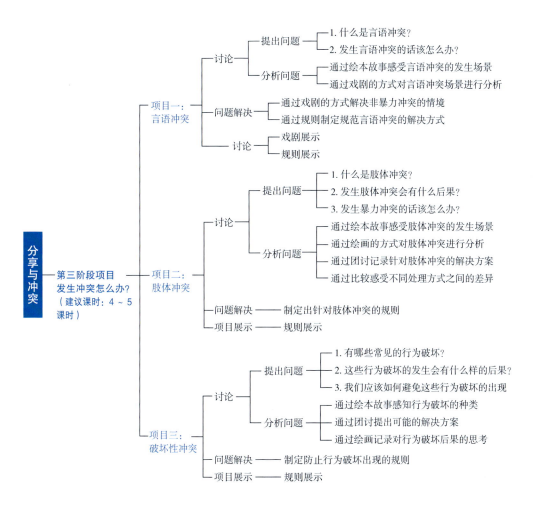

二、课程设计

第一阶段项目　分享很快乐!

（建议课时：1课时）

【项目说明】

分享是每位幼儿在成长过程中的必修课，学会如何分享也便成为幼儿会遇到的一项重大挑战。在本阶段的项目中，我们将首先带领幼儿从生活中的小事入手，感受分享带来的乐趣，爱上分享。

（一）项目目标

1.体会分享的快乐，并能够用语言、绘画等方式表达分享的乐趣。

2. 在团讨中加深对分享的理解，并愿意主动与其他幼儿进行分享。

（二）项目准备

1）物质准备：五个风筝、水彩笔、白纸若干。

2）经验准备：幼儿在日常生活场景中有与他人分享玩具、食物、书本等的经验，并能够通过回忆描述自己某个特定时段的心理感受。

（三）项目预设

1. 游戏导入

玩具分享：教师将幼儿分组，每组幼儿提供一筐玩具，由幼儿自主分配、选择，教师对幼儿的游戏行为进行观察。

★当幼儿因为玩具分配问题发生争抢或矛盾时，教师引导幼儿停止游戏，针对幼儿的问题，开展话题讨论。

2. 问题分析

为什么大家会不开心或者发生争吵呢？

拿得多的小朋友有什么样的感受？拿得少的小朋友又会有什么感受呢？

有没有什么办法能够帮到小朋友们，让他们能够很开心地一起玩玩具呢？

★幼儿自由发言，教师对幼儿发言给予回应与鼓励，引出今天的项目主题"分享"。

3. 主题团讨

小朋友们，你们知道分享是什么吗？

★教师鼓励幼儿大胆表达自己对于分享的初步认知，教师进行记录。

你有过和别人进行分享的时刻吗？分享的时候你感觉是开心还是不开心呢？为什么？

★鼓励儿童回忆自己的分享经验，通过表达进一步激发儿童对于分享这件事的情感体验。

你喜欢与他人分享自己的物品吗？为什么？

★教师引导幼儿思考分享行为背后的意义，即短暂的失去/共享能够获得更加长远的快乐。

你觉得分享有什么好处？有哪些不好？为什么？

★幼儿可分小组针对"分享的好处和不足"进行讨论，并通过图画的方式进行记录。

★鼓励幼儿大胆表达自己的观点，分享自己的态度和想法。

小结　知道了"分享"的好处与不足后，你还愿意跟他人分享吗？为什么吗？

4. 图画表征

你还记得让你最开心的一次分享吗？是跟谁分享？分享了什么呢？

★教师鼓励幼儿大胆表达，并使用绘画的方式记录下自己与他人分享的时刻，在表达中重温分享的快乐。

5. 作品分享

邀请幼儿分享、展示自己的绘画故事。

★教师鼓励幼儿介绍自己的分享故事，并结合画面情境表达自己的分享时刻的感受。

★邀请其他幼儿对作品进行点评：你觉得作品中哪一部分画得最好。

6. 作品展示

教师带领幼儿一起将本次活动的绘画作品放置到作品展示区，并进行说明。

带领幼儿对作品展示区进行装饰，并在自己的作品旁边附上相应的介绍与文字说明。

第二阶段项目　不分享会怎么样？

（建议课时：2课时）

【项目说明】

生活中有许许多多需要分享的场景，不管是在家中、教室里还是游乐场上，幼儿都会面临很多分享情境。除了感受到分享带来的快乐以外，本阶段将带领幼儿通过绘本故事引入的方式进一步感受分享的必要性，并感知不分享可能带来的后果，引导鼓励幼儿的分享行为，帮助幼儿更好地发展社会性能力并建立更为良好的同伴关系。

（一）项目目标

1. 能够理解分享行为在日常生活中的必要性。

2. 愿意与周围的同伴进行分享。

3. 能够在活动及团讨中进一步感受分享的快乐。

（二）项目准备

1）物质准备：绘本《不许碰，这都是我的！》（［中］小杨叔叔 著；［中］赵一迪 绘）及所需要的情境卡片。

2）经验准备：幼儿在日常生活中遇见过不喜欢分享的人，并能熟练运用语言表达自己的感受。

（三）项目预设

1. 情境导入

小朋友们，今天我们要来认识一位新朋友，他的名字叫贝贝，最近他有一些小烦恼，想请小朋友们帮帮忙，让我们来看看他究竟发生了什么事情吧。

★教师出示绘本《不许碰，这都是我的！》，引导幼儿观察图片并思考问题。

小朋友们，你们猜猜谁是贝贝？为什么你们觉得他是贝贝呢？

★引导幼儿通过观察情绪来判断人的心情。

你觉得贝贝遇到了什么烦恼呢？

★引导儿童通过观察图片，并结合自身的经验，来共情和感受贝贝同学的遭遇。

你觉得贝贝遇到了什么烦恼呢？他和小朋友之间发生了什么事情呢？

★引导儿童通过观察图片，并结合自身的经验，分析问题产生的原因，教师进行记录。

完整讲述故事《不许碰，这都是我的！》，揭晓问题产生的原因。

2. 问题分析

小朋友们，你们觉得为什么没有人愿意和贝贝一起玩呢？

★教师展示情境卡片，鼓励幼儿表达自己的观点与看法。

如果我们不愿意分享，会有什么后果呢？

★幼儿通过语言的方式进行表达，讲述自己认为不分享会带来的后果。

当你遇到像贝贝这样不愿意分享的小朋友时，我们有什么好的办法可以帮助他呢？

★教师展示绘本中贝贝不愿意与他人分享的情境卡片，引导幼儿用语言描述情境卡片中展示的场景，并说说在这样的情境下你会怎么做。

3. 问题解决——建立规则

分组讨论

★幼儿分组讨论，结合绘本情境中贝贝的问题，讨论问题解决策略并建立规则。

策略分享

★邀请每个小组来展示，你们是如何帮助贝贝解决问题的。

★鼓励其他幼儿大胆表达自己的观点和想法，对策略进行补充。

教师小结：将孩子们讨论的结果进行梳理，并形成自己班级的分享公约。

★教师不干扰幼儿对规则制订的提案，不先入为主的给出解决方案。让幼儿自由发挥，制订相应的规则，若遇到个别幼儿不愿意遵守公约的情况，再进行单独的团讨。

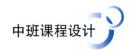

4. 延伸拓展

戏剧表演

★ 幼儿以戏剧的方式对解决方案进行展示，并邀请班级其余的同学进行观看。

★ 每组选出一名同学当旁白，首先进行对情境卡片的讲述，之后再开始本组的表演。

规则展示

★ 将幼儿共同制订好的规则进行誊写，制作成规则墙。

★ 教师与幼儿共同进行布置，并提醒幼儿注意遵守。

第三阶段项目　发生冲突怎么办？

（建议课时：4～5课时）

【项目说明】

除了分享以外，冲突解决也是幼儿生活中经常需要面对的难题。本章节主要分为四个部分，首先整体探讨冲突是什么，其次将幼儿园中常见的冲突情境分为了言语冲突、肢体冲突以及破坏性冲突，分别探讨在不同的冲突情境下，幼儿会如何理解冲突事件并对其提出具有针对性的解决方案。为了简化冲突场景，在本阶段的项目中，绘本将作为主要的话题引入手段，激发幼儿的兴趣，并深化幼儿对冲突事件的理解。

一、项目总目标

1. 认识冲突产生的不同情境及原因。
2. 能够感受冲突发生时的心理活动，并大胆进行表达。
3. 能够通过团讨的方式对冲突事件提出合理的解决方案。

二、项目过程

项目一：言语冲突（1课时）

（一）项目目标

1. 认识并且知道什么是言语上的冲突。
2. 能够共情与感受在他人言语冲突发生时的心理活动及感受。
3. 能够运用团讨的方式，提出应对言语冲突的解决策略并制订规则。

（二）项目准备

1）物质准备：绘本《我的？你的？》（［美］安娜·康 著；［美］克里斯托弗·维

昂特 绘），纸笔若干。

2）经验准备：幼儿有与周围同伴发生言语冲突的生活经验，并通过自己的努力或在他人的协助下成功解决冲突的经历。

（三）项目预设

1. 故事导入

小朋友们，今天我们要来讲一个有趣的小故事，故事的主人公是两个新朋友，大毛怪和小毛怪，他们是一对好朋友，可是今天两个好朋友却争吵了起来，究竟是为什么呢？我们一起去看看吧。

教师讲述绘本《我的？你的？》，直至"我先坐的，这是我的。"这句话。

2. 问题分析

大毛怪和小毛怪为什么事情而发生争吵呢？

★幼儿自由发言，初步感知的故事场景与冲突。

你经历过这样的争吵吗？你还因为什么事情和同学发生过争吵呢？

★教师鼓励幼儿结合自己的经验，大胆表达自己和他人发生争吵冲突的经历。

★鼓励幼儿回忆并通过图画或者表演的形式，呈现曾经争吵的过程。

发生争吵后，你的感受是怎样的呢？

★语言表征：鼓励幼儿回忆并感受发生争吵以后的情绪状态和情感状态。

★图画表征：鼓励幼儿用图画/色彩的方式表达争吵以后的情绪情感状态。

引导分享争吵的情绪体验。

★幼儿介绍绘画故事，表达争吵后的感受，教师记录。

争吵会有什么后果呢？

★鼓励幼儿大胆猜想，发生争吵后可能会产生的后果。

小结 通过让幼儿分享争吵后的不良感受，理解争吵可能会带来的不良后果。

3. 问题解决

如果你是大毛怪/小毛怪，你会怎么帮助他们呢？

★幼儿分组讨论，通过表演的方式呈现：如何帮助两位朋友解决争吵的问题。

生活中的争吵如何解决：如果我们身边发生了争吵的行为，我们该如何去解决呢？

★结合幼儿在第二部分中"和同学发生争吵"的经历，进行探讨解决争吵的办法。

生活中如何避免争吵发生呢？当争吵发生以后，我们该怎么办呢？

★幼儿分组讨论，共同制订解决方案。

★戏剧表征：通过戏剧表演的方式，呈现解决办法，其他幼儿进行补充。

★心理引导：在幼儿争吵时，教师可以带领双方幼儿进行深呼吸一分钟的练习，

让幼儿冷静下来。接着可以使用转移注意力的方式让幼儿先暂时脱离冲突情境，等到双方都恢复了，再与幼儿一同探讨言语冲突发生的起因、经过及问题解决。

项目二：肢体冲突（2 课时）

（一）项目目标
1. 认识并且知道什么是肢体冲突和身体界限。
2. 能够分析发生肢体冲突的原因，预判发生肢体冲突的后果。
3. 能够运用团讨的方式，提出应对肢体冲突的解决策略并制订规则。

（二）项目准备
1）物质准备：绘本《走开，爱打人的哈利》（[美] 罗斯玛丽·韦尔斯 著），纸笔若干。
2）经验准备：幼儿有与周围同伴发生肢体冲突的经验，并有通过自己的努力或他人的帮助成功解决冲突的经历。

（三）项目预设

1. 故事导入
小朋友们，今天我们要来认识一位新朋友，它就是爱惹麻烦的小鳄鱼哈利。让我们一起看看小哈利在学校里都发生了什么样的故事吧。

★教师讲述故事《走开，爱打人的哈利》至"哈莫尼老师让哈利做20次跳跃运动，作为对哈利小小的惩罚"。

2. 问题分析
小朋友们，你们觉得故事中的小哈利是一个怎样的孩子呢？
如果哈利也这样对待你，你会怎样想，怎样做呢？

★邀请幼儿根据故事情境，大胆表达自己对哈利的看法，如果遇到这样的事情，自己会怎样处理。

故事中哈莫尼老师提到了一个词"身体界限"，你知道什么是身体界限吗？

★邀请幼儿自由发言，表达对身体界限的看法。

★教师可以在此处埋下伏笔，让幼儿在后面的故事中去寻找答案。

故事中的哈莫尼老师用了哪些办法来解决哈利的问题呢？这种方法对哈利管用吗？为什么呢？

★引导幼儿自主阅读图片，寻找线索，总结方法。并分析方法是否奏效及原因。

3. 问题解决
小朋友们，你觉得哈利的主要问题是什么呢？
请问你有没有什么更好的办法来帮助哈利解决这些问题吗？

★引导小朋友们畅所欲言，思考解决这些问题的有效办法，教师进行记录。

分组讨论：寻找帮助哈利解决问题的办法。

分组展示：每个小组展示分享自己的想法，并在班级中进行实践。

4. 实践反思

最后，小哈利的行为有没有发生改变呢？我们一起去故事中寻找答案吧。

★教师继续讲述故事《走开，爱打人的哈利》"运动课上，哈利又撞到了奈杰尔"至结尾。

哈利的行为主要是触犯了什么呢？

你们觉得什么是"身体界限"呢？

★幼儿根据故事情节再次发表对身体界限的看法。

身体界限游戏

★教师邀请幼儿利用故事中的游泳圈的方法感受身体界限，并发表自己的感受。

我们为什么要尊重"身体界限"呢？如果触犯他人的"身体界限"可能会产生哪些后果呢？

5. 制订规则

小组团讨：当有人触犯了我们的身体界限，我们可以怎么做呢？

小组讨论，制订规则，并通过画图的方式记录讨论结果。

分组展示：各小组分享自己的方法。

6. 延伸拓展

戏剧表征：可以将绘本的部分情节以戏剧的方式表达表征，展现戏剧冲突，让孩子在角色情境的模仿中进一步带入角色体验。同时可以添加自己的规则，创编新的剧情。

项目三：破坏性冲突（2课时）

（一）项目目标

1. 认识并且知道什么是破坏性冲突。
2. 能够分析并预测破坏性冲突产生的后果。
3. 能够运用团讨的方式，提出应对破坏性冲突的解决策略并制订规则。

（二）项目准备

1）物质准备：故事情境卡；纸笔若干。

2）经验准备：幼儿有与周围环境、同伴发生过破坏性冲突的经验，并有通过自己的努力或他人的帮助成功解决冲突的经历。

（三）项目预设

1. 情境导入

小朋友们，最近老师有一些小烦恼请大家帮帮忙。最近，老师收到了一些投诉，有来自环卫工人的，有来自妈妈的，也有来自同学们的，让我很是头疼。请大家帮我出出主意，遇到这样的行为，我们到底该怎么办呢？

★教师展示情境卡片，鼓励幼儿描述画面中的场景，说说你都看到了什么。

2. 问题分析

小朋友们，图片中的这些行为，属于什么行为？你觉得这些行为会产生什么后果呢？

★教师逐一出示情境卡片，儿童自由表达，教师倾听儿童发言，了解儿童对破坏行为的基本感知和后果预测。（图2-66、图2-67）

图2-66 环卫工人看到小朋友乱扔垃圾

图2-67 妈妈看到孩子脏乱的房间

除了破坏环境的行为外，还有一些破坏他人活动或者物品的行为也是很不正确的，我们一起来讨论一下吧。

★幼儿分两组讨论并记录：破坏公共环境和破坏他人活动的行为可能会带来什么样的后果及影响，并能够以图画的方式记录讨论结果。

★邀请小组代表发言，阐述破坏行为产生的行为后果，其他幼儿可以做补充。

3. 策略分析

我们一起来想想办法，如果在你身边发生了这种破坏行为，你该怎么办呢？有没有什么好办法，可以阻止这些破坏行为的发生呢？

★幼儿自由表达观点，发挥想象，教师对幼儿发言进行及时回应与鼓励。

★幼儿分两组讨论并记录讨论结果。

★邀请小组代表发言，阐述小组讨论的有效策略，其他幼儿可以补充意见。

4. 制订规则

在公共环境中，我们该怎样做才能更好地保护好公共环境，如果发生破坏环境的行为，我们该怎么办？

★鼓励幼儿制订保护公共环境的规则及破坏环境的处理措施。

在日常生活中,如果你想介入或者参与他人的活动,你可以怎么做?如果有人打扰了你的活动,我们可以怎样做?

★鼓励幼儿自主制订规则,懂得如何尊重他人的活动,如何正确地参与他人活动。

5. 规则展示

小组展示规则、分享规则。

教师与幼儿共同将新规则进行填充,并重温之前项目中共同确立的规则,形成班级的规则公约。

小结 希望大家都能主动遵守这些约定,共同保护我们身边的环境。

课程二：愤怒与平静

一、课程结构

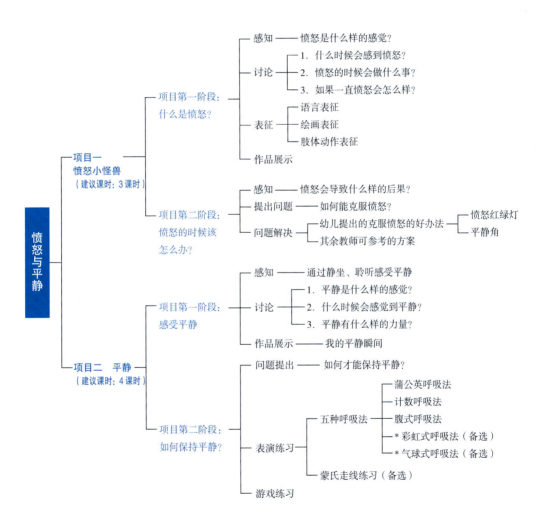

二、课程设计

项目一　愤怒小怪兽

（建议课时：3课时）

【项目说明】

愤怒是幼儿在幼儿园中最为常见的情绪类型。日常生活中的事件都会触发幼儿的愤怒情绪反应，甚至因此带来许多意想不到的破坏性行为等不良后果。本项目旨在带领幼儿从感知思考，到行为反应调整等维度上讨论愤怒这一情绪，以帮助幼儿更好地运用正确的方式管理自己的愤怒情绪，合理地表达诉求及进行问题解决。

一、项目总目标

1. 感知愤怒情绪带来的心理体验。

2. 了解愤怒情绪对他人造成的影响。

3. 学会管理自己的消极情绪并用合理的方式进行应对。

项目第一阶段：什么是愤怒？（1课时）

（一）项目目标

1. 感知愤怒带来的心理感受。

2. 能用各种表征方式展现自己对愤怒情绪的理解。

3. 初步感知愤怒会产生的行为表现及后果。

（二）项目准备

1）物质准备：人物卡片图、纸、笔；绘本《愤怒的狮子》（［意］朱莉亚·佩萨文托 著，苏西·扎内拉 绘）。

2）经验准备：幼儿在日常生活中有过愤怒的情绪体验。

（三）项目预设

1. 活动导入

小朋友们，我们来看一看，图片中的小朋友怎么了？你是从哪些地方看出来的，可以和我们分享吗？

★教师展示任务卡片（图2-68），鼓励小朋友发言，表达自己的观点。

小结　今天我们要和大家分享的情绪是"愤怒"。首先我们来听一个小故事《愤怒的狮子》，了解一下什么是愤怒。

图 2-68　愤怒的时候

★教师阅读绘本《愤怒的狮子》，从开始到"是谁在用这种古怪的方式看我？愤怒，吼叫得更大声了"。

2. **认识愤怒**

你觉得什么是愤怒呢？

"愤怒"和"生气"有什么相同和不同呢？

★愤怒是情绪更加激动的一种生气状态，在愤怒的时候你会感觉很难控制住自己。

你知道愤怒藏在哪里吗？愤怒是什么样子的呢？为什么？

★鼓励幼儿尝试用语言、图画、材料等方式表达对愤怒的理解。

什么事情会让你的愤怒跑出来呢？

★语言表征：幼儿运用"当……的时候，我的愤怒就会跑出来"讲述自己愤怒的故事，教师记录儿童的语言，整理成儿童散文作品。

你愤怒的时候是什么样子呢？

★戏剧表征：教师鼓励幼儿上台表演愤怒时的状态，其余幼儿当小观众，认真观看。

★图画/材料表征：鼓励幼儿观察愤怒的表情画一画，或者用材料摆一摆愤怒的表情。

3. **作品展示与分享**

邀请幼儿分享表达自己的作品，教师对幼儿的表达进行记录。

项目第二阶段：愤怒的时候该怎么办？（2课时）

（一）项目目标

1. 初步认知并理解愤怒可能造成的影响或伤害。

2. 愿意并能够用合理的方式处理和接纳愤怒情绪。

（二）项目准备

1）物质准备：绘本《愤怒的狮子》（［意］朱莉亚·佩萨文托 著，苏西·扎内拉 绘）。（图 2-69 ~ 图 2-71）

2）经验准备：幼儿有过愤怒的经历，能够感知愤怒情绪带来的身体感觉。

图 2-69　被别人嘲笑

图 2-70　和朋友抢玩具

图 2-71　妈妈不让看电视

（三）项目预设

1. 愤怒的感觉

上一次活动，我们一起分享了愤怒的情绪，想一想，当我们愤怒的时候，我们的身体是什么样的感觉呢？

★语言表征：鼓励幼儿用"愤怒的时候，我感觉……"句式来分享自己愤怒的感受，教师认真聆听并记录。

★图画表征：鼓励幼儿用图画记录表征愤怒的感觉。

如果我们一直愤怒下去，我们的身体会有什么变化呢？对其他人会有什么影响呢？

★语言表征：鼓励幼儿用语言大胆表达愤怒对自己和对他人的影响，教师记录儿童的表达。

小结 愤怒就像一个大火球，会让我们的身体感到不舒服，稍微不注意火球就会伤害到身边的人，所以，我们有什么好办法，不让愤怒伤害到自己和他人吗？

2. 问题团讨

出示情境卡：小朋友们，下面这些小朋友都因为不同的事情感觉到非常愤怒，我们有没有好办法来帮助它们赶走愤怒呢？

★ 将幼儿分成三组，每组选取一张情境卡进行讨论，可以用语言、图画或表演的方式，来呈现解决问题的方法，帮助情境卡中的小朋友赶走愤怒。（讨论方式参考如下）

语言表征：用语言的方式表达策略。

图画表征：用图画的方式记录解决方案。

戏剧表征：用表演的方式来呈现解决策略。

3. 策略展示

大家都想到了什么好办法来赶走愤怒呢？我们一起来分享一下吧。

我们来听一听《愤怒的狮子》是如何解决他的愤怒的吧。

★ 教师阅读绘本《愤怒的狮子》，幼儿认真聆听，了解一下愤怒的狮子是如何处理愤怒的情绪的（如与愤怒一起奔跑、一起翻跟头、一起开怀大笑）。

小结 原来，愤怒就住在我们的身体里，是我们身体的一部分，我们要学着接纳它，与它和谐相处，就像对朋友一样，带着愤怒一起去运动，去游戏，一起去做好玩的事情。

4. 补充策略

提供给教师可能用到的帮助幼儿解决愤怒情绪的方法：

（1）管理愤怒的红绿灯

★ "红灯停"：愤怒时，先停下来深呼吸，从1数到10，1、3、5、7、9吸气，2、4、6、8、10呼气。

★ "黄灯想"：思考自己为什么感到很愤怒，并且默念，我可以愤怒但我不可以伤害自己或者别人。思考另外的解决办法。

★ "绿灯行"：去做新的、合理的行为，或者转移注意力做一些别的事。

（2）设立教室里的"平静角"

★ 在教室的角落选出一处"平静角"，用漂亮的颜色在角落的墙上做出美丽的风景画。这样，每当幼儿愤怒的时候，都可以去那个角落坐坐。

★ 教师准备可以在墙上作画的水粉或蜡笔等绘画材料。

★ 邀请全班的同学都参与进来，每个人都可以拥有自己的一笔。（任何一个小朋友进来冷静时都可以有参与感和满足感，提升幸福感来消除负面情绪。）

★ "平静角"只用于幼儿自助前往或在建议下前往的地方，不可用于处罚时的冷静区。

【推荐绘本资源】

《把坏脾气收起来》（［美］卡罗尔·罗忠著；［美］拉申·凯里加 绘）

《发火》（［日］中川宏贵著；［日］长谷川义史 绘）

《我变成一只喷火龙啦》（［中］赖马文/绘）

项目二 平 静

（建议课时：4课时）

【项目说明】

在前面的讨论中，我们一起认知了愤怒的情绪，也带领幼儿寻找合适的处理办法以更好地管理这两类消极情绪，那么我们可以发现，保持平静是解决情绪问题极为有效的处理办法。所以在本节项目中，我们希望能带领幼儿进一步讨论情绪对生活的影响，并寻找提升积极情绪，保持平静心态的办法，帮助幼儿更好地处理生活中遇到的问题。

一、项目总目标

1. 幼儿能够理解并用语言表达自己对平静的情绪体验。
2. 愿意并且能够在日常生活中运用保持平静的办法。

二、项目过程

项目第一阶段：感受平静（2课时）

（一）项目目标

1. 能够感知平静的情绪状态。
2. 能够享受平静的情绪状态并运用语言和绘画的方式对平静进行表达表征。
3. 分享自己关于平静的生活故事。

（二）项目准备

1）物质准备：纸、直板夹、笔、颜料、户外空旷安静的自然场景。

2）经验准备：幼儿有过平静时的心理体验，并能够运用绘画的方式进行记录。

（三）项目预设

1. 户外课堂

请小朋友们坐闭上小眼睛、竖起小耳朵，安安静静地听一听周围的声音，当老师说"时间到，请睁眼"的时候，我们一起来分享一下你听到了什么声音。大家准备好了吗？游戏开始。

★教师用录音或录像的方式记录发生在此刻的声音，并用视频或照相的方式，记录孩子们认真聆听的表情。

"时间到，请睁眼"。小朋友们，你们听到了什么声音呢？

★语言表征：邀请幼儿分享自己听到的声音。用"我听到了……的声音"来进行表达。给每个小朋友分享的机会。

这一次我们再来仔细听听看，这次请小朋友们一边听，一边把你听到的声音画在纸上。我来比一比谁听到的声音多哦。

★教师分给每位幼儿白纸（配直板夹更佳）和笔。邀请幼儿仔细聆听声音，并将声音绘画在白纸上。

★幼儿将听到的声音用符号或者图画的方式表征在白纸上。

★邀请幼儿分享自己听到的声音，并解释分享自己的图画记录。

谁听到的声音多？为什么他可以听到那么多的声音？

★教师引导幼儿数一数自己听到的声音数，并用数字记录统计，评出获胜者。

★教师邀请听到声音最多的小朋友分享自己听到这么多声音的方法与感受。

★教师邀请听到声音最少的小朋友分享自己的感受。

小结 当我们保持内心的平静和专注，不让其他的事情钻进我们的小脑袋，我们就可以听到更多的声音，我们大脑就可以容纳更多的人、事、物，这就是平静的力量。

2. 认知平静

小朋友们，在生活中，你有过平静的感觉吗？有哪些时刻会让你感受到非常平静呢？分享一下你的平静故事吧。

★语言表征：鼓励幼儿思考、回想感受到平静的时刻，教师记录幼儿的语言，并整理成儿童散文。

平静是一种什么样的感觉呢？

★语言表征：幼儿自由表达，教师记录幼儿的表达。

小朋友们，你觉得平静是什么颜色，什么样子的呢？你可以用绘画和颜色把平静的感觉画出来。

★绘画表征：鼓励幼儿用绘画的方式来记录表达平静的感觉，教师拍照记录。

★分享作品：邀请幼儿分享自己的作品表征，再次讲述自己对于平静的理解。

你喜欢平静的感觉吗？为什么我们需要平静呢？

★教师鼓励幼儿表达自己的感受与想法，同时认真聆听和记录。

3. 作品展示

收集并整理幼儿关于"平静"的语言表达,制作成诗歌或者散文。

整理幼儿关于"平静"的绘画表征,并配上幼儿对画作的讲解说明(可以是文字版也可以是录像、录音),张贴展示。

项目第二阶段:如何保持平静?(2课时)

(一)项目目标

1. 愿意学习保持平静的方法。
2. 能够跟随教师的指导练习保持平静的五种呼吸方法。
3. 能够在日常生活中运用这五种不同的呼吸法帮助自己保持平静的情绪。

(二)项目准备

1)物质准备:可参考绘本《Breath with me》([美]Mariam Gates 著),及视频教程(教师需提前准备视频资源)。

2)经验准备:幼儿成功地理解了平静时的情绪感受,并愿意学习保持平静的方法。

(三)项目预设

1. 谈话导入

上次活动,我们一起讨论了"平静"的情绪,你还记得,"平静"有什么神奇的力量吗?

★幼儿自由回忆,引出上节课主题"平静"。

平静的时候我们是一种怎样的感觉呢?你愿意和大家分享一下吗?

★幼儿自由分享自己的经验,与大家讲述自己关于平静的感受或者平静的瞬间。

你知道怎样才能保持平静吗?

2. 问题团讨与解决策略

出示情境卡:图中的宝贝和妈妈现在是什么情绪?我们有什么好办法可以帮助情境卡中的小朋友和妈妈恢复平静吗?

★幼儿分两组:宝贝组和妈妈组,分别用戏剧表演的方式进行策略讨论,如何帮助宝贝和妈妈恢复平静的情绪。

★策略展示与分享:鼓励幼儿用表演的方式来展示小组策略。

(图 2-72)

图 2-72 被妈妈批评

3. 策略总结与完善

小朋友们,刚刚大家都提到了很多非常好的办法可以帮助我们保持平静(教师进行总结)。今天老师要来教给大家一个很简单但是很有用的办法,能够让小朋友们随时都能获得平静,大家猜猜看是什么呢?

★幼儿自由猜测,之后教师揭晓正确答案:呼吸。

小朋友们平常都是怎么呼吸的呀,每时每刻的呼吸都是一样的吗?他们有什么不同?

★幼儿自由举例说明,比如睡着时的呼吸是平缓的,跑步时的呼吸是急促的,等等。

小朋友们知道吗,其实呼吸是我们可以控制的,改变自己的呼吸也可以改变我们的心情哦,我们一起来试一下吧!

★教师可以让幼儿尝试急促的呼吸以及缓慢的深呼吸,对比在进行三次呼吸体验后分别产生了什么样的心情。

4. 呼吸练习

那今天我们就要来练习,通过呼吸让自己变得平静,小朋友们来跟着老师一起做吧!

教师介绍几种不同的呼吸类型,并带领幼儿进行练习。

★计数呼吸法:(生气或愤怒)坐直,让脊柱向上延伸;深吸一口气,默数1、2、3;重复三次。

★腹式呼吸法:(难过时)躺平,一只手放在胸口,另一只手放在腹部;缓慢吸气呼气,感受胸口和腹部随着吸气和呼气而起伏,重复三遍。

★蒲公英呼吸法:(感到恐惧时或运动后快速恢复平静)坐直,让脊柱向上延伸;想象有一朵蒲公英花,深吸一口气,然后慢慢吹气,将种子吹向空中;重复三遍。

5. 游戏环节

规则：教师展示不同呼吸类型的图式卡片，幼儿需要根据卡片内容准确地开始对应的呼吸练习。

呼吸的图示卡片。

教师可带领幼儿多次进行呼吸练习游戏，确保幼儿能够熟练掌握这几种呼吸方法。

* 备选活动

（1）拓展的呼吸法（教师可根据自己的需求选择使用）

气球式呼吸法：（放松呼吸，帮助睡眠）躺平，双手放在身体两侧，手心向上；用鼻子吸气，想象身体像气球一样充满空气，再用嘴呼气，那么你是什么颜色的气球呢？重复三遍。

彩虹式呼吸法：（无法起床时）坐直，让脊柱向上延伸；双臂向两侧伸直，手心朝下；吸气，将双臂向上伸展过头顶，手心相对；呼气，双臂向下到身体两侧，手心朝下；重复三遍。

（2）蒙氏走线

在教室的地上贴上不同的弯曲曲线，让小朋友按照顺序踩着线走，当小朋友们可以熟练完成后，可以让小朋友手拿着物品或头顶书本，保持身体平衡，继续踩着线前进。

该活动也可以替换开始的引入活动，让小朋友们思考，为什么有的小朋友走得很好。

该活动同样可以作为班级日常的平静训练持续性地进行。

课程三：小身体大秘密

一、课程结构

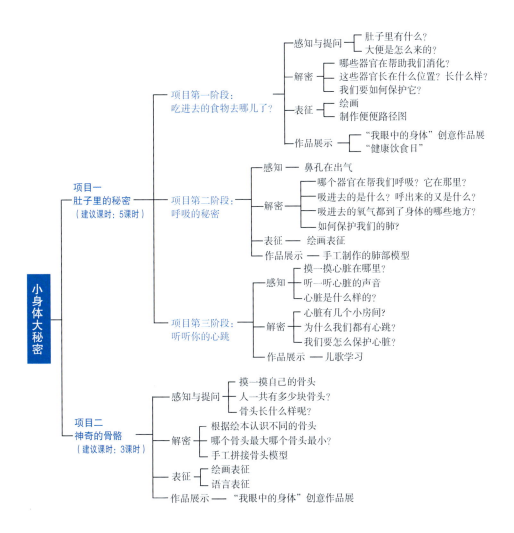

二、课程设计

项目一　肚子里的秘密

（建议课时：5课时）

【项目说明】

在幼儿园中，我们正在一步步帮助幼儿更好地了解自己的身体。本阶段项目更专注于帮助中班的幼儿们了解自己的肚子。让幼儿更好地认识到自己肚子里都有哪些器官，它们都是怎么在身体里运作的，以及日常如何更好地保护这些部位，同时改正一些自己无意识中对它们进行的破坏行为。为保持健康的身体，健康饮食以及健康作息的习惯应该从小养成。

【项目总目标】

1. 幼儿认识肚子里主要的身体器官。
2. 幼儿了解一些器官的作用和功能。
3. 幼儿懂得如何保护这些器官。

【项目过程】

项目第一阶段：吃进去的食物去哪了？（2课时）

（一）项目目标

1. 认识消化系统器官。
2. 了解它们是怎么工作的。
3. 懂得如何保护自己的胃。

（二）项目准备

1）物质准备：参考绘本《肚子里有个火车站》（［德］安娜·鲁斯曼 著；［英］帕特里克·本森 绘）、《我们的身体3D立体书》（［中］哈皮童年 编著），保护胃肠图示卡。

2）经验准备：幼儿能够对消化系统有初步认知。

（三）项目预设

1. 感知想象

小朋友们，你们知道自己的肚子里都有什么吗？你知道吃到肚子里面的食物都去了哪里吗？

★语言表征：邀请幼儿大胆猜想自己的肚子，自由表达和想象。

★绘画表征：幼儿自主创意绘画，画一画肚子里的世界。教师鼓励幼儿大胆想象，激发幼儿的艺术创作天赋。

★作品展示：邀请幼儿轮流讲述自己的作品，以及自己的想象。

2. 消化系统大揭密

今天来给大家介绍一位新朋友，肚子小精灵，它会带着我们一起去参观一下肚子里的世界，我们一起出发吧。

★教师阅读完整绘本《肚子里有个火车站》一直到"人们管这个容器叫'马桶'"。

想一想，食物进入肚子以后发生了什么事情？食物会被送到哪里呢？最后又变成了什么呢？从哪里排出身体呢？

★教师引导幼儿根据绘本内容认识不同的器官（胃、小肠、大肠、肛门）。

下面我们来看看我们的身体书，了解一下我们的肚子究竟长什么样子呢？

★邀请幼儿分组翻阅《我们的身体3D立体书》中消化系统部分。

★了解消化器官的位置构造。

所以，我们吃进去的食物通过消化成了便便；现在大家知道大便是怎么来的了吧；我们一起为便便画一下它们的路径图吧。

★二次表征：幼儿根据绘本内容绘制食物消化路径图。

3. 肠胃保护

猜一猜我们的肠胃喜欢什么，不喜欢什么？我们应该如何好好保护它们呢？

★幼儿自由表达，教师结合图2-73～图2-78做总结补充。

★继续分享《肚子里有个火车站》的剩余章节。

4. 作品展示

收集幼儿先前对自己肚子想象的绘画作品，与后期的作品放在一起举办"肚子里的秘密"艺术创作展览活动。

图2-73　规律的三餐

图2-74　少吃生冷食物

图 2-75　吃饭要细嚼慢咽

图 2-76　早睡早起

图 2-77　注意保暖　避免受凉

图 2-78　健康生活，远离疾病

项目第二阶段：呼吸的秘密（2 课时）

（一）项目目标

1. 认识自己的肺部。
2. 了解肺是怎么工作的。
3. 懂得如何保护肺部。

（二）项目准备

1）物质准备：参考绘本《神奇的呼吸》（［中］杜锦湖 著；［中］张睿 绘）及情境卡，《我们身体 3D 立体书》，手工肺模型材料包（需提前购买），听诊器。

2）经验准备：幼儿能感知呼吸，并对呼吸系统感到好奇。

（三）项目预设

1. 谈话导入

小朋友们，大家把小手放在鼻孔上，感受一下，这里有什么呢？

★幼儿自由表达自己的观点，教师加入讨论。

鼻子里的空气是吸入到哪里？又是从哪里呼出来的呢？

★邀请幼儿大胆猜想。

★邀请幼儿想象，绘画身体里呼吸的形态。

2. 呼吸系统大揭密

下面，我们来跟着绘本的脚步一起看看我们是怎样呼吸的吧。

★ 教师阅读绘本《神奇的呼吸》，从开始至"工作后产生的二氧化碳会回到肺部，在呼气的时候从嘴巴和鼻子跑出去"。

小朋友们，请问帮助我们呼吸的器官叫什么名字啊？我们来摸一摸它在哪里吧。

肺在呼吸的时候，会发出什么样的声音吗？

提前预备好听诊器，邀请幼儿一起听一听肺呼吸的声音。

肺在我们的身体里主要做了什么重要的工作呢？如果没有呼吸，会发生什么事呢？

★ 幼儿根据自己的理解说一说肺的重要性。

3. 肺部保健

健康的肺可以帮助我们更好地生活，呼吸新鲜的空气。那么，我们应该怎么保护好我们的肺呢？

★ 教师展示图示卡，邀请幼儿分辨哪些行为是保护肺的行为，哪些是伤害肺的行为。（图2-79～图2-82）

图2-79　不要吸烟，也不要吸他人的二手烟

图2-80　健康生活，远离疾病

图2-81　远离空气污染区

图2-82　多去大自然，运动的同时呼吸新鲜空气

4. 简易肺部模型

制作简易肺部手工模型。

★准备材料：每人一个模型材料包（教师需提前购买儿童肺部手工模型材料包）。

★教师与幼儿一同完成制作并总结原理。

5. 作品展示

教师整理幼儿作品并与幼儿共同布置，进行展示。

项目第三阶段：听听你的心跳（1课时）

（一）项目目标

1. 感受心脏的跳动，知道心脏跳动时会发出声音。

2. 了解心脏的大小和功能。

3. 学会保护心脏。

（二）项目准备

1）物质准备：听诊器、卷纸筒若干，绘本《心脏怦怦跳》[（文）保罗·肖沃斯，（图）霍利·凯勒]，《我们的身体3D立体书》课题配套插图2-83～图2-86。

2）经验准备：幼儿能感受心跳，并对此感到好奇。

（三）项目预设

1. 感知心跳

在我们的身体里，有一个部位在昼夜不停地跳动着，大家知道是哪个部位吗？（心脏）心脏在什么地方呢？用你的小手摸摸看。

★教师带领幼儿摸一摸心脏的位置，感受心跳。

我们一起来跳一跳，动一动，再来感受一下，心跳有什么变化呢？

心脏跳动的时候会发出什么声音呢？让我们来听听心跳的声音吧。

★教师拿出听诊器和卷纸筒，邀请幼儿互相听一听心跳的声音。

★语言表征心跳的声音。

★图画表征心跳的声音。

我们的心脏为什么会跳动呢？每个人心跳的声音都一样的吗？接下来，我们通过一个小故事来了解一下吧。

★教师阅读绘本《听听你的心跳》，从开头至"这些细小的静脉，则会将血液带到更大的静脉，最后带回心脏"。

2. 心脏大揭秘

心脏为什么会跳动呢？如果心脏不跳动了，会发生什么事情呢？

★要点：心脏为我们的全身输送血液，是我们身体的发动机。如果心跳停止，我们的血液将不再流动，我们也将死去。

★教师可带领幼儿一起阅读《我们的身体3D立体书》中的心脏部分，感知心脏是如何工作的。

小结 心脏真的很重要，我们一定要好好保护我们的心脏。

3. 保护心脏

心脏喜欢什么？不喜欢什么呢？我们该如何保护心脏呢？

★教师展示图示卡，总结保护心脏的正确方法。

小结 原来，心脏喜欢有规律的生活，只要我们早睡早起，按时吃饭，热爱运动，保持开心的情绪、健康的饮食，我们的心脏就可以健健康康啦。

心跳停止意味着死亡，那么，我们要如何保护心脏，让它健康地生长呢？

★教师展示图示卡。（图2-83～图2-86）

图2-83 吃健康的食物

图2-84 适量做运动

图2-85 早睡早起

图2-86 保持轻松愉快的好心情

项目二　神奇的骨骼

（建议课时：3 课时）

【项目说明】

骨骼是身体的重要组成和支撑部分，坚硬的骨骼同时也有脆弱的瞬间。尤其是在幼儿阶段，骨骼的安全保护与健康非常重要。本项目主要帮助幼儿更好地了解自己的身体与骨骼组成，以及日常如何保护我们的骨骼、爱护关节，帮助幼儿建立正确的自我保护意识。

（一）项目总目标

1. 了解骨骼形状、颜色以及骨骼在身体里的分布。
2. 了解人体骨骼的重要作用。
3. 学习保护骨骼的方法。

（二）项目准备

1）物质准备：绘本《人体骨骼的奥秘》（［中］刘泰宇 著），人体骨骼模型，人体骨骼拼装玩具（需提前购买），橡皮泥，保护骨骼图示卡。

2）经验准备：幼儿知道人体内有骨骼存在。

（三）项目预设

1. 感知骨骼

小朋友们，大家摸一摸自己的手臂或者腿，身体里这些硬硬的东西是什么呢？（骨骼）

猜猜看，骨头都藏在我们身体的哪些地方呢？

★教师引导幼儿摸一摸身体里的骨头，说一说骨骼在身体里的分布。

小结　原来骨骼遍布我们的身体里，支撑着我们的身体做各种各样的运动。

2. 人体骨骼大揭密

我们身体每个部位的骨骼叫什么名字呢？这些骨头是靠什么连接起来呢？

★教师鼓励幼儿大胆猜测。

接下来我们通过一个小故事，一起去探索人体骨骼的奥秘吧。

★教师完整阅读绘本《人体骨骼的奥秘》，回答以下问题。

①人的身体里一共有多少块骨头呢？
②你记住了哪些骨头的名字呢？
③这些骨骼是靠什么连接起来的呢？

出示人体骨骼模型：邀请幼儿摸一摸，认一认身体各个部分的骨骼。

3. 探索骨骼

拼接骨骼：我们的小任务是，一起来拼一拼骨骼吧。

★ 鼓励幼儿结合人体骨骼模型，探索骨骼的拼装，教师观察幼儿的探索，给予适时指导。

绘画骨骼：我们尝试来画一画身体里的这些骨骼吧。

★ 引导幼儿观察骨骼的形状，描画骨骼。

泥塑骨骼：接下来我们尝试根据我们画出的骨骼，用彩泥来捏一捏身体的骨骼，把它拼接起来吧。

★ 引导幼儿运用陶泥或彩泥等材料制作立体骨骼。

作品展示：教师协助幼儿在作品墙中展示自己的作品，并互相欣赏作品。

4. 保护骨骼

小朋友们，想一想，如果我们的身体没有了骨骼，会变成什么样子呢？

★ 教师鼓励幼儿用"如果没有骨骼……"尽情展开想象表达，教师可记录幼儿的语言，整理成儿童散文。

哪些行为很容易让我们的骨骼受伤呢？如果我们的骨骼受伤了，该怎么办呢？

★ 可组织幼儿进行分组讨论，结合图画和表演的方式记录可能导致骨骼受伤的行为，以及受伤的处理办法。

骨骼对我们的身体有非常重要的支撑和保护作用，但是你知道骨骼喜欢什么？不喜欢什么吗？如何帮助我们的骨骼健康成长呢？

★ 教师展示保护骨骼图示卡。（图 2-87 ~ 图 2-90）

图 2-87　吃补钙的食物

图 2-88　多晒太阳

图 2-89　多进行户外运动　　　　　　图 2-90　少吃甜食等高糖高脂肪的食物

5. 作品展示

教师与幼儿共同整理作品，并进行展示。

春季学期课程

课程一：爱是什么？

一、课程结构

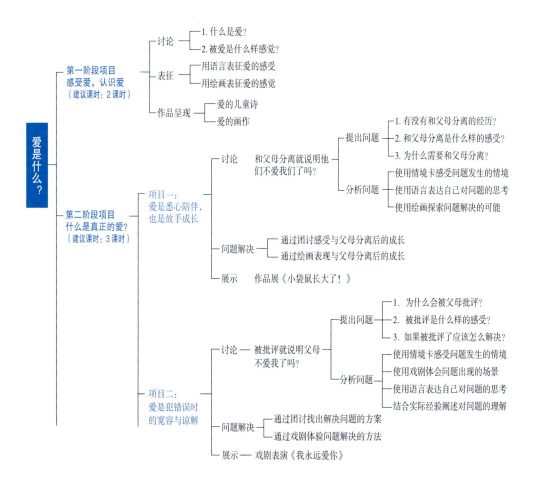

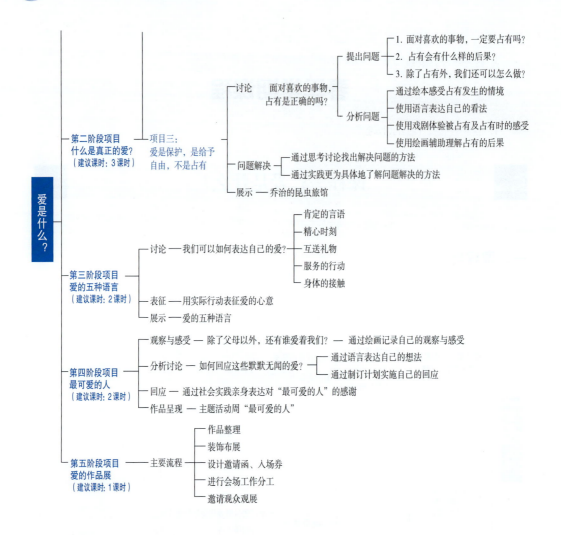

二、课程设计

第一阶段项目　感受爱，认识爱

【建议课时：2课时】

【项目说明】

本阶段项目旨在通过活动及绘本阅读的形式，带领幼儿感受爱，认识爱。在生命中的最初阶段感受到爱的魔力，并且愿意与他人分享爱的感受，在团讨中与伙伴共同分享观点，感受思维碰撞的魅力。

（一）活动目标

1. 发现身边爱的行为，并能够用语言大胆表达与分享。
2. 通过爱的行为分享，能够基本了解爱的意义。
3. 愿意用图画记录自己的表达，并愿意与他人分享、展示自己的作品。
4. 感受小组团讨的乐趣。

（二）活动准备

1）物质准备：绘本《猜猜我有多爱你》（［英］山姆·麦克布雷尼 著）、情境卡（课程配套插画）。

2）经验准备：小朋友们有爱与被爱的情感体验，并能够用完整的句子进行表达。

（三）项目预设

1. 故事导入

教师带领幼儿阅读绘本《猜猜我有多爱你》。

★教师引导幼儿一起模仿着绘本中的大兔子和小兔子，并用肢体动作和语言来表演故事中的情节。

★提问思考：在这个故事中，小兔子和大兔子在讨论什么问题呢？

2. 问题团讨

小朋友们，你们知道爱是什么吗？

★幼儿自由发言，大胆表达，教师现场记录，并根据幼儿的回答进行适当回应。

★当幼儿出现相似回答时，老师可给予一些情境提示卡（图2-91～图2-94），帮助小朋友拓宽思维，发现各种各样的爱的行动（爱是拥抱、爱是亲吻、爱是送礼物、爱是准备早餐……）。

你有被爱包围的时刻吗？可以和大家分享一下吗？

★教师根据幼儿的回答，适当递进问题的深度，让幼儿从外在的爱的行为，慢慢深入探索内心的感受。

图2-91　爱是拥抱

图2-92　爱是亲吻

图 2-93　爱是为喜欢的人准备礼物　　　图 2-94　爱是为喜欢的人做早餐

当你被爱包围的时候,你是一种什么样的感觉呢?

★教师引导幼儿进一步表达被爱的感觉,可以辅助提供一些实物,如糖果、围巾、手套等,引导幼儿运用比喻的手法来感受爱,表达爱。例如,爱的感觉,像戴着手套/围巾,很温暖;爱的感觉像棉花糖一样甜……

★教师对幼儿关于爱的感知的语言表达进行记录和整理,形成一首关于爱的小诗。

3. 图画表征与作品分享

儿童诗分享:小朋友们,上一次课我们用语言描绘了爱的感觉,老师把他们都记录了下来,变成了一首好听的小诗,我分享给大家听一听吧。

在小诗中,我们用语言描绘了非常美好的爱的感觉,今天我们要换一种表达方式,用笔和纸,来画一画这种爱的感觉吧。想一想,那将会是一种什么样的画面呢?

图画表征:幼儿自主选择绘画工具,用图画表达表征自己的想法,教师不过分干扰幼儿的表征过程,只需用照片、录影等方式对幼儿的创作过程进行记录。并对幼儿的作品创作适时进行回应与肯定。

作品分享:教师邀请幼儿大胆表达并分享自己创作的作品,并引导其他幼儿认真倾听,教师对幼儿的分享过程以及对作品的描述语言进行适时记录。

作品点评:教师邀请小朋友来点评分享者的作品,说一说你觉得画得最好的地方。

4. 作品展示

教师将本次活动的幼儿诗作与幼儿画作进行展示,并鼓励幼儿对作品区进行装饰设计。

(特别说明:幼儿作品展示时须附上幼儿对于作品的语言表述文字和幼儿的照片,展示区可以引导小朋友们一起创作设计。)

第二阶段项目 什么是真正的爱？

（建议课时：3 课时）

【项目说明】

爱的表达形态有很多种，本章节重点借助绘本和小朋友们一起分享探讨几种常见的爱的表达方式，帮助孩子们进一步理解和分辨爱的原则与界限，同时也帮助孩子们初步建立爱的原则意识和边界意识。本阶段项目安排了 3 课时分别讨论了三种不同形式的爱。幼儿可以通过语言、图画、戏剧等多种表征方式来感受和理解。希望这一次的探索和讨论，不仅能够帮助孩子们更深入地认知和理解爱，也能对成人的爱的表达方式有所启发和省思。

（一）活动目标

1. 认识爱的多种表达方式。
2. 能够分辨哪些爱的方式是对人有益的，哪些爱的方式是无益的。
3. 初步认识到爱要有原则与边界。

（二）活动准备

1）物质准备：绘本《我不想离开你》（［比］G.V. 西纳顿 著）；《我永远爱你》（［英］杜丹·刘易斯 著；［英］彭妮·艾夫斯 绘）；《乔治的昆虫乐园》（［英］亚力克斯·G. 格里菲斯 著/绘）及其可用绘本情境图片。

2）经验准备：小朋友们有分辨不同种类爱的能力，具有对被爱的感知敏感性，且有表达爱、感受爱受挫的经历。

（三）项目预设

项目一：爱是悉心陪伴，也是放手成长（1 课时）

1. 故事导入

小朋友们，今天我们继续来讨论爱的话题。我们首先来听一个小故事，一起看看故事中发生了什么事情？妈妈的这种做法，是不是爱呢？

★教师讲述绘本故事《我不想离开你》至"长颈鹿奔跑"这一页暂停。

2. 问题讨论及表征

故事中的袋鼠妈妈一直在劝小袋鼠做什么事情呢？小袋鼠为什么不愿意？袋鼠妈妈为什么总是想让小袋鼠离开它的袋子呢？这种想法是爱它的孩子吗？

★教师出示绘本图片，引导幼儿进行讨论。

如果小袋鼠一直躲在妈妈袋子里不出来，会有什么样的结果呢？
★教师引导幼儿从袋鼠妈妈和小袋鼠两个角度去思考。
小袋鼠最终有没有离开妈妈的袋子呢？妈妈会对它说什么呢？
★教师继续讲述故事的结尾，为孩子们揭晓答案。
你有没有不想和妈妈分离的时候呢？你是怎样做的呢？
我们为什么要离开爸爸妈妈呢？我们可以去做些什么事情呢？
★教师鼓励孩子们大胆发言，表达自己的想法，并适时进行记录。

3. 图画表征

想一想和爸爸妈妈分开以后，你可以做些什么事情呢？

4. 作品分享与展示

教师引导幼儿分享自己的作品。
鼓励幼儿一起装饰和布置作品展，例如主题《小袋鼠长大了！》。

【拓展绘本资源推荐】

《逃家小兔》（［美］玛格丽特·怀兹·布朗 著；［美］克雷门·赫德 绘）。

项目二：爱是犯错误时的宽容与谅解（1课时）

1. 谈话导入

上一次课，我们一起讨论了和爸爸妈妈的分离，也是一种爱，对吗？为什么说分离也是一种爱呢？
★教师邀请幼儿一起回顾上次讨论的结果。
今天我们又给大家带来了另外一个有趣的故事，故事的主人公小熊，发生了一点儿小状况，需要我们去帮帮它。走，我们一起去看看吧。
★教师阅读绘本《我永远爱你》。

2. 情境讨论

教师结合绘本画面P3-4，向幼儿展示故事内容，邀请幼儿结合图画讨论。
（1）结合画面讨论
请问你从图画中看到了什么？猜猜它做错事情的时候心情是怎样的？
★教师引导幼儿逐一讨论画面中的内容，鼓励幼儿大胆猜想，画面中发生了什么事情，小熊的心情是怎么样的？
如果熊妈妈知道了小熊所做的事情，会有什么结果呢？
★语言表征：教师引导幼儿大胆想象表达，熊妈妈知道这一切后的后果。
★戏剧表征：教师邀请幼儿扮演小熊的爸爸或妈妈，运用语言、动作结合情境演绎熊爸熊妈可能会对小熊说什么、做什么。教师用视频记录幼儿的表达和演绎。

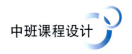

如果熊妈妈真的很生气，对小熊发了脾气，熊妈妈还会爱小熊吗？为什么呢？

（2）结合经验讨论

在你的生活中发生过相似的事情吗？你做错事情时内心的感受是怎样的？

★语言表征：幼儿根据画面联系自身经验自由讲述，教师倾听并记录。

你做错事情后，会主动告诉爸爸妈妈吗？为什么？

你觉得爸爸妈妈在批评我们的时候，还是爱我们的吗？为什么？

我们犯了错误以后，该怎么做才能获得爸爸妈妈的原谅呢？我们一起为小熊也想想办法吧。

3. 团讨解决方案——为小熊出谋划策

可将幼儿分成两组，结合图片，小熊打碎碗的场景，小组一起商量讨论，共同帮助小熊想一想解决问题的办法。

将解决问题的办法用图画的方式记录在画纸上，供展示讨论使用。

小组讨论结束后，大家一起分享展示解决方案。

4. 分享绘本故事《我永远爱你》

我们一起来阅读绘本故事《我永远爱你》，看一看熊妈妈究竟会对小熊说些什么呢？

5. 教师小结

所以我们做错了事情，不用担心害怕，因为我们的爸爸妈妈会永远爱我们。只要我们大胆地、诚实地面对和承认自己的错误，并努力想办法去弥补和改正，这样爸爸妈妈一定会原谅我们，他们依然会继续爱我们。

6. 作品呈现——戏剧表演

参考思路：可以将小熊和妈妈的故事，结合小朋友们团讨的过程，做适当改编，编排成情景剧。通过戏剧的形式来展现小熊内心的担忧害怕，心理挣扎。最后通过小朋友们共同为小熊出谋划策，为小熊想到解决问题的办法，帮助小熊大胆地面对错误，主动向妈妈承认错误，并献上自己的小礼物弥补自己的过失，最终得到妈妈的原谅。

【拓展绘本推荐】

《被批评了，没关系》（［韩］宋尹燮 著；［韩］徐贞海 绘）。

项目三：爱是保护，是给予自由，不是占有（1课时）

1. 谈话导入

小朋友们，生活中你们有没有特别喜欢、特别想要的东西呀？

你想要的东西最终得到了吗？你是怎样得到的呢？

如果你没有得到你想要的东西，你会怎么办呢？

今天老师给大家介绍一位新朋友，他的名字叫"乔治"，他最喜欢昆虫了，最后他有没有得到小昆虫呢？我们一起去看看吧。

2. 讲述故事《乔治的昆虫乐园》，引发思考与讨论

（1）结合绘本讨论：讲述故事从头至22页"爷爷看到这一切，也变得闷闷不乐"。

爷爷为什么闷闷不乐了？（或者说乔治最后有得到他喜欢的昆虫了吗？他是怎么做到的？）

乔治捉昆虫的时候心情是怎样的呢？你觉得他在想些什么呢？那你觉得小昆虫是怎么想的呢？

★语言表征：引导幼儿通过共情的方式感受乔治捉昆虫时候的喜悦、喜好的心情，同时也共情小昆虫的感受，并大胆用语言进行表达。

★戏剧表征：可以邀请幼儿分别扮演乔治和小昆虫，还原乔治捉昆虫时乔治的心情和小昆虫的心情。

（2）结合经验讨论。

乔治把捉到的小昆虫都放在哪里了呢？你觉得小昆虫此时的心情是怎样的？

你觉得小昆虫最后的命运会怎样呢？

如果世界上没有了昆虫，我们生活的环境会受到影响吗？会有哪些影响呢？

★语言表征：教师引导幼儿大胆畅想，没有昆虫的日子，我们的生活会变成什么样子。

★图画表征：如果我们的世界没有昆虫……

（如果幼儿的语言经验和表达比较有限，教师可以结合绘本内容，进行故事讲述，揭晓答案，帮助幼儿补充经验，然后再继续进行关于"如果我们的世界没有昆虫……"的讨论与图画创作。）

小结　所以，你觉得乔治对昆虫的这种喜爱是真正的爱吗？这种爱是对他人有益的吗？

3. 问题解决

思考讨论：那么我们有什么好办法可以帮帮乔治，既可以保护好小昆虫和大自然，又可以满足乔治每天随时看到自己喜欢的小昆虫的愿望呢？（也可结合绘本看看爷爷想到了什么好办法）

实践拓展：可以根据绘本中的解决办法，带领小朋友们为乔治设计一个昆虫乐园。制作昆虫盒、昆虫旅馆等，为小虫子们做一个温暖的家。

教师小结：对小昆虫来说，怎样做才是真正地爱它们呢？爱不是占有，而是要保护它，给它自由，和大家一起分享对它们的喜爱。

4. 作品展示

《乔治的昆虫旅馆》

【拓展绘本推荐】

《鼹鼠与小鸟》（［英］马杰里·纽曼 著；［英］帕特里克·本森 绘）。

第三阶段项目　爱的五种语言

（建议课时：2课时）

【项目说明】

基于小朋友们对爱的探讨与理解不断深入，是时候带领小朋友们思考如何回应他人的爱啦。爱需要表达与回应，正确的表达与回应，才能让爱在关系中涌动。鼓励小朋友带动家长一起表达爱。

（一）项目目标

1. 明白爱需要表达，也需要给予回应。
2. 知道爱的五种表达语言，并能够运用其中的一种方式表达对他人的爱。
3. 鼓励小朋友和家人一起使用爱的五种语言进行表达，感受爱在家庭中的涌动。

（二）活动准备

1）物质准备："爱的五种语言"图示卡（图 2-95 ~ 图 2-99），任务卡（印有"爱的五种语言"中的一种）。

教师参考读物：《爱的五种语言》（［美］盖瑞·查普曼 著）。

2）图示卡可以使用图片表示以下场景——帮妈妈一起摆好桌椅（服务的行动）；给妈妈送一束花（接受礼物）；为妈妈准备一个小惊喜（精心时刻）；抱抱妈妈（身体的接触）；夸妈妈今天真好看，做的饭菜真好吃（肯定的言语）。

图 2-95　帮助他人

图 2-96　互送小礼物

图 2-97　精心时刻（如节日的仪式感）

图 2-98　身体的接触（如拥抱、亲吻）

图 2-99　肯定的语言（如赞美、欣赏）

经验准备：幼儿对日常生活中被爱的场景较为熟悉，且能用语言顺利、完整地表达。

（三）项目预设

1.情境引入

出示故事情境卡：今天是妈妈的生日，可是我和爸爸却把这个重要的日子忘记了，所以妈妈今天很不开心，一个人躲在房间里生起了闷气。（图 2-100）

图 2-100　妈妈一个人在房间生闷气

妈妈为什么不开心？

有什么办法可以让她开心吗？

你的妈妈会因为什么事情而不开心（或生气）呢？

2. 问题解决

当妈妈不开心或者很生气的时候，你会怎么办呢？有什么办法可以让妈妈变开心，并鼓励幼儿大胆用图画的方式记录团讨结果。

★幼儿分组讨论，教师引导幼儿用语言、图画和喜剧表演的方式记录团讨结果。

★教师观察幼儿的团讨的过程，并用图片、录像和文字进行记录。不干预幼儿的讨论，幼儿自由表达自己的想法。

3. 成果展示

团讨结束后，教师邀请各组逐一展示团讨成果。

教师鼓励幼儿运用语言大胆展示表达，也可鼓励幼儿结合表演的方式进行展示。

教师小结：教师结合"爱的五种语言"对幼儿展示的方法进行总结，并引出爱的五种表达方式，用情景卡，结合画面帮助幼儿理解。

★教师展示图 2-95～图 2-99，并对每种爱的表达方式进行解释。

4. 任务卡

教师针对爱的五种表达方式，引导幼儿进行针对性练习，抽取卡片，让幼儿回顾这是哪一种表达方式，并通过表演的方式呈现图片上的内容。

可结合特定节日，如教师节、重阳节、中秋节、国庆节等不同节日，设定不同的任务情境卡，让幼儿分组讨论和表达，用什么方式来表达对他们的爱与关怀，并分组进行项目准备和执行落实。

5. 实践拓展

按小组的形式，根据抽到的任务卡片策划一场爱的行动，并进行实践。

第四阶段项目 最可爱的人

（建议课时：2 课时）

【项目说明】

通过一段时间的项目探索，幼儿对爱有了进一步的了解和认知。

再次通过团讨，让幼儿一起讨论，什么是爱，发现不一样的爱。并在总结中升华本项目的主题，提出几个有关于爱的哲学思辨问题，带领幼儿更深入地了解爱与被爱。

（一）项目目标

1. 总结之前三个阶段项目中对爱的理解，并能用语言大胆表达自己对爱的认识。
2. 对"爱是什么"这一问题有更加深层次的思考，能够结合不同形式的爱的表达，理解如何爱才是对人有益的爱。

3.学会发现生活中的爱，学会用感恩的心回应他人的爱。

（二）活动准备

1）物质准备：彩色笔、白纸、课程配套插图 2-101～图 2-103。

2）经验准备：能够分辨爱的行为，能够用爱的五种语言中任意一种来表达爱。

（三）项目预设

1. 主题回顾讨论

小朋友们，经过这一段时间的讨论学习，现在在你们觉得什么是"爱"呢？

★幼儿自由发言，教师记录幼儿的表达，并将幼儿的语言编写成儿童诗，与最初的儿童诗进行比较，体会幼儿通过项目式课程的成长。

2. 问题拓展

你喜欢怎样表达对爸爸妈妈的爱呢？对小伙伴的爱呢？对老师的爱呢？

★引导幼儿结合爱的五种表达方式，运用到具体的生活场景中进行实践表达。

除了爸爸妈妈、爷爷奶奶、老师、同学以外，你还能感受到有谁在爱着你呢？他们是怎样爱我们的呢？

★结合插画，引导幼儿去观察、发现生活中、社会中默默关爱和守护我们的无名英雄。帮助幼儿建立对自己成长的环境是一个爱的集合的基本认知，鼓励幼儿以感恩的心去回应他人的爱。（图 2-101～图 2-103）

图 2-101　警察叔叔

图 2-102　医生

图 2-103　农民伯伯

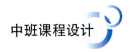

你想对他们说些什么、做些什么来回应感谢他们的爱呢？

★鼓励幼儿运用爱的五种语言大胆回应表达。

3. 图画表征

画一画你心目中一位默默保护或爱着我们的无名英雄。（教师可以根据幼儿的表达提供参考图片请幼儿观察绘画。）

作品展示，说一说为什么你觉得他是最可爱的人。（教师聆听并记录作品内容。）

4. 实践拓展

根据孩子们图画中的人物角色，展开"最可爱的人"主题活动周，教师可协助联系当地相应的单位或相应的职业代表者，去进行实地慰问探访，了解大人们日常是如何工作的，可以模仿他们的工作，和他们一起体验感受角色的辛苦付出。

第五阶段项目　爱的作品展

（建议课时：1 课时）

【项目说明】

教师与幼儿一起将本项目的作品成果进行分类梳理，制作邀请函，设计入场券，并指导幼儿真正参与正常活动的设计与推进。

一、项目目标

1. 幼儿能自信大方地展示自己的作品，并能对其进行说明。
2. 幼儿能通过对作品进行整体的梳理，对"爱"有更加深入的理解。

二、活动准备

1）物质准备：前期已完成的作品（包括幼儿诗、画作、排练好的情景剧）。

2）经验准备：幼儿深度参与了前期的项目活动，并对爱有了更为深入的理解。

三、项目预设

1. 整理作品

教师带领幼儿进行整体的项目总结，梳理作品，并将所有作品进行展示（表2-1）。

表 2-1　作品展示

画作	《爱的画作》《爱的五种语言》
儿童诗	《爱的儿童诗》
其他	爱的情景剧

2. 装饰布展

教师带领幼儿对作品进行布置及场馆设计与装饰。

3. 设计邀请函、入场券

教师带领幼儿制作邀请函及观看会场展览的入场券,为后续的展览做准备。

4. 进行会展的分工——检票员、解说员等

幼儿自由进行分工和分组,分别担任检票员、解说员等可能在展览过程中需要的角色任务。

5. 观展

首先邀请园内教师、幼儿,观展、观剧,让幼儿熟悉活动大致流程及自己的工作任务内容。

邀请家人来园观展、观剧,作为本项目最终的展示阶段。

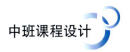

课程二：恐惧与勇气

一、课程结构

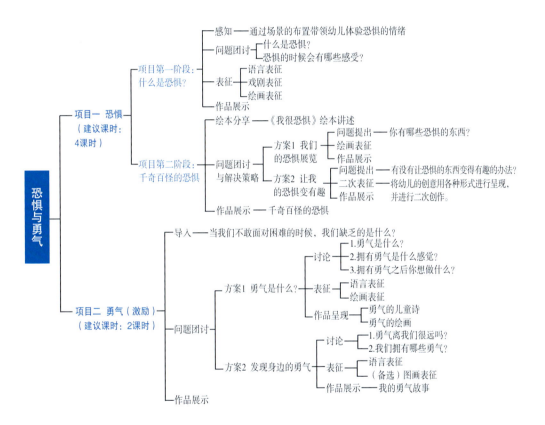

二、课程设计

项目一 恐惧

（建议课时：4课时）

【项目说明】

对于幼儿来说，恐惧也是一种十分常见的负面情绪。在发展的过程中，恐惧情绪不仅会使得幼儿错失许多宝贵的成长机会，甚至影响幼儿的社交发展。所以本项目希望通过与幼儿探讨恐惧情绪的成因及可能产生的后果，共同找到克服恐惧的方法，以帮助幼儿更好地发展、成长，成为更加勇敢的人。

一、项目总目标

1. 认识恐惧，了解恐惧带来的心理感受。
2. 能够用不同的表征方式来表现恐惧的感受。
3. 了解每个人都会恐惧不同的东西，并愿意尝试找到克服恐惧情绪的方法。

二、项目过程

项目第一阶段：什么是恐惧？（1课时）

（一）项目目标

1. 感知恐惧情绪带来的心理体验。
2. 能够用各种形式表征恐惧情绪。
3. 能了解恐惧可能带来的影响及后果。

（二）项目准备

1）物质准备：打雷下雨声效；昏暗的环境（拉窗帘，关灯）。
2）经验准备：幼儿对恐惧情绪有初步的感知，并能用语言等方式进行分享。

（三）项目预设

1. 情境导入

雷雨情景设置：教师提前准备打雷下雨的仿真声效，并拉好窗帘保持教室相对昏暗。

★教师找借口离开教室，在门口关灯放出音频，制造天色突然黑下来狂风暴雨的情境。

★教师观察幼儿们的反应并进行记录。

小朋友们，刚刚你们有什么样的感觉？

★幼儿自由发言，讲述自己感受到的恐惧体验。

小结 刚刚大家感受到的恐惧体验，就是"恐惧"，恐惧就是非常害怕的感受。

2. **问题团讨**

小朋友们，生活中你有过恐惧的感觉吗？是什么事情让你感到恐惧呢？

★语言表征：鼓励幼儿用语言表达自己感受到的恐惧的时刻。

你恐惧的时候是什么样子呢？内心是什么感觉呢？

★戏剧表征：鼓励幼儿表演自己恐惧时的情绪状态，并用语言描述内心的感觉。教师认真聆听幼儿对恐惧的感知及画作分享，将其整理为儿童诗。

★绘画表征：画一画恐惧是一种什么感觉。

★展示分享：鼓励幼儿分享自己的作品，并用语言解释自己的作品。

3. **作品展示**

教师与幼儿共同整理该阶段的项目作品，张贴在墙上，制作成恐惧展示墙。

邀请幼儿将自己的作品进行整理并附上说明，张贴在作品旁边。

项目第二阶段：千奇百怪的恐惧（3课时）

（一）项目目标

1. 知道每个人都会有恐惧的时刻。
2. 愿意与同伴或亲人大胆表达分享自己的恐惧。
3. 能够找到战胜恐惧的方法。

（二）项目准备

1）物质准备：绘本《我很恐惧》（［韩］金岁实 著；［韩］崔显默绘）。

2）经验准备：幼儿能够理解恐惧情绪，并拥有尝试克服恐惧情绪的经历。

（三）项目预设

1. **表演导入**

小朋友们，你还记得我们上次活动讨论的是哪一种情绪吗？你可以表演一下恐惧的样子吗？

★教师引导幼儿表演恐惧时的状态，作为本阶段项目的导入。

2. **绘本讲述与分享**

小朋友们，今天我们要来认识一位新朋友，它是一只小幽灵，原来小幽灵也有恐惧的事情，让我们来看看吧。

★教师讲述绘本《我很害怕》至"原来谁都有恐惧，爷爷也一样"处停止，并展示情境卡片，引导幼儿总结小幽灵有哪些恐惧的东西。

听完了故事，我们一起来回忆一下，小幽灵和爷爷都有哪些恐惧呢？

★引导幼儿回忆小幽灵的恐惧（可辅助故事插图）。

★引导幼儿回忆爷爷的恐惧（可辅助故事插图）。

小结　每个人都有自己的恐惧，所以恐惧并不是丢脸的事情。我们要勇敢面对自己的恐惧，大胆分享自己的恐惧。

3.问题团讨与解决策略

方案1：我们的恐惧展览

小朋友们，小幽灵有好多好多不同的恐惧，你们都会因为什么事情感到恐惧呢？

★语言表征：幼儿自由发言，讲述自己会感觉恐惧的事件，教师可以进行记录。

★绘画表征：或者也可以鼓励幼儿通过绘画的方式记录下自己会感觉恐惧的事情，教师帮助收集整理。

将幼儿的恐惧进行整理，制作成展览。鼓励幼儿大胆地分享自己的恐惧。

方案2：让我的恐惧变有趣

当我们感到恐惧的时候，我们会做些什么呢？

★引导幼儿大胆表达自己面对恐惧的事情的情绪反应。

我们能不能一起来想一些办法战胜自己的恐惧呢？

★语言表征：基于前面的绘画表征，幼儿分享自己面对恐惧的好办法，教师进行记录。

小朋友们都想到了一些战胜恐惧的方法，接下来，我们一起去看看，小幽灵和爷爷是怎样战胜恐惧的吧？它们用了哪些办法来战胜恐惧呢？

★教师继续讲解绘本《我很恐惧》（从"但是我们可以战胜恐惧"至结尾）。

★教师引导幼儿回顾小幽灵和爷爷分别用了什么办法来战胜不同的恐惧。

小结　原来我们恐惧的事物，也可以变得很有趣。

你有没有什么好办法，可以把我们的恐惧也变得很有趣呢？

★怕黑是孩子们共同的恐惧。老师可以"怕黑"为例，带领孩子们玩一次黑夜中的光影游戏，体验在黑夜中才有的独特游戏与乐趣。

★教师提前将幼儿的"千奇百怪的恐惧"作品进行整理分类（如恐惧黑暗、恐高、恐惧小狗等），针对不同的恐惧，大家一起想出让恐惧变有趣的办法。

例如：恐惧黑暗的幼儿可以让其尝试着用不同的彩色灯带装饰黑暗，让黑暗变得漂亮起来；恐惧小狗的幼儿可以让其给小狗画上搞笑的鼻子，让它变得可爱且不再吓人……重点在于帮助幼儿发挥想象力，让他们恐惧的东西变个身，变得不再可怕。

★绘画表征：基于前面的绘画表征，进行二次创作，将自己的恐惧变有趣。

★体验环节：教师可选择几个由幼儿自行提出的好办法，带领班内幼儿现场体验。

小结　当我们感到恐惧的时候，我们可以有许多办法来面对害怕。比如一起思考如何把恐惧变有趣，又或者是拉上好朋友或者大人的手一起面对；又或者是深呼吸之后再去处理；又或者……（教师总结幼儿的好办法）。

4. 作品展

那我们现在就一起把刚刚想到的克服恐惧的好办法展示出来，打跑恐惧小怪兽吧。

★教师带领幼儿张贴画作，并进行布置，作品旁可附上幼儿的说明介绍，并邀请幼儿进行讲解。

【绘本推荐】

《害怕也没关系》（［韩］杨泰锡 著；［美］朴允熙 绘）

《你怕黑吗？其实黑也怕你》（［新西兰］彼得·维加斯 著；［法］本杰明·修得 绘）

《我和"害怕"做朋友》（［意］弗兰切斯卡·桑那 著）

《我以前会害怕》（［美］劳拉·瓦卡罗·希格 著）

【活动推荐】

勇气面具

★带领幼儿思考自己觉得最有勇气的人是谁，并且把他的样子画在面具上，当感到恐惧时可以戴上属于自己的勇气面具，想象自己变身成了那个人的样子，可以帮助小朋友快速获得勇气，勇敢面对自己感到恐惧的事物。

恐惧加油站——拥抱、加油鼓励、榜样。

陪伴是解决恐惧情绪最快速也是最有效的办法，鼓励幼儿与老师共同在班级的角落中设置一个"恐惧加油站"，鼓励小朋友在感到恐惧的时候进入这个角落，进行数次深呼吸的自主练习，再与其他小朋友拉起手，拥抱，找到小伙伴与自己共同面对自己的恐惧。并且与班内的小朋友们达成共识，在看到有人走进恐惧加油站希望找到帮助与陪伴时，我们应该主动伸出援手，去帮助他思考解决面对恐惧的方式，并且陪着他一起面对恐惧的场景与挑战。

项目二 勇气（激励）

（建议课时：2课时）

【项目说明】

勇气对于幼儿来说是十分重要的积极情绪，它不仅能帮助幼儿面对恐惧，还能使幼儿尝试自己曾经没有尝试过的挑战。以上种种对于幼儿的成长发展都有至关重要的作用。本阶段项目将带领幼儿一起探讨勇气的内涵，并且畅想勇气能够为我们的生活带来些什么。

一、项目目标

1. 幼儿知道什么样的行为是有勇气的，能理解勇气的含义。

2. 知道勇气其实就在我们身边，每天与我们同在。

3. 能够分辨有勇气的行为，并为自己拥有的勇气感到骄傲。

二、项目准备

1）物质准备：绘本《勇气》（［美］伯纳德·韦伯著）、纸、笔。

2）经验准备：幼儿经历过勇敢的时刻，并能够用语言描述。

三、项目预设

1. 情境卡回顾导入

小朋友们，今天我们要来认识几位新朋友，我们先来判断一下，他们现在是一种怎样的情绪呢？

★教师出示图示卡。（图2-104～图2-106）

那我们有什么办法可以帮助他们呢？

★戏剧表征：鼓励幼儿用上次活动中学习的克服恐惧的方法，来现场表演如何帮助他们克服恐惧。

图2-104　怕见到不熟悉的人

图2-105　害怕去幼儿园

图 2-106　害怕发言或上台讲话

恐惧与害怕是因为我们身上缺少一种力量,大家知道是什么力量吗?

★引出勇气。

2. 思考与表征

方案 1:思考勇气是什么?

小朋友们,你们知道勇气是什么吗?

★幼儿自由表达,讲述自己对勇气的理解,教师记录并整理幼儿的发言。

你觉得拥有勇气是一种什么样的感觉呢?

★语言表征:幼儿用语言描述拥有勇气的感觉。

你希望拥有勇气吗?有了勇气你最想去做什么事情呢?

★语言表征:幼儿自由讲述自己的经历,教师及时进行鼓励。"当我拥有了勇气,我想做……"

★教师可以将幼儿的语言表达整理成儿童诗。

★绘画表征:拥有了勇气,你最想做什么事情呢?邀请幼儿用图画表征自己的想法。

方案 2:发现身边的勇气

勇气其实就在我们身边,每一天和我们在一起。让我们一起在绘本中寻找一下什么是勇气吧。

★阅读绘本《勇气》,并展示情境卡片辅助幼儿进行理解。

小朋友们,听了这么多不同种类的勇气,你觉得自己拥有勇气吗?你觉得你的勇气是什么呢?

★语言表征:鼓励幼儿大胆说出自己生活中的勇气。例如,勇气,是我会大口吃蔬菜,不挑食……

★(备选)图画表征:画出你的勇气。

【备注】备注,如果幼儿说不出来,可以准备一些情境卡,给幼儿一些提示。(图 2-107 ~ 图 2-109)

图 2-107　敢一个人睡觉

图 2-108　敢做志愿者陪老人

图 2-109　敢滑冰

3. 分享与展示

幼儿展示自己的画作，分享自己的勇气故事。

教师带领幼儿用绘画的方式记录自己做过的勇敢的事，并进行张贴展示，制作成班级的勇气墙。

课程三：千变万化的我

一、课程结构

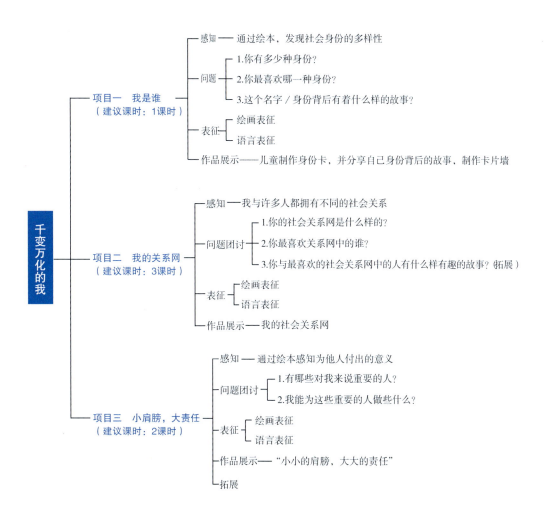

二、课程设计

项目一　我是谁

（建议课时：1 课时）

【项目说明】

社会自我是现实自我（是处在社会关系中的自我），即明白自己是处于各种社会关系中，需要承担相应的社会角色，承担社会责任与社会义务。这对于儿童处理社会关系、同伴矛盾问题、理解班级管理等都具有重要的意义。本项目旨在带领儿童理解自我与社会的关系，探讨自己具有的社会身份，探索自我被社会赋予的价值，鼓励幼儿通过社会为自己赋能，并承担起相应的社会责任。

（一）项目目标

1. 了解自己各种各样的名字。
2. 知道自我不仅与自己相关，也与社会中的他人相关。

（二）项目准备

1）物质准备：绘本《我是谁》（［中］陈玲玲 著/绘），名片卡若干。

2）经验准备：幼儿已经具有基础的自我意识，知道关于自己的多种称呼。

（三）项目预设

1. 谈话导入

小朋友们，你知道自己是谁吗？你有几个名字呢？

★语言表征：鼓励幼儿思考周围的人都是怎样称呼自己的。

除了我们自己的名字，我们还是谁呢？我们一起来听一个小故事，看看故事中的小朋友是怎么样回答这个问题的。

★教师共读绘本《我是谁》，引导幼儿感知和发现自己的不同名字。

2. 问题团讨

故事中的小朋友叫什么名字呢？咪咪一共有多少种名字呢？

你也有这么多不同的名字吗？你还叫什么呢？

★语言表征：鼓励幼儿结合自己的经验，分享自己的名字。

我们一起来把自己不同的名字记录下来吧，说说这些名字背后都有哪些有趣的小故事。

★绘画表征：幼儿进行绘画记录自己的姓名卡片，每个名字单独绘画在一个小

卡片上，制作成自己的身份名片。

★制作完毕后，教师鼓励幼儿分享自己的作品，看看谁是班里想得最多的小朋友。

★语言表征：讲述自己拥有的名字及名字背后的故事。教师可在幼儿进行讲述时用文字的形式进行记录，后续整理成语言作品。

在这些名字中，你最喜欢哪一个名字呢？为什么？

★幼儿自由发言，教师认真聆听，总结幼儿的发言，并对幼儿发言进行记录整理，帮助幼儿更好地认识自己的社会身份。

总结　我们有很多名字，实际上这些名字就是我们在不同的地方拥有的不同身份，他们就像是我们的名片一样，伴随着我们到不同的地方，让不同的人用不一样的方式认识我们。

3. 作品展示

教师整理幼儿绘画的关于自我身份的卡片，进行展示，并辅助幼儿进行名片背后小故事的收集整理，制作成作品展。

项目二　我的关系网

（建议课时：3课时）

【项目说明】

社会自我是现实自我（是处在社会关系中的自我），即明白自己是处于各种社会关系中，需要承担相应的社会角色，承担社会责任与社会义务。这对于儿童处理社会关系、同伴矛盾问题、理解班级管理等都具有重要的意义。

本项目旨在带领儿童理解自我与社会的关系，引导幼儿对社会关系进行表征，并为社会关系赋予积极的意义。

（一）项目目标

1. 了解自己与社会中他人的关系。

2. 能够绘画自己与家人、老师、同伴的关系网格图。

（二）项目准备

1）物质准备：绘制好的姓名名片、幼儿自己的照片。

2）经验准备：幼儿能了解自己所拥有的不同社会关系，并能讲述与不同社会主体间可能产生的互动。

（三）项目预设

1. 谈话导入

上一次活动我们制作了自己的身份名片，谁最喜欢这样称呼你呢？

★教师引导幼儿回顾自己的身份卡片，找出称呼的由来。

我们一起来把这些不同的人画在每一张身份卡片后面吧。

★引导幼儿对应每个名称找出背后叫自己的人，画在名片后。

那这些人分别与我们是什么样的关系呢？

★鼓励幼儿大胆分享自己的理解，感受不同的社会身份背后的个体。

2. 问题团讨及社会关系网绘制

这些被我们写在名片后面的人放在一起，其实就会组成一个社会关系网。让我们一起来感受一下目前我们拥有的社会关系网络吧。

★教师引导幼儿将名片任务的那一面贴在一张较大的纸上，中间贴上小朋友的照片。

你和这张名片上的人都是什么样的关系呢？和我们说一说吧。

★语言表征：幼儿分享自己关系网中的人物。

那我们现在就一起来编织好这张美丽的小网吧！

★让幼儿用画笔连接自己的关系网，制作成一张美丽的小网。

★分享：幼儿展示自己绘制的关系网，并进行讲解，与班级分享。

在这个关系网中，你最喜欢谁呢？选出三个对你来说最重要的人，给他们画上小皇冠吧。

★幼儿自行绘画，补充自己的关系网，并与大家分享。

拓展延伸：你和这三个人发生过什么样有趣的故事吗？跟我们分享一下。

★语言表征：幼儿可以选择性进行过往经历的分享。

★绘画表征：画出与最喜欢的三个人之间发生过的故事，并附上自己的说明与介绍。

3. 作品展示

将幼儿绘制的社会关系网进行展示，并附上幼儿绘制的事件故事，进行展览。

项目三　小肩膀，大责任

（建议课时：2课时）

【项目说明】

社会分工是保证社会正常运转必不可少的合作方式。幼儿在初步感知并了解了纷繁复杂的社会关系后，对社会分工也可以产生相应的思考。在本项目的学习中，我们将带领幼儿共同思考社会分工的意义，强调社会责任感，让幼儿了解自己不仅

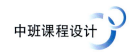

仅属于自己，还属于这个社会，应该随着自己的成长，慢慢地承担起属于自己的社会责任。

（一）项目目标
1. 我的责任与义务。
2. 愿意伸出小手帮助他人。

（二）项目准备
1）物质准备：纸笔若干、剪刀、胶棒。
2）经验准备：幼儿能有初步的社会分工意识，并了解自己的社会身份。

（三）项目预设

1. 谈话导入

作为社会关系中的一员，我们每一个人都有不同的责任和义务。那么，作为班级中的一员，你们有什么样的责任呢？

★鼓励幼儿大胆发表自己的看法，以及对自己身份角色与责任的认知。

2. 问题团讨

小朋友们，你们关系网中选出的最重要的人都是谁呢？

★幼儿回忆自己的关系网，讲述选出的最重要的三个成员。

你可以帮助他们做些什么呢？

★语言表征：说一说你想到的可以为他们做的事。

★绘画表征：画一画你能为他们做的事，并与全班分享。

★教师帮助幼儿回顾自己的关系网，并找出不同的关系中自己有哪些社会责任？

3. 作品展示

将幼儿想到的能为这三个重要的人做的事情剪切拼贴到关系网旁，做成整体的作品展，取名为"小小的肩膀，大大的责任"。

★教师与幼儿共同进行展览的布置，并将幼儿的描述写在作品旁。

★鼓励幼儿向更多的人讲述自己的画作及关系网。

4. 拓展讨论

根据关系网中的角色关系，进一步拓展讨论，讨论方式如下：

作为哥哥姐姐，我们可以为弟弟妹妹们做些什么呢？

★语言表征：说说你能想到的作为哥哥姐姐的社会责任。

★绘画表征：画一画你能做的力所能及的事吧。教师可辅助进行文字的补充记录说明。

作为幼儿园的小朋友，我们还可以为幼儿园做些什么呢？

★语言表征：说说你能想到的作为幼儿园的小朋友可以为幼儿园做的事情吧。

★绘画表征：画一画你想到的这些事情。教师可辅助进行文字的补充记录说明。当你长大后，你的社会责任会改变吗？会新增加哪些更多的社会责任呢？

★幼儿自由发言，教师进行记录，鼓励幼儿大胆分享自己的观点。

大班课程设计

秋季学期课程

课程一：我与朋友

一、课程结构

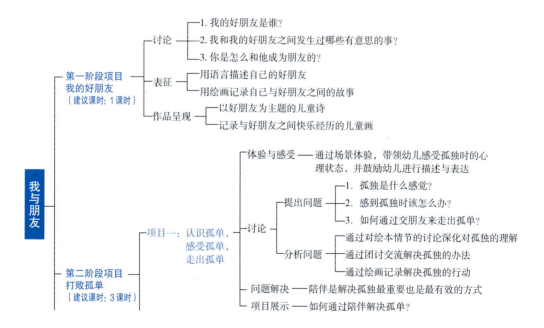

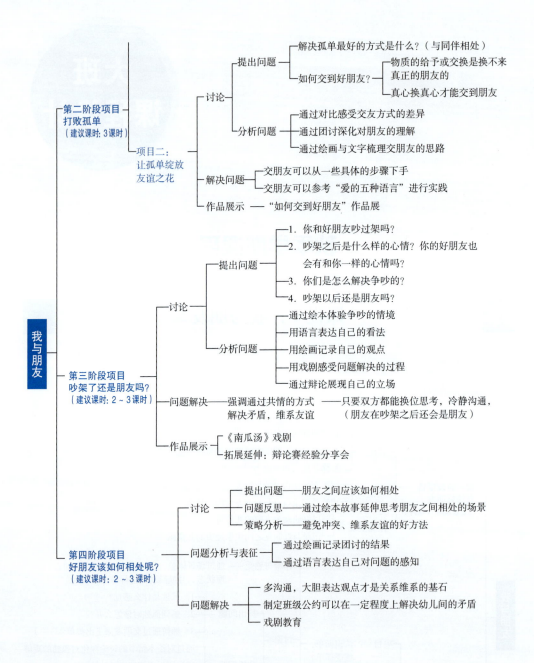

二、课程设计

第一阶段项目　我的好朋友

（建议课时：1课时）

【项目说明】

通过儿童的自由表达，初步了解孩子们眼中友谊的样子，借助绘本帮助幼儿理解同伴关系、好朋友这两个概念及关系，为该主题的引入提供基础。

（一）活动目标

1. 愿意向大家介绍自己的好朋友，能够描述好朋友身上的特征及与自己的共同点，并能够用语言熟练流利地表达。

2. 能够回忆出与好朋友之间的有趣经历，并用语言完整地讲述出来。

3. 通过团讨，感受自己在与同伴交往中的快乐。

（二）活动准备

1）物质准备：画笔、白纸。

2）经验准备：儿童拥有与同伴相处并建立稳定友谊关系的经历，并能够熟练地用语言讲述自己与同伴之间发生的故事。

（三）项目预设

1. 谈话导入

小朋友们，今天我们要和大家一起来聊一聊"朋友"。你们每个人都有自己的好朋友吗？他是谁呢？你愿意向我们介绍一下吗？（不局限于班级内的朋友）

有谁还没有朋友吗？为什么没有朋友呢？

下面我们来玩一个小游戏，现场来找一找朋友吧。（以下为两个可供选择的游戏）

★游戏一：黑白配。班级中的男孩子为黑色，女孩子为白色，教师随机给出指令（黑黑白，白黑白），小朋友们需要根据老师的指令寻找到能够组成规定的小朋友牵起小手。

★游戏二："我的碎片在哪里？"教师根据班级中幼儿的数量准备合适张数的图片，将每张图片均裁成不规则的三个部分，并将所有碎片混合均匀，随机发放给班级中的小朋友，让小朋友们拿着碎片去寻找自己的另外两个小伙伴，最先组合完成的三个小朋友获胜。

2. 朋友知多少

用语言为朋友画像：你的好朋友是谁呢？请你说一说他长什么样，平时喜欢做什么？让我们一起来猜一猜你的好朋友是谁吧！

★教师引导幼儿用语言描述自己好朋友的外貌特征、兴趣爱好、曾经做过的有意思的事，等等，让班级中其他小朋友猜一猜这个好朋友是谁。

你为什么和他成了好朋友呢？

★鼓励儿童分享自己与好朋友的有趣经历，表达自己的想法，教师进行记录。

你喜欢和他成为好朋友吗？你们一起做过哪些有意思的事呢？

★幼儿自由发言，回忆自己与同伴之间发生过的有趣的、印象深刻的事，教师认真聆听并进行记录，将儿童发言制作成儿童诗。

3. 图画表征《好友画像》

小朋友们刚刚分享了好多与自己好朋友之间的故事，也讲述了你们最喜欢一起做的事情，那现在，我们就拿出画笔把这个美好的经历画下来吧。

★教师在不干扰儿童进行绘画表达的情况下鼓励儿童表达自己的画作含义，并通过录音、文字记录等方式记录儿童在完成作品时的语言表达。

图画表征结束后，邀请幼儿分享展示自己的作品。

4. 作品展示

教师整理儿童的发言制作成儿童诗作为项目成果进行保留，并展示画作。儿童与朋友间最喜欢做的事，附上儿童对作品的介绍，作为本项目的阶段性成果展示。

第二阶段项目 打败孤单

（建议课时：3课时）

【项目说明】

孤单是幼儿成长的生命经验中必然会面临的挑战，那么如何正确地认识孤单并进行妥当处理便成为十分必要的课题。本阶段旨在带领孩子通过绘画故事及游戏，感受孤独的心理体验，并通过深入思考及分析寻找解决孤独的办法，提升儿童的心理复原力水平，并进一步强调友谊及陪伴对幼儿成长的意义，为幼儿日后的成长保驾护航。

（一）活动目标

1. 能够认识和理解孤单，能体会孤单这一心理感受。
2. 愿意分享孤单情境下自己和他人的体验。

3.能用语言表达自己对孤单的理解与看法，知道"交朋友"是打败孤单的好办法。

4.愿意通过团讨的方式主动寻找交朋友的方法。

5.通过绘画故事等，了解并懂得交朋友的正确方法。

（二）活动准备

1）物质准备：一个侧面有洞的大箱子（容量能够容纳一个小朋友蹲坐在里面）；遮光布一块；绘本《好孤单的大鸭子》（［中］呼啦 著），《小乌龟交朋友》（［中］何文楠 著）；手偶或者头饰；鸭子、乌龟图示卡。

2）经验准备：幼儿有过孤单的体验，能够理解孤单时的心境状态并愿意用语言分享自己的感受，并且有交朋友成功和失败的经验。

（三）项目预设

项目一：认识孤单，感受孤单，走出孤单（1课时）

1.游戏导入

小朋友们，今天我们要来玩一个特别的游戏，这里有一个大箱子，老师会邀请2～3名小朋友分别到箱子里面待1分钟，但是箱子外面的小朋友要保持安静，无论箱子里面发出什么动静，大家都不能发出声音，可以做到吗？谁愿意先来尝试挑战一下这个游戏呢？

★教师邀请幼儿进入箱子，教师说："计时开始"，箱子外的小朋友保持安静。（幼儿可以看时钟，跟老师一起数默数一分钟。）30秒后，教师开始用遮光布遮盖住箱子和洞口。外面的幼儿依然不能发出声音。

可以和大家分享一下，刚刚躲在箱子里你是什么样的感觉吗？

★幼儿分享自己的感受，教师认真聆听，记录儿童发言。

小结　教师小结，并引出今天的主人公——孤单的小鸭子。

2.观察问题情境卡，发现问题

教师出示绘本《好孤单的大鸭子》，描述小鸭子孤单的在大草原上的场景，请幼儿观察绘本图片，讲述你观察到了什么？

★幼儿通过自己的观察和发现，自由表达自己的想法与感受。

这个时候小鸭子的心情是怎样的呢？

★幼儿自由发言，引导幼儿尽可能多地用情绪词汇表达出小鸭子的心情和感受。

你知道什么是孤单吗？

★幼儿自由描述对"孤单"一词的认知，教师进行整理记录，形成一首关于"孤单"的小诗。

你在生活中有过这种一个人孤孤单单的经历吗？你在孤单的时候最想要什

么呢？

★幼儿自由发言，讲述自己孤单的经历，教师引导幼儿进一步体验孤单的感受和孤单时内心的需求（比如妈妈、玩具、好朋友一起玩，等等）。

教师小结：小鸭子的妈妈肯定是回不来了，不如我们帮助它去交个新朋友来陪伴它吧。我们想一想，有什么办法可以帮助它交到朋友呢？你们是用什么办法交朋友的呢？

★给幼儿一些自我表达的机会和时间，然后进入小组团讨解决问题阶段。

3. 问题解决策略

问题思考：用什么办法可以帮助小鸭子交到新朋友？

★分组讨论：教师引导幼儿分组讨论，帮助小鸭子交朋友的办法。

★图画表征：小组成员分工合作，将交朋友的策略用图画的方式记录下来。

成果展示：教师鼓励幼儿分享并介绍小组的讨论成果，并将成果展示出来。

★注意：幼儿可能使用最多的方法是分享零食、玩具等。教师只需要聆听，给予肯定，不作评论。在下一个项目中，将会通过另一个绘本对孩子们的方法进行总结讨论。

4. 教师总结

小朋友们都想到了很多很好的办法来帮助小鸭子交朋友，小鸭子非常非常感谢大家的热心帮助。那么小鸭子最后有没有找到新朋友呢？等待下一次活动时，老师再为大家揭晓答案吧。

★留下悬念，让小朋友对下次活动充满期待与好奇。

项目二：让孤单绽放友谊之花（2~3课时）

1. 故事导入

小朋友们，上次活动我们帮助小鸭子想了很多办法去交朋友对吗？大家还记得你们都想了什么办法吗？

★教师出示孩子们的团讨方案图，引导幼儿回忆交朋友的方法。

最终小鸭子有没有交到朋友打败孤单呢？我们一起去听听故事吧。

★教师完整讲述故事《好孤单的大鸭子》。

2. 策略分析

大鸭子最后交到朋友了吗？它是谁呢？它是用什么办法交到了新朋友呢？

★教师引导幼儿重点分析大鸭子为小鸭子所做的事情，并引导幼儿通过绘画的方式记录和呈现这些方法。

小结 大鸭子用自己对小鸭子的真心付出，换来了小鸭子的陪伴。

3. 策略对比

可是我们的另一位新朋友（出示小乌龟）——小乌龟，它使用了另一种方法来交朋友，却遇到了些小麻烦。究竟是怎么回事儿呢？我们一起去看看吧。

★教师讲述绘本《小乌龟交朋友》，从开头到"原来它们真的只是为了零食才和我交朋友的……只是你交朋友的方法不对"一页，并展示情境卡片。

故事中的小乌龟用了什么办法去交朋友呢？你有没有遇到过像小乌龟同样的烦恼呢？——我明明给他们分享了我的礼物，可是他为什么还是不愿意和我做朋友呢？

★可以邀请有相同经历的小朋友进行分享，儿童自由发言，分享自己交不到朋友的情境，教师引导幼儿回忆自己最终有没有找到更好的办法去交到朋友。

为什么老师对小乌龟说"只是你交朋友的方法不对呢？"

小乌龟交朋友的方法和大鸭子交朋友的方式，有什么不同之处吗？为什么结果会不一样？

★这个层次的分析重点侧重物质交换并不能换来真心。但是对孩子们来说，这个点的理解可能会有点儿深，理解起来会有些困难。但是没关系，根据孩子的真实经验和理解去讨论这个话题就好，重点是听一听孩子们对于交朋友这件事的理解和认知。教师可以引导幼儿将大鸭子交朋友的方法和小乌龟交朋友的方法作比较讨论，比较两者之间交朋友方式的不同，换来的结果也不一样。

教师小结 通过对比可以发现大鸭子在遇到小鸭子后，给予了它陪伴、照顾和帮助，让小鸭子感受到了大鸭子的关心与爱护。而小乌龟在交朋友的方法只是给礼物，对于刚刚认识的新朋友，礼物可能会让你很快认识很多新朋友，但是却不能表达你对他们的喜爱与真心。

4. 问题思考与表征

你有什么更好的办法给到小乌龟，帮助他用真心交朋友吗？（也可以问：你想和谁交朋友？你想为他做什么事情，来表达你对他的喜爱和真心呢？）

分组讨论：我可以为我的朋友做什么，表达我的喜爱与真心？

图画表征：幼儿通过图画的方式，记录小组讨论的结果。

小组展示：幼儿分组展示并介绍自己交朋友的方法。

★这一次的讨论看似与第一次活动相同，但却是对第一次活动的总结与升华。

在这次的讨论中,我们重点去观察孩子们在经过两个故事的洗礼和触动之后,对于"友情"这个概念的初步认识——好朋友是通过互相的关心和帮助建立起来的情感联结,而不仅仅是物质的交换。

5. **教师小结**

教师可结合中班秋季学期项目式课程《爱是什么》中提到的"爱的五种语言"进行更为全面的思考与阐述,帮助儿童掌握交朋友的方法和技巧。(图110～图114)

图110 帮助他人

图111 互送小礼物

图112 身体的接触(如拥抱亲吻)

图113 精心时刻(如节日的仪式感)

图114 肯定的言语(如赞美、欣赏)

6. **作品展示**

教师和幼儿一起将两次问题讨论的成果图展示在作品区,装饰相应区域,邀请其他班的小朋友前来参观,并向他们讲解"如何交到好朋友"。

可以将小乌龟与小鸭子的交友方式并列摆放,让幼儿在对比中讲述二者之间的差异。

【推荐绘本资源】

《做我朋友好吗？》（［英］特雷西·科尔德鲁瓦 著；［英］莎拉·马西尼 绘）、《我想和你交朋友》（［中］吕丽娜 著；［中］星星鱼 绘）、《两棵树》（［法］伊丽莎白·布莱美 著；［法］克里斯托夫·布雷恩 绘）、《lion and bird》《彩虹色的花》（［美］麦克·格雷涅茨 著）

第三阶段项目　吵架了还是朋友吗？

（建议课时：2～3课时）

【项目说明】

对于幼儿来说，与同伴的相处过程并不总是融洽且一帆风顺的。争吵甚至打斗都是不可避免的，如何正确认识争吵，是认识与理解友谊的重要组成部分。本阶段将带领幼儿思考关于争吵的那些事，使孩子们认识到，真正的朋友是不会因为一点小的矛盾就分开的，包容和理解才是友谊维持的真谛。

（一）活动目标

1. 能够结合自身经历分享自己与同伴间发生矛盾的经验。
2. 正确看待同伴间的矛盾。
3. 能够共情同伴与自己发生矛盾后的心理状态，并愿意通过各种方式解决矛盾。
4. 在遇到矛盾时正确处理，掌握在矛盾后维系友谊的方法。

（二）活动准备

1）物质准备：绘本《南瓜汤》（［英］海伦·库柏 著/绘），小猫、鸭子、松鼠头饰。

2）经验准备：幼儿拥有与同伴发生矛盾的经历，并愿意分享自己的观点与感受。

（三）项目预设

1. 谈话导入

小朋友们，你有没有和你的好朋友吵过架呢？

你们是因为什么事情而吵架呢？又是怎么解决的呢？

吵过架以后，你们还是朋友吗？

★邀请幼儿回忆自己和朋友相处的经验，并倾听幼儿对这一问题的看法和解决办法。

2. 问题分析

小朋友们，有三个好朋友——小猫、小松鼠和小鸭子，它们一直是平静、和谐地住在一起，可是今天它们竟然吵架了。它们是因为什么而吵架呢？你们能不能帮它们和好呢？让我们来看看它们在一起发生了什么样的故事吧。

（1）教师讲述《南瓜汤》的故事情节，从开头至"这件古老的小白屋里，充满了激烈的争吵、吼叫和混乱。"三个好朋友吵架的场景为止，并展示情境卡片。

三个好朋友为什么事情而吵架呢？

★引导幼儿根据故事中的线索找出三个好朋友吵架的原因。

它们是怎样吵架的呢？

★教师邀请幼儿猜测、表演故事中吵架的情节。

你和你的好朋友吵过架吗？吵架的时候，你心里是什么感觉呢？吵架以后你想做些什么呢？

★教师引导幼儿结合自己的经验进行表述，尽可能多地使用情绪词汇表达自己当时的感受。

和好朋友吵架的时候，你觉得好朋友心里会想些什么呢？他也会像你一样难过吗？

★幼儿自由发言，教师对幼儿的发言提出反馈，引导儿童对同伴情绪进行更加深入的觉察。

当好朋友因为和你吵架而感到难过时，我们能做些什么呢？

★幼儿自由表达想法，感受因共情产生的同理心所能带来的强大力量。

小猫、松鼠和鸭子吵架以后，会发生什么事情呢？小猫、小鸭子、小松鼠分别会怎么想怎么说呢？

★教师鼓励幼儿大胆猜想，教师对幼儿的想象进行记录（幼儿根据经验的猜想）。

大家觉得，小鸭子可以搅汤吗？为什么？

（2）出示小鸭子搅汤的情境卡，请幼儿观察：

三个好朋友吵架以后，发生了什么事情呢？

小鸭子离开家以后，会想些什么？做些什么呢？

你觉得猫和松鼠，会想些什么？说些什么？做些什么呢？

三个好朋友吵完架以后，你觉得它们还会继续做朋友吗？为什么？

★教师鼓励幼儿结合自身经验和猜想，对以上问题大胆讨论、表达或者表演。

3. 解决策略讨论

生活中总有争吵，你和好朋友争吵以后，会怎么解决呢？有什么好办法吗？我们一起来想办法帮助故事中的三个好朋友重归于好吧！

★图画表征：幼儿分小组讨论帮助三个好朋友重新和好的办法，并通过图画来记录和好策略。

★戏剧表征：鼓励幼儿用表演的方式，表现向好朋友求和时的动作、语言、表情等。

4. 成果展示

各小组通过表演的方式，展现三个小朋友求和的过程。

小朋友们，你们猜，最后小鸭子有没有回来呢？它们有没有和好呢？

★教师可结合绘本《南瓜汤》，讲述故事结尾，揭晓答案。

5. 拓展延伸

和朋友争吵以后你们还是好朋友吗？你是怎么认为的呢？

★教师可引导幼儿根据自己的意愿选择赞同组和不赞同组，带领儿童根据观点进行分组讨论，并通过图画的方式记录自己的讨论结果。（15分钟）

根据幼儿的能力特点，可以采用辩论会或经历分享会的形式进行展开，邀请周围班的小朋友前来参加，共同参与对这一话题的讨论。

【参考方案】

方案1：辩论赛

小朋友们刚刚说了非常多不同的观点，为了更加清楚地了解小朋友们的想法，我们现在要准备一场辩论赛，辩论赛的主题为"争吵之后还是好朋友 vs. 争吵之后就不是好朋友了"，小朋友们请准备上场。

★辩论赛的比赛规则及各环节流程如下：

每方选出上场参与辩论的队员四位，分别为一辩、二辩、三辩、四辩。

第一环节：双方一辩立论，由正方先开始，时间分别计时5分钟。正方一辩发言完毕后由反方一辩发言。

第二环节：双方二辩对双方一辩进行质询，由反方二辩先开始，二辩可以对一辩提出5个问题，一辩需要对每个问题进行回答，每个问题回答时间不超过1分钟。反方二辩问完后换正方二辩对反方一辩进行提问。该环节中一辩不能反问。

第三环节：对辩。双方三辩需要进行有来有往的辩论，双方分别计时3分钟，不得打断对方发言。在对辩结束后，三辩可以有1分钟的总结发言时间。该环节由反方先开始对辩及后面的总结。

第四环节：结辩。双方四辩总结本方观点，并反驳对方的陈述。分别计时5分钟，由反方先开始。

第五环节：投票。剩余未上场的幼儿需要根据场上幼儿的表现进行投票，选出今天的胜利方及最佳辩手。

方案2：经历分享会

若幼儿的语言表达不足以展开一场辩论会，可以引导幼儿将自己的观点结合实际的经历，与大家分享，开展一场分享会，并与班级中的其他幼儿一起讨论，吵架过后还是好朋友吗？

第四阶段项目　好朋友该如何相处呢？

（建议课时：2～3课时）

【项目说明】

在探讨了与同伴建立关系的方式后，了解如何维系同伴之间的友谊也是非常重要的。于是在项目的第三阶段，我们将会带领幼儿重点探索与好朋友之间会发生的那些事儿，结合幼儿的成长经历，讨论与好朋友相处的方式以及需要注意的内容，借助绘本片段深化幼儿对同伴间互动的理解，强调沟通在同伴关系中的重要地位，以帮助幼儿更好地维系同伴关系。

（一）活动目标

1. 了解同伴间关系维系的方法。
2. 能够在实际场景中处理好与同伴之间的关系。
3. 掌握与同伴沟通的方法。

（二）活动准备

1）物质准备：绘本《南瓜汤》（［英］海伦·库柏 著/绘）。

2）经验准备：幼儿有与自己关系较为亲密的朋友，并拥有与同伴的长时间相处的经验。

（三）项目预设

1. 谈话导入

上一次活动我们分享了《南瓜汤》的故事，大家还记得鸭子、松鼠和小猫三位好朋友之间发生了什么故事吗？

★教师引导幼儿回顾故事及重点故事情节。

★引导幼儿回忆用了什么方法帮助三个好朋友重归于好。

2. 问题反思

三个好朋友和好以后还会不会再吵架呢？它们可能还会因为哪些事情吵架呢？

★教师引导幼儿结合自身经验，把三个好朋友可能会发生吵架的问题点罗列出来，并针对这些点开展解决策略讨论。

★如果幼儿的经验没办法支持这个问题，那么老师可以通过情境卡设置问题提示卡，邀请幼儿进行思考。比如分工与合作问题、南瓜汤的分配多少问题等。

| 三个好朋友应该如何分工煮汤呢？ | 煮好的南瓜汤应该怎么分？ | 南瓜汤的食材应该谁去准备呢？ | 谁应该最后清理厨房？ |

3. 策略分析

三个好朋友要如何相处才能避免这些争吵呢？

★分组讨论：幼儿根据上述情境卡提示的问题，进行分组讨论，根据不同的问题情境，讨论出相应的解决方案。教师可以引导幼儿在处理问题的过程中与同伴共情。

★图画表征：通过图画记录讨论结果。

★分享展示：幼儿分组展示自己的处理方式。

4. 延伸拓展

制订班级公约：教师根据幼儿讨论的方法形成班级公约，以此来引导和解决幼儿之间的矛盾。

教育戏剧：通过将《南瓜汤》的故事编排成戏剧，让孩子们更加深入地感知和理解好朋友在发生矛盾后该如何处理矛盾。

【相关绘本资源推荐】

《好朋友》（［德］赫姆·海恩 著/绘）

课程二：嫉妒与赞赏

一、课程结构

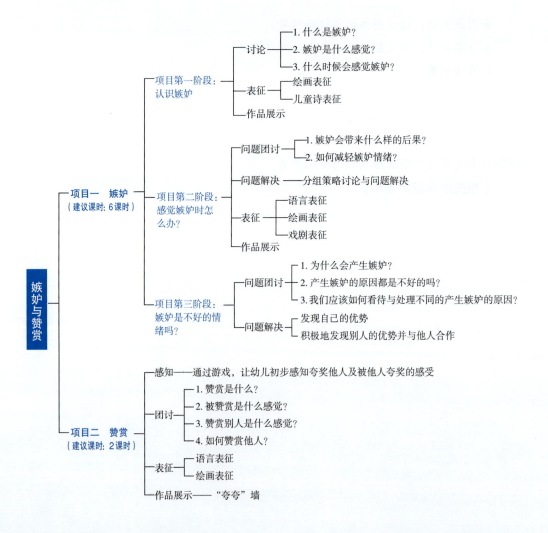

二、课程设计

项目一　嫉　妒

（建议课时：6课时）

【项目说明】

嫉妒是幼儿在大班经常会感知到的情绪，在生活中，幼儿常常会体会到因为嫉妒而产生的各类负面情绪，这些负面情绪会极大地影响幼儿的日常生活状态，甚至会导致幼儿做出伤害他人的行为。与此同时，嫉妒又有着许许多多的可能性，它能帮助我们看到身上潜藏的进步的可能与不服输的韧性。也提示我们发现了别人身上的优势与闪光点，给我们提供了许多合作的机会与可能。总而言之，嫉妒是一种复杂的、具有多个侧面的情绪，需要我们花更多的精力与耐心去探索并思考它。所以嫉妒被定位为本次课程的主题，我们将带领幼儿感受、剖析、思考嫉妒这一情绪，将嫉妒进行分类，并帮助幼儿寻找面对不同的嫉妒的方式。

一、项目总目标

1. 理解嫉妒的含义。

2. 了解嫉妒时的心理活动与感受。

3. 能够感知与分辨不同的嫉妒情绪并能够用较为合理的方法进行应对。

二、项目过程

项目第一阶段：认识嫉妒（1课时）

（一）项目目标

1. 能够充分感受自己的嫉妒，了解嫉妒情绪发生时的心理感受。

2. 了解嫉妒产生的原因。

3. 能体会嫉妒情绪可能带来的负面影响。

（二）项目准备

1）物质准备：绘本《我好嫉妒》（［美］科尼利亚·莫德·司佩尔曼著；［美］凯西·帕金森 绘）及情境卡片。

2）经验准备：幼儿在日常生活中产生过嫉妒情绪。

（三）项目预设

1. 绘本导入

小朋友们，你们看图片中拿着风筝的小熊，它在做什么呢？

★教师向幼儿展示绘本《我好嫉妒》中小熊举着风筝看着妈妈抱着另一只小熊的情境卡片，引导幼儿观察，并用语言进行描述。

你觉得小熊现在是什么样的心情，为什么呢？

★幼儿自由发言，描述小熊的情绪，做出猜测，并说明原因。

出示绘本：今天老师要跟大家分享一本绘本《我好嫉妒》，我们一起去看看"嫉妒"是一种怎样的情绪呢？小熊因为哪些事情而产生了嫉妒呢？

★教师阅读绘本《我好嫉妒》至第17页。

★教师引导幼儿回顾绘本中的情节，小熊因为哪些事情而产生了嫉妒。

2. 问题团讨与解决策略

小熊感觉到了一点点嫉妒，小朋友们，你觉得为什么小熊会产生嫉妒的情绪呢？

★儿童自由发言，讲述自己对嫉妒产生的原因的理解。

在生活中你体会过嫉妒吗？有哪些事情让你产生过嫉妒的情绪呢？

★语言表征：幼儿分享自己嫉妒时的故事，教师认真聆听并记录。

当嫉妒发生的时候，内心会是一种怎样的感觉和心情呢？

★语言表征：鼓励幼儿大胆讲述嫉妒时的感觉、感受。

如果要把嫉妒的感觉画出来，你觉得它会是什么样的呢？

★绘画表征：幼儿画出自己感受到的嫉妒情绪，教师不做干扰。

★作品分享：在绘画完毕后，教师邀请幼儿讲述自己的作品。教师整理幼儿的发言，制作成儿童诗。

3. 作品展示

教师整理幼儿关于嫉妒的画作与对画作的描述，与幼儿共同布置，张贴在班内墙壁上。

教师将制作成的儿童诗与幼儿分享，并布置张贴在墙上。

项目第二阶段：感觉嫉妒时怎么办？（2课时）

（一）项目目标

1. 学会理解并接纳自己的嫉妒情绪。

2. 愿意主动与朋友、亲人表达自己的嫉妒的情绪。

3. 找到产生嫉妒情绪时，合理的开解方式。

（二）项目准备

1）物质准备：有关嫉妒的情境卡片、绘本《我好嫉妒》（［美］科尼利亚·莫德·司佩尔曼 著；［美］凯西·帕金森 绘）。

2）经验准备：幼儿有过嫉妒的体验。

（三）项目预设

1. 谈话导入

小朋友们，还记得我们之前讨论了什么样的情绪吗？

★幼儿自由回忆发言，引出主题"嫉妒"。

前面我们聊到，当我们产生嫉妒情绪的时候，我们的内心感觉是怎样的？

★回顾嫉妒情绪产生时候，内心真实的感受。

2. 问题团讨与解决策略

当你感觉嫉妒的时候，你想做些什么呢？

★语言表征：讲述自己感受到的嫉妒瞬间。

★戏剧表征：可以分组或直接以个人的形式将自己感受到的嫉妒瞬间表演出来，并且进一步表演自己在感受到嫉妒时会做些什么。

你喜欢嫉妒的感觉吗？为什么？

★幼儿自由表达自己对嫉妒的思考与理解，引导幼儿对这一情绪进行更加深入的思考。

★可能大部分幼儿都会对这种情绪表示反感，所以教师可以进一步引导幼儿首先思考如何减轻嫉妒情绪，之后再进行更具思辨性的思考。

当我们心中产生嫉妒的时候，我们可以用什么办法来减轻嫉妒的情绪呢？

★教师出示情境卡，可以让幼儿结合情境来思考如何帮助自己和他人减轻嫉妒（图2-115～图2-117）。

★鼓励幼儿自由表达应对嫉妒的方法，教师记录。

★幼儿分组讨论，每组领取一张情境卡，分组对情境卡中的嫉妒进行讨论，寻找减轻嫉妒的办法。教师对幼儿的讨论过程进行记录。

图2-115 朋友有了新朋友而嫉妒

图2-116 妈妈更关心小弟弟而嫉妒

图 2-117　朋友拿了奖但我没有拿奖而嫉妒

★每个小组可自由选择语言、绘画、戏剧等多样的表征形式来向全班展示分享自己的观点。

3. 作品展示

教师整理幼儿绘画或表演时的录像及语言表达，与幼儿共同整理成有关嫉妒的展览，可张贴在班级的角落中，带领大家共同记录补充可能的减轻嫉妒的方式。

项目第三阶段　嫉妒是不好的情绪吗？（2课时）

（一）项目目标

1. 能够思考嫉妒产生的原因并将其用语言进行表达。
2. 能够分辨导致嫉妒的原因并了解其有利有弊。
3. 能够正确看待嫉妒情绪并运用合适的方式对其进行处理。

（二）项目准备

1）物质准备：绘本《我不要妒忌》（［新西兰］特雷西·莫洛尼 著/绘）；图示卡（图2-118）。

图 2-118　得到奖励的两位同学

2）经验准备：幼儿有感受过嫉妒的心理体验，并愿意用语言进行表达并与大家分享。

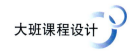

（三）项目预设

1. 情景导入

小朋友们，我们一起来看一下下面这两个小朋友，他们手中拿着什么呢？

他们因为在幼儿园热爱劳动，又很有礼貌，拿到了奖状。看到别人拿到了奖状，你却没有，这个时候，你是什么心情呢？你想对他说什么呢？

★语言表征：幼儿可以使用语言讲述自己的情绪感受。

2. 问题团讨

为什么我们会产生嫉妒的情绪呢？

★鼓励幼儿大胆表达自己的想法，分享嫉妒产生的原因。

小结　嫉妒心理的产生有很多原因，总之，当我们发现别人比自己做得好，心里感觉不舒服或不服气的时候，嫉妒的小种子就已经开始在你心里悄悄发芽了。

嫉妒会带来什么结果呢？所有的嫉妒都是不好的吗？

★分组团讨：思考嫉妒可能带来的结果。

★分享表达：鼓励幼儿分享小组讨论的结果。

小结　那么嫉妒的出现带来的一定会是坏事吗？面对各种各样的嫉妒，我们可以做些什么呢？我们到故事中去寻找一下答案吧。

★教师完整阅读绘本《我不要妒忌》。

3. 问题解决

故事里的兔子都为什么事情而感到嫉妒呢？

当小兔子感到嫉妒的时候，它是怎么做的呢？

当你嫉妒别人的时候，你有没有发现自己身上也有比别人做得好的方面呢？

★语言表征：教师鼓励幼儿大胆表达并发现自己的优势。

★图画表征：用图画记录和表征，自己有哪些东西是可以让别人嫉妒的。

除此之外，嫉妒也是发现了别人做得好的地方的表现，虽然有的时候我们没有办法很快成为在某一方面像那个人一样好，但我们可以通过一起做某些事情的方式，让他的优势和你的优势相加，一起变成更加优秀的人，这就是合作的意义。

4. 教师总结与作品展示

嫉妒有些时候会让我们心情很难受，不舒服。但我们也发现了，其实嫉妒并不是完全不好，嫉妒也可以让我们发现别人的优点，更好地与别人合作，同时呢，嫉妒也能让我们感受到自己需要更加努力的地方，让自己一步一步变得更加优秀。嫉妒的时候，我们可以想一想自己拥有什么，自己的优势是什么，也许这些也是别人所嫉妒的呢。所以我们不要因为自己产生的嫉妒心而感到难过和愧疚，只要用正确的方法面对它、处理它，它也一定能成为你的好朋友！

作品展示：整理幼儿自己发现的可能会让别人感到嫉妒的地方，进行图画的展示，附上幼儿的介绍与说明，与之前的作品挂在一起。

项目二　赞　赏

（建议课时：2 课时）

【项目说明】

与嫉妒相对的情绪大概就是赞赏了。对于大班的小朋友来说，虽然管理消极情绪是十分重要的必修课，提升积极情绪在我们看来更为关键。当我们发现别人的优势后，应该如何更加合理地运用欣赏的眼光去看待，是非常值得我们思考并不断在日常生活中进行练习的。本阶段项目中，我们将带领幼儿共同探讨赞赏这一积极情绪，帮助幼儿更加正确地看待他人的优势并努力提升自己的能力。

一、项目目标

1. 体验赞赏的心理状态。
2. 能够用语言及行为表达自己对他人的赞赏。
3. 愿意主动赞赏别人的优点及做得好的地方。

二、项目准备

1）物质准备：画笔。
2）经验准备：幼儿有发现他人优点的能力，并愿意用语言表达自己的感受。

三、项目过程

1. 游戏导入

小朋友们，今天我们要来玩一个有趣的小游戏，叫作"我来夸一夸"。

★游戏的规则：一位小朋友站在前面，其余幼儿对这个幼儿说一句夸奖的话。教师可以记录幼儿的发言。

玩完了这个游戏，你们有什么感受呢？

★教师分别邀请被夸奖和夸奖他人的幼儿分享感受，为后续的活动做准备。

小结　刚刚我们体会了夸奖别人和被人夸奖所带来的不同的情绪体验。刚刚我们产生的所有感受都是由赞赏带来的。

2. 问题团讨

你们知道什么是赞赏吗？

★语言表征：幼儿自由发言，教师认真聆听不做干扰。

你被别人赞赏过吗？你的哪些方面受到过赞赏？被别人赞赏时是一种怎样的感

觉呢?

★绘画表征：画一画自己被别人赞赏时的故事吧，他们都是因为什么赞赏你的，他们说了什么，做了什么?

★作品分享：幼儿将画作与大家分享，并用语言描述自己的绘画内容。

你赞赏过他人吗?你赞赏了他什么呢?赞赏别人是一种什么感觉呢?

★幼儿回忆自己过去赞赏别人的经历，用语言与大家分享。

★鼓励幼儿大胆分享自己的感受，教师认真聆听，并做记录。

你喜欢被人赞赏吗?为什么?／你喜欢赞赏别人吗?为什么?

3. 赞赏的方法

我们可以从哪些方面发现他人独特的地方，去赞赏他人呢?怎样赞赏呢?

★头脑风暴：幼儿可以分组讨论，以小组的形式思考自己可以如何赞赏别人，可以灵活采用图画、表演、语言的方式与大家分享。

★小组展示：各小组派代表，来分享讨论成果。

★方法演练：各小组运用自己的方法进行现场实演"我来夸一夸"。

★教师对幼儿的表现进行拍照，录像记录，对幼儿的表现进行及时鼓励与总结。

4. 作品展示

整理课堂上的绘画作品与儿童诗作品。并配合录像、图片等方式展示幼儿项目参与的进程，可制作成小视频或成长册与家长分享。

设立班级夸夸墙，在每个小朋友的照片下面，班内的小朋友可以随时将自己发现的他们的优点用彩色纸写在他们名字下面贴到墙上。

【推荐绘本资源】

《最美的星星》（［荷］丹尼尔·斯科特霍斯 著）

课程三：独一无二的我

一、课程结构

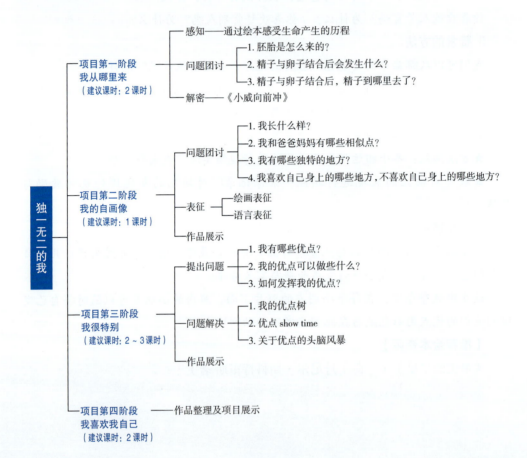

二、课程设计

项目第一阶段　我从哪里来

（建议课时：2课时）

【项目说明】

对于幼儿来说，自己是如何来到世界上的，一直是一个很难全面了解的问题。但这一问题对于幼儿的自我认知发展而言却尤为关键。如何正确、科学地告诉幼儿生命的完整历程，是早期教育中一个同样重要的课题。本阶段课程将采用项目式教学的方式，借助绘本、视频、图片资源等方式，带领幼儿共同寻找出生的答案，揭开这一有趣且重要答案的神秘面纱。

（一）项目目标

1. 能够知道生命是由精子及卵子组合后诞生的。
2. 可以通过绘本故事及视频简单描述卵子从受精到胚胎发育的全过程。

（二）项目准备

1）物质准备：绘本《小威向前冲》（［英］尼古拉斯·艾伦 著/绘）；精子发育成胚胎的视频（教师须提前准备）。

2）经验准备：幼儿有"我从哪里来"这一疑问，并愿意进行探索。

（三）项目预设

1. 谈话导入

小朋友们，你们知道自己是从哪里来的吗？

★幼儿大胆猜想，自由表达想法。

2. 图画表征

今天我们就一起来画一画，你们觉得自己是怎么来的呢？

★幼儿可充分发挥想象力，将自己脑海中认为的成长发育历程画下来与班级分享。

★在绘画完成后，幼儿可与全班分享自己的观点与想法，或将作品张贴，自由参观讨论彼此的想法。

3. 绘本阅读《小威向前冲》

今天我们要一起来认识一位新朋友，他的名字叫小威。

小威是谁呢？他从哪里来？他要到哪里去呢？我们一起去看看吧。

★教师展示《小威向前冲》绘本的封面，邀请幼儿认真观察小威的样子，思考小威是谁？在哪里？

★教师和幼儿共同阅读绘本，邀请幼儿跟随小威的足迹，找一找小威要去哪里？

4. 问题团讨

小威要游到哪里去呢？他的任务是什么呢？

最后小威消失了，小威究竟去了哪里呢？你从哪里发现了小威的线索呢？

★引导幼儿对小威的取向进行大胆想象，大胆表达自己的观点和想法。

★鼓励幼儿从故事情节与画面中寻找线索，比如小威有什么样的特点，擅长什么，不擅长什么。

小威是一颗小精子，最后是怎样变成一个小婴儿的呢？

★鼓励幼儿胆想象，表达自己的想法。

★教师播放视频，展示精子发育为受精卵后再逐渐发育成胚胎、婴儿的进程。

5. 小威变身记

结合前面的探索与猜想，我们一起来画一画，小威是怎样一点一点变身的吧。

★二次图画表征，鼓励幼儿自由绘画表达自己的想法，教师观察记录并倾听孩子的表达，以观察幼儿是否理解了精子从受精卵到细胞分裂形成胎儿的过程。

6. 作品展示

幼儿二次表征精子发育成胚胎的过程，与初次表征放在一起进行对比。

项目第二阶段　我的自画像

（建议课时：1课时）

【项目说明】

通过对生命起源的认识，幼儿逐渐开始对自己的生命历程更加了解。在本阶段的学习中，我们将与幼儿共同探索与自己相关的内容。找到自己的优势与正确看待自己的方法。帮助幼儿更好地发挥自己的闪光点，接纳独一无二的自己。

（一）项目目标

1. 幼儿能初步描述自己的相貌特点。

2. 能够辨别自己和爸爸、妈妈长得像的地方。

3. 认识到每个人的长相都是独一无二、各不相同的。

（二）项目准备

1）物质准备：《小威向前冲》情境卡片、镜子。

2）经验准备：幼儿了解了生命发育的过程并能够用语言表达自己的想法。

（三）项目预设

1. 谈话导入

小朋友们，你们还记得我们的新朋友小威吗？小威最后到哪里去了吗？

教师进行总结：小威和卵子结合变成了小宝宝。

你们是怎么发现小威去了哪里的呢？

★幼儿根据绘本中的线索，寻找小威的足迹。

教师进行总结：没错，因为刚出生的小宝宝小娜身上有许多和爸爸妈妈相似的地方，比如小娜数学不好，很擅长游泳，和布朗先生一样是黄色的头发，等等。我们也是由精子和卵子构成的，那我们身上有没有小威的痕迹呢？有哪些地方和爸爸妈妈很像呢？

2. 问题团讨

小朋友们，首先我们一起来认真看一看，自己长什么样呢？

★幼儿拿出镜子，教师引导幼儿观察自己的面部长相，用语言描述自己的长相，说一说自己长什么样：比如眼睛（单眼皮、双眼皮）、头发（发量、发色、卷直等）、鼻子（大小）、嘴巴（大小）、嘴唇（厚薄）、耳朵（大小、软硬、轮廓）、舌头（卷、直）、脸型等。

★鼓励幼儿除了分享五官上的特点，也可以描述体态等上的特点。

找相似：我们身上有哪些地方长得像爸爸，哪些地方长得像妈妈呢？

★引导幼儿对比父母的照片与自己的照片，观察自己和爸爸妈妈的相似点并分享：

与爸爸的相似点	与妈妈的相似点
（画一画）	

找不同：我们每个人都是独一无二的个体，你和其他的小朋友有哪些地方不一样呢？你喜欢这些不一样吗？

★幼儿两人一组，观察并发现自己和他人长相不同的地方，并分享。

★也可以设置接龙小游戏，每个小朋友需要说出一个自己和他人不同的地方，依次接龙，让幼儿在游戏中感受生命的独特性。

3. 我的自画像

下面我们来为自己画一幅自画像吧。

★引导幼儿观察自己的相貌及身体特点，为自己画一幅自画像。

★分享自己的画像，并介绍自己的样貌特征。

★延伸活动：可以运用陶泥材料来创意表达自己的画像造型，也可以运用其他装饰性材料为自己的身体画像做服装设计，等等。

你对自己的样貌满意吗？你最喜欢自己身上的哪些地方呢？对哪里不太满意呢？为什么呢？

★幼儿自由分享，表达自己对身体部位的认知与感受。

★教师可认真聆听记录，了解孩子对于自身形象的自我认知及心理状态。识别班级中可能存在自卑倾向的幼儿，及时进行干预。

4. 作品展示

将我的身体画像和与父母之间的相似统计表以及父母的照片张贴展示，感受亲情带来的生命间的联结。

★教师可带领幼儿共同进行作品展的布置，并将幼儿的作品说明附在后面。

项目第三阶段　我很特别

（建议课时 2~3 课时）

（一）项目目标

1. 知道每个人都有自己的优点。
2. 善于发现自己的优点，愿意发挥自己的优点为他人服务。
3. 通过发挥和使用自己的优点，帮助自己建立自信心。

（二）项目准备

1）物质准备：优势树、绘本《独一无二的我》（［中］刘益宏 主编）、夸夸帽（折纸帽子，便于贴便签记录优点）。

2）经验准备：幼儿能感受到自己在某些方面较为突出的能力。

（三）项目预设

1. 绘本导入

小朋友们，今天我们要来认识一个新朋友，它叫安安。他觉得自己长得很丑，也没有什么优点，有些不开心，我们一起去帮他找找优点吧。

★教师阅读绘本《独一无二的我》，至"可安安仔细想了想，不仅没有想出自己有什么优点，反而想起了班里那些有很多优点的小朋友们"。

小刺猬安安怎么了？你觉得小刺猬安安可能有哪些优点呢？

★幼儿自由发言，帮助小刺猬安安寻找自身的优势，运用语言进行表征。

小刺猬有没有优点呢？它的优点究竟是什么呢？我们一起去寻找答案吧。

★教师将绘本阅读完，揭晓谜底，为后续的讨论做准备。

2. 问题团讨

小朋友们，小刺猬安安有什么样的优点呀？

★幼儿对绘本故事进行回忆，总结并记录小刺猬的优点。

那你觉得，"优点"究竟是什么呢？

★鼓励幼儿大胆表达自己对于优点的看法，教师进行记录。

★教师可提前准备好一些图片提示卡或者关键词，比如幼儿良好的生活习惯、优秀的学习品质、利他的行为等，当小朋友的回答同质化时，帮助幼儿拓展思路进行思考。

（补充说明：优点是指人身上的长处、好的地方，与缺点相对。但优点不仅仅是利他的，也应该是利己的，是积极的、乐观的、健康的、向上的美好品质。）

那你们觉得自己身上都有哪些优点呢？能和我们分享一下吗？

★语言表征：幼儿自由发言，讲述自己眼中属于自己的闪光点，教师进行记录并整理。

★绘画表征：鼓励幼儿以绘画的方式表达表征自己的优点，并愿意与大家分享介绍。

（备注：若幼儿不知道自己的优点，可以通过下一个环节"夸夸 show"的游戏，通过他人的夸奖、赞美建立对自己优点的初步认知。）

3. 夸夸 show

小朋友们，我们知道我们每个人都有很多优点，但是有些优点可能连我们自己也不知道，接下来我们玩一个小游戏，邀请一位小主人，带上我们的夸夸帽，大家一起来说一说他的优点。

★邀请被夸奖的幼儿站在前面，其他幼儿每人说一个关于他的优点，并对他说"×××，你很棒！加油！"通过这样的方式感受自己在群体中被肯定的状态，寻找自己的自信。

★此游戏可以在项目进行阶段反复进行，以确保每个孩子都有参与体验的机会。

4. 优点树

幼儿分组每人画一棵属于自己的优点树。

★分组讨论：幼儿分成若干组，每个组内需要帮助每一位成员画出属于自己的优点树，看看哪些优点是你发现了的，哪些是你自己没有发现但是别人帮你发现了的。

★班级展示：班内分享每位小朋友的优点树，讲讲哪些优点是自己没有发现的，思考为什么自己没有发现但是别人却能发现。

我们看到，有些小朋友的优点树很茂盛，有些小朋友的优点树枝叶却有点儿稀少。为什么会这样呢？我们怎样才能让我们的优点树越来越茂盛呢？

★引导幼儿思考，为什么有的人优点多，为什么有的人优点少？

★引导幼儿讨论，如何才能让我们的优点越来越多呢？

★教师小结：向他人学习，学习他人的优点。

5. 作品展示

我们的"优点树"

★将幼儿绘制的优点树黏贴在墙上进行展示，作为本阶段项目的作品。

项目第四阶段　我喜欢我自己

（建议课时 2 课时）

【项目说明】

在了解了自己是怎么来的，有哪些优点以后，幼儿的自我认知发展会更为积极正向。这里设置了一个总结的小项目，帮助幼儿梳理自己对自己的认识，更完整地整合不同层面地对自己的了解，从而建立自信，更勇敢地面对未来可能出现的新的挑战。

（一）项目目标

1. 梳理幼儿在两个项目中的作品及感悟。

2. 帮助幼儿更进一步地全面认识自己，增加对自己的喜爱。

（二）项目准备

1）物质准备：幼儿在上述两个项目中完成的所有作品，绘本《我喜欢我自己》（［美］南希·卡尔森 著/绘）。

2）经验准备：幼儿对自我的优点有了一些认知。

（三）项目预设

1. 活动感悟与分享

经过了一段时间关于自我的探索，老师想问大家一个问题：你喜欢你自己吗？为什么呢？

★邀请幼儿自由表达自己的想法，教师聆听记录幼儿的语言，并整理成文字作品。

有没有小朋友感觉不太喜欢自己呢？为什么呢？

★邀请幼儿自由发表自己的看法，教师聆听幼儿的语言，并记录整理成文字，便于后续与幼儿和家长之间做沟通的依据。

对于有这样感觉的小朋友，你想对他说些什么呢？

★激发幼儿之间的相互关心与鼓励，让大家学会彼此接纳。

★帮助缺少自信心的幼儿，建立起集体归属感和自信心。

那么怎样才算真正地喜欢自己呢？你喜欢和自己做一些什么事情呢？

★邀请幼儿自由表达自己的想法，教师对儿童的语言进行记录整理。

2. 绘本分享《我喜欢我自己》

老师还有一件小礼物要送给大家（出示绘本《我喜欢自己》），其实我们每个人都有一个非常喜欢自己的朋友，希望这本书能够帮助大家找到我们心中那个最喜欢自己的好朋友，我们一起去看看吧。

★教师完整阅读绘本《我喜欢自己》。

小猪是怎样喜欢自己的呢？他会和自己一起做些什么呢？

★根据绘本回顾故事情节，邀请幼儿讲述小猪喜欢自己做的事情。

你是怎样喜欢自己的呢？你会和自己一起做什么事情呢？

★语言表征：鼓励幼儿大胆表达喜欢自己什么。

★幼儿图画表征：将那个自己喜欢的自己画出来，与大家一起分享。

★作品分享：鼓励幼儿分享自己的作品。

3. 作品展布置

幼儿与教师共同布置作品展，主题为"独一无二的我"。

★教师将幼儿在项目过程中的图文、影像资料进行整理，张贴在作品展中。

★可鼓励幼儿积极解说自己的作品，教师帮忙记录，贴在作品旁。

4. 项目展示

可邀请父母、其他班的老师，兄弟姐妹前来观展，由幼儿自行担任解说员，向观展者介绍作品展。

积极心理教育教材（学龄前版）

春季学期课程

课程一：世界公民

一、课程结构

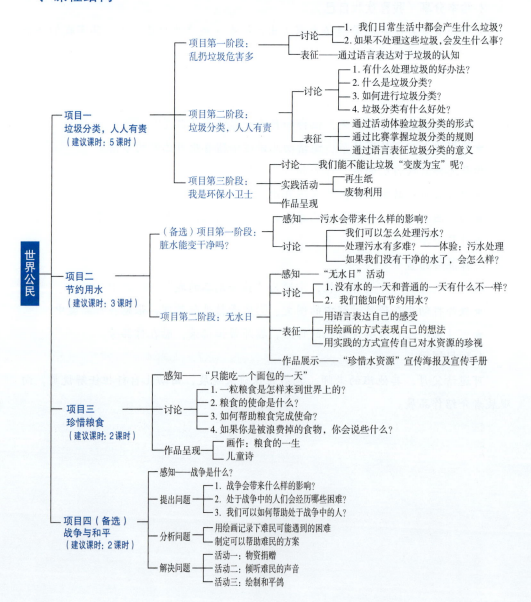

278

二、课程设计

项目一　垃圾分类，人人有责

（建议课时：5课时）

【项目说明】

对于大班的小朋友来说，除了要拥有关爱身边人的能力以外，同样也需要关爱与我们生活在同一世界上的一花一草。因此，环保教育也是幼儿发展过程中十分重要的一个课题。本阶段项目旨在从一个幼儿生活中能经常接触到的环保举措作为切入点，带领幼儿感知环境保护中的小事所能带来的巨大能量，唤起幼儿的环保意识和社会责任感。

（一）项目总目标

1. 知道垃圾污染的影响及危害。
2. 学习并掌握垃圾分类的方法。
3. 知道垃圾分类的好处，愿意做环保小卫士。
4. 能够通过垃圾公益宣传活动，唤起全社会对垃圾分类的责任感。

（二）项目过程

项目第一阶段：乱扔垃圾危害多（1课时）

1. 项目目标

1）了解并知道世界有些地方已经处在垃圾污染之中。

2）认识并了解垃圾会对世界环境和生物造成的危害与影响。

3）知道垃圾污染最终会影响人的生活及生命，并能够绘制垃圾危害循环图。

2. 项目准备

1）物质准备：垃圾污染的相关短片（教师自备），垃圾污染情境卡、纸笔若干。

2）经验准备：幼儿对垃圾污染有一定的经验认知。

3. 项目预设

1）谈话导入

小朋友们，你们知道什么是垃圾污染吗？

★鼓励幼儿大胆发表自己对垃圾污染的看法及认识。

老师这里有一些图片，大家看一看，垃圾都对谁产生了危害和影响？

★教师展示图片（图 2-119～图 2-121），并鼓励幼儿大胆表达自己的观点。

2）问题分析

为什么地球上会有这么多垃圾呢？我们日常生活中垃圾是从哪里来的呢？

★幼儿自由发言，讲述自己眼中产生这么多垃圾的原因。

★鼓励幼儿通过图画的方式对我们日常生活中常见的垃圾进行绘画记录。

这些垃圾到最后都会到哪里去呢？垃圾的受害者们是谁呢？

★鼓励幼儿大胆思考，积极自由发言，教师记录幼儿对于垃圾去处的表达。

教师也为大家准备了两段小视频，让我们通过视频来看看，垃圾污染最终的受害者究竟有谁呢？

★教师播放两段视频，与幼儿共同观看。

短片一：垃圾的循环

（教师需提前寻找相关视频）

图 2-119　陆地上的垃圾

图 2-120　水库里的垃圾与工业废料

图 2-121　海洋里的垃圾

短片二：垃圾的危害

（教师需提前寻找相关视频）

★教师鼓励幼儿根据短片发表自己的见解：垃圾污染的受害者都有谁。

3）绘制垃圾污染循环图

垃圾经历了怎样的旅行，最终又慢慢变成食物进入我们的身体里面的呢？大家一起来画一画吧。

★使用绘画的方式记录下垃圾是如何进入人体给人类的生命带来危害的，唤起幼儿对环境的保护意识。

★幼儿自由分组，将垃圾由随手乱扔开始到进入人类身体中的循环图画出来。

★鼓励幼儿分享讲述垃圾循环的过程。

4）作品展示

带领幼儿张贴循环图，并邀请幼儿分享自己的作品。

项目第二阶段　垃圾分类，人人有责（2课时）

1. 项目目标

1）熟记垃圾分类的原则，并愿意在生活中进行实践垃圾分类。

2）能够向周围人介绍垃圾分类的原则，并主动呼吁身边人践行垃圾分类。

3）愿意担当"环保小卫士"，监督日常生活中的垃圾分类情况。

4）能够在活动中了解垃圾分类的价值及意义，并为自己的行为感到自豪。

2. 项目准备

1）物质准备：垃圾分类卡（教师自备）、分类垃圾桶（教师自备）、纸笔若干。

2）经验准备：幼儿在生活中有垃圾分类的经验。

3. 项目预设

1）谈话导入

小朋友们，你们还记得乱丢垃圾会给我们带来什么样的危害呢？

★鼓励幼儿回忆上次活动中乱丢垃圾的危害性。

小朋友们知不知道日常生活中，我们的垃圾该如何处理呢？

★鼓励幼儿自由表达，提出自己认为合理的垃圾处理办法，引出本节课"垃圾分类"这一主题。

2）垃圾分类

小朋友们，你们知道什么是垃圾分类吗？图片中这些标识分别是什么意思呢？

★教师展示垃圾分类标识，带领小朋友认识各标识的含义。（图2-122～图2-125）

我们为什么要进行垃圾分类呢？你觉得垃圾分类有什么好处？

★幼儿自由发言，教师不做干扰，倾听幼儿发言，鼓励幼儿自由表达。

★鼓励幼儿自由表达观点，教师记录幼儿的表达。

你知道如何给垃圾进行分类吗？我们来尝试给垃圾分类卡找一找它们的家（正确垃圾桶）吧。

★教师首先带领幼儿复习垃圾分类的小知识，带领幼儿练习和操作垃圾分类，确保幼儿熟记，再开始游戏。

图 2-122　可回收物　　　　图 2-123　厨余垃圾

图 2-124　有害垃圾　　　　图 2-125　其他垃圾

3）游戏体验

【游戏一】垃圾分类大竞赛。

游戏准备：垃圾分类教具（需提前购买）。

游戏规则：教师展示不同种类的垃圾，幼儿以小组的形式决定该垃圾属于哪一类，进行选择。选择正确则获得积分，游戏结束后积分最高的小组获胜。

【游戏二】垃圾分类我能行！

游戏准备：垃圾分类标识卡。（图 2-126）

游戏规则：教师给每位幼儿（或每组幼儿）发放四种不同的垃圾分类标识牌，教师展示不同垃圾，幼儿需要又快又准地举起对应的牌子。正确举起对应牌子的幼儿得到奖励。

★教师可以在此基础上变换出更多游戏规则，鼓励幼儿能够练习垃圾分类。

图 2-126　垃圾分类标识

4）实践拓展

小朋友们，我们在幼儿园每天都会产生哪些垃圾呢？这些垃圾该怎样分类呢？

★教师邀请幼儿思考幼儿园每天产生的垃圾类型并进行绘画记录。

★幼儿对这些垃圾进行分类。

在家中，我们和家人还会产生哪些垃圾呢？这些垃圾该怎样分类呢？

外出游玩时，我们还会有哪些垃圾产生呢？这些垃圾该怎样分类呢？

项目第三阶段　我是环保小卫士（2～3课时）

1. 项目目标

1）知道有些垃圾也可以变废为宝、循环使用。

2）通过垃圾变身活动，来呼吁大家要垃圾分类，不要乱丢垃圾。

3）策划一场以垃圾变身为主体的环保作品展。

2. 项目准备

1）物质准备：各种分类收集好的垃圾、水、胶枪、纸笔若干。

2）经验准备：幼儿在生活中有垃圾分类的经验，知道有一些垃圾可以循环利用。

3. 项目预设

1）谈话导入

小朋友们，你们知道垃圾桶里面的垃圾，最终都去了哪里吗？

你们觉得垃圾有可能会变成宝贝吗？哪些垃圾可以被回收循环使用呢？哪些垃圾不能被回收使用呢？为什么？

★借助垃圾分类卡，结合生活经历分享自己的观点，教师可进行适当的拓展。

针对可循环的垃圾，我们怎样做，才能让它们重新被使用呢？（可列举实例，如瓶子、纸等）

针对不可回收的垃圾，我们该如何正确地处理呢？（结合实例，如塑料袋）

★教师鼓励幼儿大胆表达自己的观点,待幼儿发言完毕后,教师展示视频。

★教师播放视频(教师需提前找好相关视频)。

2)实践体验

垃圾大变身(教师可将幼儿分为两大组,分别进行以下的活动一与活动二)

【活动一】废纸重生

(1)将废报纸撕碎,放入水盆中浸泡。

(2)将浸泡的废纸放入搅拌机中打碎,制作成纸浆。

(3)将纸浆倒入盛有清水的容器中,并把模具放入搅匀的纸浆中,轻轻晃动模具直到看起来表面平坦。

(4)将模具平放在毛巾上,把毛巾折叠用力按压几下,待纸浆中的水被挤出后,轻轻将纸撕下,晒干。

展示分享:待纸晒干后,教师帮助幼儿将新的"再生纸"进行装裱,写上幼儿的名字进行展示。

延伸拓展:

想一想,还有哪些垃圾可以变废为宝呢?幼儿可根据兴趣和经验去尝试和体验。

【活动二】旧物改造

准备一件可回收垃圾,发挥你的想象力,把它变成一个好玩的新东西吧。(如瓶子—瓶子画;易拉罐—变机器人;废旧布料—服装设计)

例如,卷纸筒改造—纸筒小树(将卷纸筒压扁,剪出树的轮廓,再进行涂色。)(图2-127)

又例如,矿泉水瓶—花瓶(教师需提前寻找相关视频)。

图2-127 卷筒纸改造成的纸筒小树

【活动三】我们的地球

教师带领幼儿收集各种各样的垃圾,并用垃圾制作地球、海洋、森林、动物等,

使用垃圾聚集的方式，配以不同的色系营造出地球的效果，寓意垃圾对环境和相关生物造成的巨大影响。用这种具有视觉冲击力的作品呼吁大家关注垃圾可能带来的危害，并鼓励幼儿讲述自己的作品。

3）垃圾作品展

（1）整理作品。

★教师带领幼儿进行整体的项目总结，梳理作品，并将所有作品进行展示。

★作品包含：再生纸、旧物改造及我们的地球等。

（2）装饰布展。

★教师带领幼儿对作品进行布置及场馆设计与装饰。

设计邀请函、入场券

★教师带领幼儿制作邀请函及观看会场展览的入场券，为后续的展览做准备。

进行会展的分工——检票员、解说员，等等

★幼儿自由进行分工，分别担任检票员、解说员等可能在展览过程中需要的角色任务。

★在每个作品旁，均需呈现幼儿完成作品时的照片展示或视频展示。

★在垃圾海洋这个作品旁，需要邀请若干名幼儿对前来观展的人进行讲解，描述创作的初衷，并呼吁人们保护环境，不随手乱扔垃圾。

（3）观展。

★首先邀请园内教师、幼儿观展、观剧，让幼儿熟悉场馆的大致状态及自己的工作任务内容，并尝试进行介绍。

★根据排演结果调整展示的呈现形式，可更多加入活动过程中的图片记录，邀请幼儿更具体地讲述自己的设计思路与感受。

★最终邀请家人来园观展，作为本阶段项目最终的展示阶段。

项目二　节约用水

（建议课时：3课时）

【项目说明】

水资源是我们日常生活中最常接触的一类珍惜资源，在幼儿成长的过程中，与水接触的经历也十分常见。而水资源作为地球上非常重要的资源，其保护价值也是不容忽视的。在本阶段的学习中，我们将带领幼儿感受水对我们生活的重要作用，并从亲身体验中强化节约用水和对水资源保护重要性的认知。

（一）活动目标

1. 了解水资源在我们日常生活中的重要地位。
2. 愿意通过行动来节约用水，保护水资源。
3. 愿意做节水小天使，主动呼吁身边的人节约用水。

（二）活动准备

1）物质准备：脏水、细沙、活性炭、滤纸、量杯、纸杯、水污染及相关危害的视频（教师提前准备）。

2）经验准备：幼儿有一定的动手能力并能够流利地用语言表达自己的观点与想法。

（三）项目预设

项目第一阶段：脏水能变干净吗？（备选）（1课时）

1. 视频导入

★教师展示影片，带领幼儿感知水污染会带来的危害。

你们在视频中看到了什么？为什么这些小动物会死亡呢？

★幼儿自由表达，教师引出本次项目的主题：水污染。

2. 实践体验

小朋友们，你们看这是什么？

★教师展示一瓶脏水，让小朋友们自由发言。

这就是刚刚在视频中提到的，会让许多动物死亡的脏水，你们觉得脏水能变干净吗？我们可以怎么做呢？

★幼儿自由发言，讨论自己想到的可能能让水变干净的方法。

★若有可能的话，可以让幼儿实际体验一下让脏水变干净的方法，看看有没有小朋友能很好地完成任务。

小朋友们，接下来我们要一起来做一个小实验——污水过滤！

★教师带领幼儿分组按以下步骤进行水过滤的实践：

将滤纸放入两个纸杯中，并在纸杯下侧剪出小洞，制成过滤杯；

在两个不同的放好滤纸的过滤杯中分别放入细沙和活性炭；

在过滤杯下面放置好量杯，准备开始过滤；

将污水分别倒入两个滤杯中，观察每一次过滤之后的水有什么样的区别。

3. 问题团讨

小朋友们，现在我们得到的水和最开始的水相比，变干净了吗？

你们觉得现在这杯水可以喝了吗？（不能，还需要消毒处理）

经过实验，你们觉得把脏水变干净容易吗？

如果地球上的水都弄脏了，会发生什么事情呢？

★鼓励幼儿发挥想象力，大胆表达，为下节课做好铺垫。

项目第二阶段　无水日（2课时）

1. 课前准备

如果世界上的水都被我们污染了，我们没有干净的水可以用了，这个世界会变成什么样呢？今天我们就来一起体验一下吧！

小朋友们，今天是特殊的一天，幼儿园里没有水了，每个小朋友只能拿到一瓶水，这瓶水是你一整天全部能用上的水，你可以用它来喝水、洗手、冲厕所，等等，让我们一起来度过这个特别的一天吧！

★课前，幼儿在教师的引导下进行"无水日"实践活动，教师可根据情况决定活动时长为一天或是半天。

★"无水日"当天，幼儿每人只允许有一瓶水（可用于饮用或清洁），同时学校也将停水一天。

★让幼儿们切身体会没有水或缺水的生活会是怎么样，水资源是如何影响大家的生活的。

2. 谈话导入

缺水的一天和平常的一天有什么不一样？我们在这一天都遇到了哪些困难？

★语言表征：幼儿自由表达自己遇到的困难并表达感受。

实际上，对于很多地方的小朋友来说，水资源都是非常缺乏的，很多小朋友一整天都喝不到足够的干净的水，我们一起来看一下吧！

3. 问题讨论与表征

★教师播放视频，与幼儿共同观看。

（教师需提前寻找相关视频）

看了这个视频，你有什么样的感受？如果没有水，这个世界会变成什么样子？

★语言表征：幼儿自由发表自己的感受和想法，教师进行记录，并整理孩子的语言，可形成儿童诗《如果没有水……》。

★图画表征：如果没有水，世界会变成什么样子？请小朋友进行想象绘画。

4. 问题反思与解决策略

在生活中，你遇到哪些浪费水资源的行为？你有没有浪费水的时候呢？

★幼儿自由发言，教师认真聆听。

那么请小朋友们一起充当环保小卫士，拿起照相机去拍下那些你看到的浪费水的行为吧!

★幼儿在幼儿园中自由活动，拍下自己发现的浪费水的行为，可以是大人的行为，也可以是幼儿园中幼儿的行为，为后续展览做准备。

有什么好的办法能在日常生活中让大家节约用水呢？

★幼儿团讨：幼儿自由表达，教师不做干扰，认真聆听。可以鼓励幼儿将能想到的节约用水的办法画下来。

★方法一：水的多次利用。洗澡水可以用于冲马桶、拖地……，鼓励幼儿发挥想象力，看看如何能最大化地利用一盆水。

★方法二：制订节水公约。带领班内幼儿就节约用水设立公约，并鼓励大家互相监督，杜绝浪费水资源的情况出现。

5. 节水行动宣传海报

我们一起来设计好看的海报和宣传画来呼吁大家跟我们一起珍惜水资源吧！

★幼儿分组进行绘画，教师可以在需要时进行协助。

★教师辅助幼儿将宣传手册进行复印及分发，邀请幼儿在分发宣传册时讲解自己的作品。

★张贴宣传海报，形成"节约用水"展示角。

6. 节约用水作品展示

作品收集：关于水的儿童诗、《如果没有水》绘画作品和节约用水宣传海报。

布置作品展：教师和幼儿一起布置作品展览，邀请家长及老师前来参观，由幼儿担任讲解员发放宣传手册并进行介绍。

项目三　珍惜粮食

（建议课时：2课时）

【项目说明】

作为日常生活中非常重要的课题，爱护粮食也是幼儿非常需要具备的一种意识。本阶段项目旨在通过感知－共情－行动的维度带领幼儿讨论粮食对我们每一天的意义。唤起幼儿对粮食的珍视，倡导幼儿在每一天的生活中都要爱惜粮食。

（一）活动目标

1. 能够感知粮食的来之不易及对我们日常生活的重要意义。

2. 能够理解粮食的来之不易，并且愿意用实际行动践行不浪费的原则。

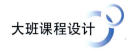

（二）活动准备

1）物质准备：匹配幼儿人数的面包数量。

2）经验准备：幼儿有珍惜粮食的意识。

（三）项目预设

1. 课前准备

小朋友们，我们今天要一起来度过特别的一天。今天我们每个人都只能拿到一个小面包，小朋友们可以自己决定什么时候把它吃掉，但是吃完就没有了，小点心和午饭也都不会有，你们可以好好想一想这个小面包要什么时候吃掉。

★教师介绍规则，并给每个小朋友发放一个小面包。

★监督幼儿完整体验只有一个面包的一天。

2. 谈话分享

小朋友们，一天只吃一个面包是什么样的感觉呢？

★幼儿自由表达，教师记录幼儿发言，不干扰幼儿表达。

★引导幼儿感受食物的珍贵，并引导幼儿学会珍惜粮食。

3. 粮食的由来

小朋友你们知道吗，其实每一粒粮食来到这个世界上都是非常不容易的，让我们来看看一粒粮食从出生开始都会经历些什么吧。

★教师播放视频，与幼儿共同观看，观看完毕后，邀请幼儿用语言讲述一粒粮食的一生（教师需提前寻找相关资源）。也可以借助绘本《大米是怎么来的》。

★绘画表征：小朋友们，现在我们一起来想一想粮食是怎么样从一粒种子变成我们口中的米饭和面包的呢？它们的一生都要经历哪些过程呢？

★鼓励幼儿说一说，画一画粮食的一生。

4. 饥饿的孩子

你们知道吗？在这个世界上，有很多人每天都处在饥饿之中，甚至没有饭吃。（此处检索"饥荒、儿童"相关视频或者图片与幼儿进行分享）

看到处于饥荒中的人们，你有什么感想呢？

★鼓励幼儿大胆表达自己的观点和想法，教师进行记录。

5. 节约粮食

你和你周围的人，有浪费粮食的行为吗？

我们有什么办法可以帮助他们，让大家能够主动地节约粮食呢？

★鼓励幼儿分组讨论帮助人们养成节约粮食习惯的办法，并用图画的方式进行记录。

6. 分享展示

幼儿分组展示如何帮助人们节约粮食的策略方法。

项目四　战争与和平（备选）

（建议课时：2 课时）

【项目说明】

除了保护环境以外，世界公民的身份还要求幼儿能够与处于世界各地的人联结，对他们的经历及遭遇产生同理心。在本章节中，我们将带领幼儿共同探索与人类生命紧密相关的灾难与疾病，唤起幼儿的同理心，通过绘本、视频、图示卡等方式帮助幼儿理解难民的处境，带领他们一同制定可能的解决办法，将助人的想法融入实际行动中去，在心理层面和物质行为层面上对世界上需要帮助的人提供力所能及的帮助。

（一）活动目标

1. 认识与感知战争对人类带来的影响。
2. 能够通过图像以及视频等方式与灾难中的难民共情。
3. 愿意采取实际行动帮助处于灾难中的人们。

（二）活动准备

1）物质准备：情境卡片、颜料。
2）经验准备：幼儿能够共情他人的感受，并具有一定的想象力。

（三）项目预设

1. 图片导入

小朋友们，下面我们要来看一些图片，说说你看到了什么？图片中发生了什么事情？

★教师展示图片（图 2-128 ～ 图 2-130），鼓励幼儿描述自己观察到的场景。

图 2-128　战争中的坦克

图 2-129　战争中的儿童

图 2-130　战争中受伤的人

为什么会有这样的场面呢？

★幼儿自由表达，猜测场面发生的原因。待幼儿发言完毕后，教师进行引导，介绍战争的发生现状。让幼儿明白，这些场景切实地发生在世界上的许多角落里。

2. 问题团讨

小朋友们，你们知道什么是战争吗？战争会带来什么样的后果？

★教师展示情境卡片（图 2-131、图 2-132），鼓励幼儿大胆发言，感受图片中战争的样子与带来的改变。

图片中的人在战争后都去哪儿了呢？他们的生活会变成什么样子呢？

★幼儿自由发言，发挥想象力，描述战争会对普通的老百姓造成什么样的后果。

★教师可记录幼儿发言，制作成儿童诗。

图 2-131　战争前后的街道

图 2-132　战争前后的商场

他们可能会遇到什么样的困难？

★幼儿自由发言，描述难民可能遇到的问题。若幼儿想象不出来，教师可借助战争给人们带来的灾难的图片、视频帮助幼儿理解。

我们可以如何帮助他们？

★鼓励幼儿将所能想到的解决方案与全班分享，选出其中最具代表性的解决方案或教师对提出的想法进行整合，实现最终的实践展示。

3. 问题解决

活动一：物资捐赠

步骤1：联系官方——教师或校方寻找合适渠道进行联络。

步骤2：物资准备——教师给出捐赠类别指示。

步骤3：一切准备好后，邮寄到需要帮助的人那里，教师负责后续与幼儿们一起分享跟进。（全程拍照记录过程以便后期展示成果。）

活动二：倾听难民的声音

★翻译世界各地难民的采访以及他们想对这个世界说的话。

活动三：指纹和平鸽

★教师制作一个大的和平鸽图片，幼儿用各色颜料涂在手指上，印在和平鸽上。

4. 作品展示

教师与幼儿共同对作品进行整理，完成最终的实践活动，并展示和平鸽或采访到的"难民的声音"。

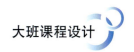

课程二：自卑与自豪

一、课程结构

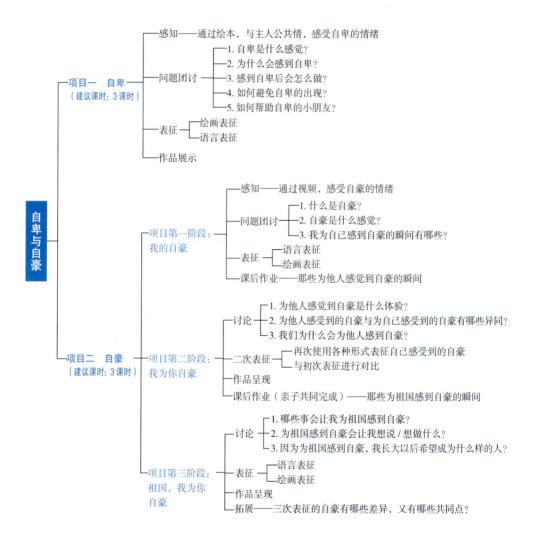

二、课程设计

项目一　自卑

（建议课时：3 课时）

【项目说明】

　　自卑情绪是幼儿在大班阶段有可能会面临的一种较为负面的情绪感知。自卑情绪可能会使得幼儿不敢尝试许多的新事物，甚至因为自卑而拒绝社交，封闭自我。更为重要的是，在幼儿园的场景中，自卑常常是因为同伴间的攀比导致的。本项目旨在带领小朋友探讨自卑产生的根源，强调内在美，鼓励幼儿抛开外在的表象，努力重视自己内心世界的培养，成为一个坚定且自信的人。

（一）项目目标

1. 了解自卑产生的原因。

2. 能感知自卑的情绪，并且能够共情他人的自卑情绪，给予适当的赞赏与鼓励。

3. 能够正确处理自卑情绪，并在一定程度上避免自卑情绪的产生。

（二）项目准备

1）物质准备：绘本《我的心要强大》（［韩］申惠恩 著；［韩］金晓镇 绘）。

2）经验准备：幼儿有与他人交流的经验，且班级中出现过攀比的现象。

（三）项目预设

1. 绘本导入

小朋友们，我们现在先来一起看一个有趣的小故事吧。

★教师阅读绘本《我的心要强大》，至"呼，我的心变得更小更小了。"为止，并辅助使用绘本画面，帮助幼儿理解故事情节。

小朋友们，为什么阿布的心变得越来越小了呢？

★若幼儿回答不出，可以辅助绘本画面引导幼儿表达。

心变小的时候是一种什么样的感受呢？

★语言表征：幼儿自由表达自己对"心变小"的理解。

★教师总结，引出今天的主题：自卑。

2. 问题团讨

小朋友们，你们知道什么是自卑吗？

★语言表征：幼儿自由发言，表达自己对自卑的感知与理解。

你有过自卑的经历吗？你觉得有哪些事情会使你感到自卑呢？

★幼儿可选择性进行发言，分享自己的故事，并与全班讨论。

★教师可适当引导其余幼儿发言，帮助发言的幼儿更为正确、积极地认识自己。

当我们感觉到自卑的时候，我们内心的心情与感受是怎么样呢？（想做什么？不想做什么？）

★邀请幼儿分享内心感到自卑时的心情与感受。

★其他表征：鼓励幼儿运用图画、肢体、音乐、形状或者色彩表达处于自卑情绪下的艺术状态。（可选其一，也可尊重幼儿的表征方式，让幼儿自由选择表征方式。）

我们为什么会感到自卑呢？自卑是怎么产生的呢？

★团体讨论：幼儿分组进行讨论，提出自己的观点，找到自卑产生的原因。

★绘画表征：幼儿将讨论出来的想法及观点用绘画的方式进行记录，方便后续与大家分享。

★全班分享：各小组派代表分享，向大家展示自己的想法，其他幼儿可补充发表自己的观点。

教师小结：老师根据孩子们的表达对自卑产生的原因进行总结，并对孩子们的答案进行补充。

★幼儿园阶段的小朋友，自卑多是来自对自我认知的偏差或是他人不友善的评价，如身材肥胖、自我否定、不合群等。

3. 走出自卑的方法

我们如何发现自己或者感受到他人产生了自卑情绪呢？

★幼儿自由表达，也可以辅助采取绘画、表演等方式进行观点呈现。

★自卑在日常生活中的表现形式有好多好多种，但对于每个人来说，自卑的表现形式可能都不一样。当我们发现这些信号的时候，可能就会需要格外注意：比如周围有小朋友过度在意他人的评价；或者经常否认自己的能力，把"我不行"挂在嘴边；又或者他们不太能接受自己的失败，过分追求受到别人的表扬。

当我们陷入自卑情绪的时候，我们的内心最需要的是什么？

★邀请幼儿分享，教师记录。

★幼儿可选择自己喜欢的形式进行呈现，如语言表征、绘画表征等。

当我们发现自己或者他人陷入自卑情绪中的时候，我们有什么好的办法可以怎样帮助自己或他走出自卑的情绪吗？

★幼儿自行进行讨论，针对自卑产生的原因，讨论出具有针对性和有效性的可以帮助他人的办法。

★教师可适当进行总结：小朋友们刚刚想出来的办法都非常好。在身边的人感到自卑的时候，我们可以通过各种方式去告诉那位小朋友你很棒，帮他找到自己的优势，给他更多地展现自己能力的机会，告诉他，你永远会支持他，做他最好的朋友。

4. 作品展示

教师整理幼儿的作品，与最后的解决自卑的方法的墙报共同进行展示。并邀请幼儿一同布置，并附上对自己作品的介绍与说明。

项目二 自 豪

（建议课时：3 课时）

【项目说明】

自豪这种情绪体验对幼儿的成长来说是至关重要的，它直接关系幼儿对自己的自我认知，甚至更为长远的心理健康发展。自豪感的产生不仅因为自己的小小成就，也可能因为集体、国家荣誉等激发而生。在本章节中，我们将带领幼儿探索自豪这一重要的积极情绪，寻找提升自豪感的方法，帮助幼儿更正向地面对自己的成长，感知自己一点一滴的进步。

（一）项目总目标

1. 幼儿能够感受到自豪的情绪。
2. 幼儿能理解自豪时的心理体验，并能用语言进行表达。
3. 幼儿能够找出自身的自豪感和让自己自豪的办法。

（二）项目过程

项目第一阶段 我的自豪（1课时）

1. 项目目标

1）能够充分感知自豪产生的原因。
2）能体会自豪时的心理状态。
3）能用语言分享让自己感到自豪时的经历。

2. 项目准备

1）物质准备：有关自豪的视频、情景卡。
2）经验准备：幼儿有过感到自豪的经历。

3. 项目预设

1）谈话

小朋友们，你们看这个小朋友，他跑步拿了第一名，你觉得他是什么样的一种感受呢？

★教师展示情境卡片（图2-133），带领幼儿思考图片中人物的感受。

★幼儿自由发言，表达自己对图片中人物心情的理解。

★教师引入本次项目的主题：自豪。

图2-133　因为拿到奖杯感到开心与自豪

2）问题团讨

你有没有感受过自豪呢？你曾经因为哪些事情而感到自豪呢？

★邀请幼儿大胆表达自己的自豪故事，教师记录幼儿的表达，形成文字作品。

★图画表征：鼓励幼儿把自己感受到自豪的事情画下来。

★分享展示：展示令你感受到自豪的人或事，说一说为什么这些事情令你感到自豪。

当我们感受到自豪的时候，我们内心是一种怎样的感觉呢？

★邀请幼儿分享内心感到自豪时候的心情与感受。

★其他表征：鼓励幼儿运用图画、肢体、音乐、形状或者色彩表达处于自豪情绪下的心情体验。（可选其一，也可尊重幼儿的表征方式，让幼儿自由选择表征方式。）

我们为什么会感到自豪呢？

★教师鼓励幼儿大胆表达产生自豪感的原因，并及时记录幼儿的表达。

★整理幼儿的语言表达，形成文字作品。

3）信息简报：我为你自豪

除了为自己感到自豪以外，你有没有为他人感到过自豪呢？请制作一份《我为你自豪》简报，记录让你感到自豪的人或者事件。

★收集为他人感到自豪的事情，制作成简报，以图画、照片、文字等形式进行展示分享（如军人、运动员、科学家等）。

项目第二阶段　我为你自豪（1课时）

1. 项目目标

1）能够感知到对他人的自豪感。

2）能用语言分享自己感受到的自豪经历。

3）能感受自豪情绪带来的快乐。

2. 项目准备

1）物质准备：《我为你自豪》信息简报。

2）经验准备：幼儿能体会到因为他人感受到的自豪经历并能与大家分享。

3. 项目预设

1）《我为你自豪》简报展

小朋友们，今天我们要一起分享一下我们的自豪故事，说一说为什么我会为他/她感到自豪。

★教师带领幼儿将收集到的自豪故事张贴在墙上，幼儿可自行参观讨论。

★邀请幼儿介绍自己的简报，说一说会为他感到自豪的原因。

2）问题团讨

小朋友们，当我们为他人感到自豪时，内心是什么样的感觉呢？你想做些什么？

★语言表征：说一说你为他人感到自豪的时候的感觉，教师记录幼儿的表达。

★其他表征：鼓励幼儿运用图画、肢体、音乐等多种形式表达自己的情绪体验。（可选其一，也可尊重幼儿的表征方式，让幼儿自由选择表征方式。）

小朋友们，为他人感到自豪和为自己感到自豪的感觉一样吗？他们有哪些相同点，又有哪些不同呢？

★鼓励幼儿大胆说一说两种自豪感的区别，教师进行记录。

★幼儿用语言表达自己对两种不同的自豪的理解，教师认真聆听，并做记录。

为什么我们会为别人感到自豪呢？

★鼓励幼儿表达观点，教师认真聆听并做记录。

★教师小结：为他人自豪的原因：与我们相关的一点一滴，不管是自己的还是我们在乎的他人的，只要与我们有奇妙的联结，都会牵动着我们的情绪变化，因自己、自己的集体、自己的国家乃至自己的文化而感受到的骄傲，就叫作自豪。

3）作品展示

教师与幼儿共同收集整理几次关于自豪的不同表征，制作成自豪展，与大家分享。

4）信息简报：我为祖国而自豪

收集两件你为祖国感到自豪的事，以图片/视频的方式进行呈现，在下节课与大家分享。

项目第三阶段　祖国，我为你自豪（1课时）

1. 项目目标
1）能通过具体事件对自己的祖国感到自豪。
2）能用语言分享自己感受到的因为祖国感到自豪的经历。

2. 项目准备
1）物质准备：《我为祖国而自豪》信息简报。
2）经验准备：幼儿能够在家长的帮助下感知到对祖国的自豪，并用语言进行分享。

3. 项目预设
1）分享会："我为祖国而自豪"
小朋友们，你们都收集到了哪些为祖国感到自豪的事情呀？来和大家分享一下吧。

★幼儿自由分享自己的故事经历，说一说为什么感到自豪。

★可将收集到的故事张贴在墙上，制作成简报展（同上述活动形式）。

2）问题团讨
为祖国感到自豪是一种什么样的体验呢？它与之前两种自豪感有什么不同呢？

★鼓励幼儿大胆表达自己的想法，并引导幼儿体会与之前两种自豪感的不同。

当你因为这些事件为祖国感到自豪的时候，你想说些什么、做些什么呢？

★语言表征：幼儿自由分享自己的想法，与大家讨论。

★绘画表征：若幼儿希望采用更为具体的方式表征，也可以将想法画下来与大家分享。

让我们一起来认识一下我们强大的祖国。

★教师展示相关视频，进一步激发幼儿对祖国的自豪感。

★可以在播放完视频后，让幼儿讲一讲在视频里看到了什么，增加幼儿对国家的自豪感。

生活在这么强大的祖国里，你觉得未来的你想为这个国家做些什么呢？你想成为什么样的人？

★语言表征：幼儿自由表达自己因自豪情绪产生的对未来的憧憬与期待。

★绘画表征：画一画你未来想成为的人吧，讲一讲成为这样的人以后，你可以为祖国做些什么？

3）作品展示

教师与幼儿共同将作品进行整理收集，制作成"祖国，我为你自豪"作品展。幼儿自由分享自己的作品并进行展示。

4）拓展

我们一共感受到了多少种自豪？这些自豪有哪些共同点，又有哪些差异？

课程三：梦想与未来

一、课程结构

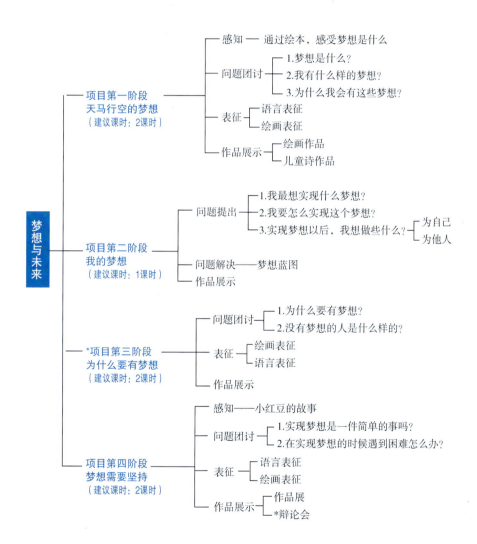

二、课程设计

项目第一阶段　天马行空的梦想

（建议课时：2 课时）

【项目说明】

对于幼儿来说，梦想可能有很多，成为一位飞行员，一位科学家，一名警察……对于大班的小朋友而言，梦想珍贵且值得呵护。在这一阶段的项目学习中，我们将首先带领幼儿打开想象的翅膀，畅享自己所拥有的梦想，大胆表达，感受梦想给人带来的强大力量。通过对梦想的强调，帮助幼儿建立对未来的期待，对成长的期待，更加积极阳光地面对即将到来的每一天。

（一）项目目标

1. 了解梦想的含义。
2. 能够用语言表达自己的梦想。
3. 愿意在班级中分享自己的梦想，并互相给予支持与鼓励。

（二）项目准备

1）物质准备：《将来有一天》（［中］刘奔 著；［中］李卓颖 绘）/《小乔治的梦想》（［美］查尔斯·安德鲁 著/绘）绘本情境卡片、纸笔若干。

2）经验准备：幼儿对梦想有初步的感知，能够用语言表达自己的喜好与期待。

（三）项目预设

1. **绘本导入**

小朋友们，今天我们要来读一个有趣的小故事，叫作《将来有一天》（补充阅读《小乔治的梦想》）。

★教师可选择性阅读绘本片段，并展示情境卡片，带领幼儿初步感知梦想是什么。如果是你，你会希望自己将来有一天做什么呢？

★教师可鼓励幼儿简单表达自己的想法，为后续课程做准备。

小结　小朋友们刚刚说了很多很多自己以后想做的事情，你们知道吗？我们把这些未来想去做的事情称为什么吗？——梦想。今天我们就一起来聊一聊我们的梦想吧。

2. **问题团讨**

小朋友们，你们知道梦想是什么吗？

★幼儿自由表达自己对梦想的认知，教师不做干扰，认真聆听并记录幼儿发言。

你有没有梦想呢？你的梦想是什么？

★语言表征：幼儿简单地通过语言讲述自己的梦想，与全班分享。教师鼓励幼儿充分发挥想象力，讲述自己能想到的各种梦想。教师可以记录幼儿发言，进行整理并制作成儿童诗。

★绘画表征：用画笔画出你的梦想吧。

★分享：在绘画完毕后，邀请幼儿展示自己的绘画作品，并用语言进行描述，与大家分享。

为什么你会有这些梦想呢？

★幼儿可以在分享自己画作的过程中，思考自己为什么会有这些梦想，仿照绘本《将来有一天》的思路来讲述自己梦想产生的原因。

3. 作品展示

教师与幼儿共同将儿童诗与绘画作品进行张贴，制作成"天马行空的梦想"展览。

项目第二阶段 我的梦想

（建议课时：1课时）

【项目说明】

通过第一阶段的学习，幼儿已经充分打开了自己对未来的想象，构建出了许许多多未来可能会成为的样子。在本阶段的项目式课程学习中，我们将与幼儿聚焦于所有梦想中他最想实现的那一个，具体讨论要怎么做才能帮助自己实现梦想。同时，我们也会带领幼儿思考梦想背后更为重要的使命，当你实现了梦想以后，你能为他人、为社会、为祖国，乃至为世界做些什么。帮助幼儿从小培养亲社会性，主动承担起梦想背后的社会责任。

（一）项目目标

1. 认知自己的梦想，清楚自己最想实现的梦想。
2. 通过团讨，找到实现梦想的办法。

（二）项目准备

1）物质准备：纸笔若干。

2）经验准备：幼儿对梦想有初步的感知，并愿意更进一步地思考梦想实现的意义。

（三）项目预设

1. 谈话导入

小朋友们，你们还记得上节课说到了自己的哪些梦想吗？

★带领幼儿回顾自己上阶段项目中的发言，复述自己的梦想。

★也可以带领幼儿直接去重新观摩"天马行空的梦想"展，唤起幼儿的记忆。

在这些梦想中，如果只能选出一个，你最想实现哪一个呢？

★幼儿自行思考，找到自己最想实现的梦想。

★绘画表征：把你最想实现的梦想画出来吧。

2. 问题团讨

你最想实现的梦想是什么？

★幼儿展示自己的画作，并与全班分享，讲述自己最想实现的梦想。

为什么你最想实现它？

★语言表征：幼儿自由讲述自己最想实现这一梦想的原因。教师认真聆听并进行记录。

3. 梦想蓝图

为了实现这个梦想，你需要怎么做呢？

★分组团讨：教师帮助幼儿进行分组，将想实现同一梦想的小朋友分到同一组，讨论自己要怎么做才能实现梦想。

★绘画表征：幼儿通过绘画的方式记录自己认为可以实现梦想的方法。

★全班分享：讲述自己团讨的成果，与全班分享。其余的小朋友可以对其他组的团讨成果进行补充，帮助更好地完善团讨结果。

★可参考绘本《我的梦想》（［中］龚房芳 著；［中］梁熙曼 绘）。比如想成为消防员需要：身体强壮（每天锻炼身体，不挑食，爱护个人卫生）；热心助人（当看到身边需要帮助的人，主动伸出援手）；勇敢且不怕困难（挑战自己之前害怕的事，不惧困难）；坚持（做事情不轻言放弃，坚持到底）……

如果将来有一天你实现了这个梦想，你想做些什么呢？

★幼儿讲述自己实现这个梦想后想做的事。

如果实现了这个梦想，你能为/想为大家做些什么呢？

★幼儿针对上述两个问题，可先进行语言表征，教师不打断幼儿的发言，认真聆听。

★绘画表征：画一画你能为大家做的事和你自己想做的事，制作成你的梦想蓝图吧。

★梦想蓝图的呈现形式可以是多样的，一种形式可能是可以将幼儿最想实现梦想的绘画表征粘贴在中间，将自己想做的事和想为他人做的事贴在两边，同时附上团讨的成果。

4. 作品展示

幼儿与教师共同整理大家的梦想蓝图，进行展示。

*项目第三阶段　为什么要有梦想

（建议课时：2课时）

【项目说明】

本阶段项目作为一个备选项目，由教师灵活进行掌握。在这一阶段的学习中，我们将带领幼儿感受梦想的魅力，思考为什么人要有梦想。通过倾听孩子的声音，感受幼儿对梦想的理解，帮助幼儿正确认识梦想，感受梦想背后隐含的沉甸甸的生命哲学。

（一）项目目标

1. 思考梦想产生的原因。
2. 感受到梦想背后对未来的期待及憧憬。

（二）项目准备

1）物质准备：纸笔若干。
2）经验准备：幼儿对梦想有了初步了解，并能够进行较为深层次的思考。

（三）项目预设

1. 谈话导入

小朋友们，还记得我们最想实现的梦想吗？你喜欢你的梦想吗？

★幼儿自行回忆自己的梦想，感受自己梦想拥有的魅力。

你觉得你的这个梦想给你带来了什么？

★幼儿自由发言，大胆表达，教师记录幼儿发言，可以将幼儿的发言记录制作成儿童诗，补充到蓝图墙上。

2. 问题团讨

为什么人会有梦想呢？

★幼儿自由表达，教师认真聆听，感受幼儿对梦想认知的深度。

如果人没有梦想，他会变成什么样？

★语言表征：幼儿大胆发挥想象力，讲述自己想象中没有梦想的人会有的样子，与大家分享。

★绘画表征：画一画没有梦想的人是什么样的，并与全班分享。

你更喜欢有梦想的感觉还是没有梦想的感觉呢？为什么？

★幼儿自由表达观点，教师不做干扰，鼓励幼儿积极发言。

3. 作品展示

教师与幼儿共同整理绘画作品及儿童诗作品，并附上幼儿的说明。

可以进一步丰富蓝图墙，将幼儿在课程中的精彩发言与观点补充上去。

项目第四阶段　梦想需要坚持

（建议课时：2 课时）

【项目说明】

实现梦想是一个长久的，需要不断坚持、克服多种困难的过程。在追逐梦想的路上会遇到很多人，帮助我的人，嘲笑我的人，但是都没有关系，只要我们不放弃，没有人能阻挡我们向梦想前进的脚步。在本阶段的项目中，我们将带领幼儿以绘本故事作为切入点，感知坚持不懈对实现梦想的重要意义，提高幼儿的抗挫能力，永不言败。

（一）项目目标

1. 了解梦想的实现需要克服很多困难。

2. 愿意为了实现梦想坚持不懈。

（二）项目准备

1）物质准备：《不要随便放弃梦想》（［中］英子 著/绘）情境卡片。

2）经验准备：幼儿能够感知梦想的实现需要坚持与努力。

（三）项目预设

1. 绘本导入

小朋友们，我们今天要来认识一颗小红豆，它也和小朋友们一样，有一个大大的梦想，让我们一起来听一听他的梦想故事吧。

★教师阅读绘本《不要随便放弃梦想》，至"我紧紧缩起了身体,尽可能屏住呼吸"为止。

★教师可辅助绘本画面，带领幼儿感受小红豆梦想实现的过程。

2. 问题团讨

小朋友们，小红豆的梦想是什么？

★幼儿自由表达，讲述绘本故事中小红豆的梦想。

它实现了自己的梦想吗？在实现梦想的过程中它都经历了什么？

★教师展示绘本中的情境图片，带领幼儿共同回忆小红豆在实现梦想过程中的经历。

如果你是小红豆，你会有什么样的感受呢？

★幼儿自由表达自己的想法，教师倾听幼儿的发言，感知幼儿对坚持梦想的理解。

你觉得如果你是小红豆，你还会继续坚持实现自己的梦想吗？

★语言表征：幼儿自由发言，讲述自己对梦想坚持的理解。

★（备选）辩论赛：如果我是小红豆，我会继续坚持自己的梦想 vs. 如果我是小红豆，我不会继续坚持自己的梦想。

3. 策略分析

你觉得小红豆可以有什么办法继续实现自己的梦想呢？

★分组团讨：幼儿分组讨论，怎么样能够实现小红豆的梦想。

★绘画表征：通过绘画的方式记录团讨的结果，与全班分享。

4. 作品展示

若幼儿语言表达能力较强，可以采用辩论赛的方式进行展示。

教师与幼儿共同整理作品，进行展示。